《红色工运的江西探索》编委会

主　任：邹绍辉　梅仕灿　俞银先

副主任：苏建军　任春山　刘　津

成　员：万年辉　卫平光　李昌清　方　明
　　　　万义兵　文中友　张　丹　黄　洋
　　　　赖晨霞　包燕芳

编辑部

主　编：刘　津

副主编：卫平光　李昌清

成　员：万义兵　文中友　张　丹　黄　洋

红色工运的江西探索

江西省总工会
中共江西省委党史研究室 著
中共萍乡市委员会

江西人民出版社
Jiangxi People's Publishing House
全国百佳出版社

图书在版编目（CIP）数据

红色工运的江西探索 / 江西省总工会，中共江西省委党史研究室，中共萍乡市委员会著. -- 南昌：江西人民出版社，2024.4

ISBN 978-7-210-15236-1

Ⅰ. ①红… Ⅱ. ①江… ②中… ③中… Ⅲ. ①工人运动—历史—江西 Ⅳ. ① K261.3

中国国家版本馆 CIP 数据核字（2023）第 250663 号

红色工运的江西探索
HONGSE GONGYUN DE JIANGXI TANSUO

江西省总工会
中共江西省委党史研究室　著
中共萍乡市委员会

| 策 划 统 筹：梁　菁　黄心刚 |
| 责 任 编 辑：魏如祥 |
| 版 式 设 计：同异文化传媒 |
| 封 面 设 计：王梦琦 |

江西人民出版社 出版发行
Jiangxi People's Publishing House
全国百佳出版社

| 地　　　　址：江西省南昌市三经路47号附1号（330006） |
| 网　　　　址：www.jxpph.com |
| 电 子 信 箱：27867090@qq.com |
| 编辑部电话：0791-86895309 |
| 发行部电话：0791-86898815 |
| 承　印　厂：南昌市红星印刷有限公司 |
| 经　　　　销：各地新华书店 |

| 开　　本：787毫米×1092毫米　1/16 |
| 印　　张：19.5 |
| 字　　数：255千字 |
| 版　　次：2024年4月第1版 |
| 印　　次：2024年4月第1次印刷 |
| 书　　号：ISBN 978-7-210-15236-1 |
| 定　　价：68.00元 |
| 赣版权登字 -01-2024-116 |

版权所有　侵权必究

赣人版图书凡属印刷、装订错误，请随时与江西人民出版社联系调换。
服务电话：0791-86898820

前　言

中国共产党是马克思主义与中国工人运动相结合的产物。党一成立就以主要精力从事工人运动，在全国迅速掀起了第一次工人运动高潮，揭开了中国工人运动的崭新篇章。一部红色工运史就是一部广大工人群众坚决听党指挥，不畏牺牲、英勇奋斗，开拓创新、攻坚克难的百年奋斗史。在中国共产党领导下，中国工人运动风起云涌、蓬勃发展，走过了波澜壮阔的奋斗历程；工人阶级成为中国革命、建设和改革开放事业的主力军，为强国建设、民族复兴作出了不可磨灭的历史性贡献。

江西是一片充满红色记忆的土地，不仅有着人民军队的摇篮、中国革命的摇篮、人民共和国的摇篮等美誉，党还领导工人运动在江西书写了伟大奇迹！习近平总书记指出，安源路矿工人大罢工，是中国共产党第一次独立领导并取得完全胜利的工人斗争；安源路矿工人俱乐部和汉冶萍总工会是当时全国最大的产业工会组织，成为激励全国工人运动的一面旗帜。1922年2月，党在产业工人中的第一个党组织——中共安源路矿支部成立，很快就领导发动了安源路矿工人大罢工，喊出了"从前是牛马，现在要做人"的铿锵口号，取得了"绝无仅有"的胜利。更值得一提的是，安源路矿工人运动不是罢工前后的几个月，而是持续了近十年；也不是局限在安源矿区内，而是横跨湘赣两省广大城镇和乡村，并涉及党团组织建设、经济建设、武装斗争等诸多方面。尤其是安源工人运动在开展工农武装割据，在紧密工人阶级与知识分子结合，在推动苏区工运的发展等诸多方面取得了重要成就，为党领导工人运动积累了一系列丰富的经验，锻炼了一批工运领袖和骨干人才，锻造了一支工人成分的革命队伍。

北伐战争推动了江西工人运动的蓬勃发展，工会会员发展到 20 多万人。当年的赣州工人运动尤为突出，有"一广州、二赣州"的美誉；九江码头工人斗争收回英租界，为中国近代反帝斗争史书写了光辉的一页。大革命失败后，中国共产党从挫折中奋起，以武装斗争反抗国民党的反动统治，江西工人运动与农民运动相结合，汇入土地革命战争的洪流，特别是安源工人积极参加秋收起义，成为起义中的一支劲旅。在创建井冈山革命根据地的过程中，以毛泽东为主要代表的中国共产党人，积极推动工人运动与农民运动相结合，探索了革命根据地工人运动的新模式，开拓了党领导下的工人运动新局面。

中央苏区时期，广大工人阶级在支援革命战争、进行根据地建设等方面作出了突出贡献。1931 年 3 月，全总苏区执行局在吉安富田正式成立，加强了对苏区工运的领导和指挥。1931年11月，中华苏维埃共和国宣告成立，这是中国历史上第一个全国性的工农民主政权，党由此开始了治国安邦的伟大实践。在党的领导下，颁布了《宪法大纲》《劳动法》以保护工人的合法权益，苏区各级工会组织不断发展壮大，职能日趋完善，初步形成了省、县、区三级工会组织系统，成为了苏维埃的坚强柱石。1933年初，中华全国总工会迁入瑞金，江西成为全国苏区工人运动的领导和指挥中心。苏区工人作为国家的主人，努力发展生产，积极参军参战，支援革命战争，为革命作出了巨大贡献。苏区工人的革命实践为中国工人运动探索了新的模式，是新中国工人运动的伟大预演。

　　回溯光辉历史，感受历史荣光！在那个非凡的年代，江西工人运动在开展罢工斗争、参加武装暴动、形成工农联盟，以及创建、保卫和发展革命根据地等诸多方面开创了先河，竖起了"旗帜"，立下了"柱石"，缔造了马克思主义与中国工人运动相结合的丰碑。充分挖掘江西工人运动从"全国工运的一面旗帜"到"苏维埃政权的坚强柱石"的演进历程，就是为了从这段红色历史中汲取奋进的磅礴力量，传承红色基因、赓续红色血脉，建功新时代，再创新辉煌；就是要坚定不移地沿着习近平总书记指引道路前进，锚定"作示范、勇争先、善作为"目标要求，凝心聚力全面建设社会主义现代化江西。

目 录

第一章　江西工人阶级队伍的形成与工人运动的兴起　001

第一节　江西近代工业的发展与工人阶级队伍的形成　001

一、江西近代工业的出现　001

二、江西近代工业发展的制约因素及其特点　006

三、近代江西农村经济的衰败与工人阶级的诞生　011

第二节　江西工人阶级队伍的基本状况与早期斗争　018

一、近代江西工人的政治经济状况　018

二、近代江西工人的特点　022

三、江西工人阶级的早期斗争　026

第三节　五四运动与江西工人阶级的觉醒　032

一、江西工人积极投身五四运动　032

二、马克思主义在江西工人中的传播　036

三、江西工人阶级意识新觉醒　042

第二章　安源路矿工人运动与中国工运道路的探索　048

第一节　绝无而仅有的胜利　049

一、安源路矿的创办　049

二、毛泽东安源考察　054

三、安源党团组织的创建　058

四、安源路矿工人俱乐部的成立　063

五、罢工的发动与胜利　065

第二节　革命低潮中安源工运的发展　073

一、工会组织的壮大与斗争的深入　073

二、工人经济事业的繁荣　077

三、教育文化事业的快速发展　080

四、安源党团建设的新成就　082

五、推动全国工人阶级的联合斗争　086

第三节　"无产阶级的大本营"　094

一、树立起中国工人运动的一面旗帜　094

二、锻造了一支坚强的革命队伍　097

三、取得了一批开创性成果　100

四、积淀了一系列宝贵经验　103

五、构筑起一片精神高地　105

第三章　大革命洪流与江西工运的转型发展　112

第一节　江西党团组织的创立与工人运动的发展　113

一、江西党团组织创建初期工人斗争的开展　113

二、北伐战争与江西工运的快速发展　119

三、收回九江英租界　126

第二节　白色恐怖下江西工运的挫折与坚持　132

一、国民党叛变革命与江西工运局势的恶化　132

二、赣州惨案　136

三、白色恐怖下江西工运的顿挫　141

四、江西工人斗争的坚持　145

第三节　工农联合斗争道路的探索　154

一、南昌起义中参战支前　154

二、秋收起义中的革命先锋　158

三、江西工人与全省总暴动的开展　163

四、工农联合斗争的形成　170

第四章　苏区工运与治国理政的伟大预演　180

第一节　苏维埃运动的发展与江西工人运动的复兴　181

一、工人运动与苏维埃政权的创建　181

二、苏区经济的发展　185

三、工会领导机构的建立　191

四、行业工会组织的建立和完善　198

五、工会组织运作机制的构建　211

第二节　苏区工人运动与工农联盟的形成　218

一、劳动法的制定和实施　218

二、对苏区工人成分认识的深化　228

三、参加民主选举　235

四、参与苏维埃政权建设　240

第三节　苏区工人运动与革命战争的推进　251

一、支持扩红运动与红军工人师组建　251

二、苏区工人群众积极支前　260

三、苏区工人积极投身反"围剿"战争　264

第四节　建设苏维埃政权的柱石　269

一、广泛开展合作社运动　269

二、参与国有企业管理　278

三、热烈开展生产竞赛　282

四、开展反经济封锁斗争　286

结　语　292

后　记　301

第一章
江西工人阶级队伍的形成与工人运动的兴起

工人阶级是近代大工业的产物。江西工人阶级队伍是伴随着近代工业的产生而逐渐发展壮大的，具有人数少但分布相对集中、深受剥削压迫但斗争性强、受行帮会影响深但与农民联系紧密等特点。随着马克思主义的传播和五四运动的爆发，中国工人阶级开始以独立的政治姿态登上历史舞台，江西工人的政治觉悟不断提高，南昌、九江、景德镇、萍乡等地工人引领着全省工人运动不断兴起。

第一节　江西近代工业的发展与工人阶级队伍的形成

一、江西近代工业的出现

1856年，英、法对中国发动第二次鸦片战争。屡弱的清政府战败，被迫于1858年同英、法、俄、美等国签订屈辱的《天津条约》，九江被辟为通商口岸，帝国主义侵略势力闯入江西。1860年，英国轮船闯入长江，强行划定九江城外的龙开河东段为其租界；美、德、俄、日等西方列强尾随而至，纷纷在九江强建租界。1862年，美国旗昌洋行在九江开办航运业，建立码头、货栈、趸船，成为江西近代史上最早的外国资本主义企业。根据帝国主义列强所谓的"利益均沾"原则，法国、德国、俄国、丹麦、日本、荷兰、葡萄牙、西班牙、比利时、意大利、奥利地等国也相继在九江设立领事馆、教会、学校，开办商行、公司、工厂等。在九江，有美国的美孚、德士古石油公司；英国的亚细亚火油公司，怡中烟草公司和太古、怡和轮船公司；日本的日清轮船公司、三菱洋行和台湾银行等。帝国主义列强开办的这些企业还通过有条件贷款等卑劣手段，操纵和破坏江西的民族工业。如德、日帝国主义的银行，先后以贷款给萍乡煤矿的手段，取得了包揽该矿的机器设备和使用人员的特权，控制了该矿的管理和财经大权。与此同时，西方列强还扶植了一批地方买办商人，直接为他们服务，一些无良买办成为帝国主义的帮凶和爪牙。1863年，九江设立海关。九江被辟为贸易港口后，商业贸易发展迅速，出口商品主要是夏布、瓷器、纸张、茶叶、苎麻、烟草等，外国资本还通过九江港迅速向江西省会南昌伸展，渗透江西内地。

1873年，李鸿章改轮船招商公局为轮船招商局，先后在汉口、九江、镇江设立栈房、码头，并在九江设立分局，开辟沿江、沿海及国外航线。轮船招商局九江分局的成立，标志着封建官僚资本开始进入江西。1898年，江西子弹厂在南昌建立，这是江西第一个官办的近代工业，但其规模很小，开办经费只有4.2万两白银，产量也不高，和洋务派官僚创办的其他军事工业差距很大。20世纪初，为了反对帝国主义列强吞噬和瓜分中国铁路建设和矿山开采的权益，中国人民开展了一场轰轰烈烈的收回路矿利权的运动，各省纷纷设立铁路公司,全国掀起商办铁路的高潮。"中国广大人民群众为了抑制帝国主义对中国路权的争夺,于本世纪初掀起收回路权的运动;同时,提出了集本国之款,以本国之力自办铁路的主张。"[①] 江西亦开始自主修建铁路。江西境内的第一条铁路,是萍乡安源至湖南株洲专用铁路线的一段,于 1899 年 1 月动工修建,至 1905 年通车,取名"株萍铁路"。1904 年 10 月,为"自保利权,杜绝列强觊觎"江西铁路,江西籍京官李盛铎、蔡均、陈田等 111 人联名上书朝廷,申请准允江西本省自行修筑铁路。1905 年,江西全省铁路总公司在南昌成立,江西籍前江宁布政使李有棻任公司总办。该公司先是商办,后改为官办,负责对江西的铁路事宜进行规划与筹集筑路资金,并制订了《江西全省铁路开办简明章程》,规定以纹银百两为一股,筹集兴建南(昌)浔(九江)铁路资金。清政府还采用加重民众负担的办法,于同年 1 月批准食盐加价 4 文,每年可多征银 20 万两,作为江西铁路修建资金。到 1907 年 1 月,南浔铁路修建资金仍不足,乃向日本借白银 100 万两。随后日本资金大量流入,总工程师又是日本人,操纵了修建南浔铁路的大权,直到 1908 年才动工。这条当时江西境内最长的南浔铁路(128.35 公里),最终在 1916 年 6 月 6 日全线正式通车。江西修建铁路的事实也证明,自办铁路的主张并未得到实现,"其中半数不久不是被帝国主义资本侵入(如潮汕、南浔),便是被帝国主义资本所兼并(如苏路、浙路)"[②]。

近代江西在全国有名的矿业,是 1898 年清政府官僚张之洞、盛

[①] 刘明逵:《中国工人阶级历史状况》第一卷第一册,中共中央党校出版社 1985 年版,第 72 页。

[②] 刘明逵:《中国工人阶级历史状况》第一卷第一册,中共中央党校出版社 1985 年版,第 72 页。

宣怀在萍乡创办的萍乡煤矿（又称安源煤矿）。经过10年的建设，于1907年正式建成，成为我国最早采用机器生产、运输、洗煤、炼焦的煤矿之一，当时被列为"中国十大厂矿"[1]之一。江西电业起源于1907年，萍乡煤矿局发电厂从德国借款购置了两台发电机，每台容量1600千瓦。江西第一代电力工人也由此产生，但发展缓慢。

江西近代邮政业于1894年开始出现。由于外国资本涌入九江，邮电业在九江兴起。同年6月，九江商埠邮局发行第一枚邮票。在这之前，英国在九江领事馆设立邮局，随后日本也在九江开办邮政代办局。1896年，江西邮务由九江海关税务司兼办，划为"九江邮界"，下设分局21个。1907年，江西全省有电报局、所14个。因此，江西的邮电业在很长一段时间聚焦于九江。

20世纪初的九江一等邮局

---

[1] 顾琅：《中国十大厂矿调查记》，商务印书馆1916年版，第45—54页。

江西的民族资本近代工业出现得较晚。从19世纪70年代开始，一部分商人、地主、官僚和爱国有识之士，在"挽回国权"的口号下，纷纷投资开办新式工业企业。1883年在南昌设立的罗新昌机器厂，是江西第一家民族资本的近代工业。这家工厂资本只有5000元，二十几个工人，主要是进行引擎、抽水机、碾米机的制造和维修。20世纪初以后，江西近代工业开始有了新转机。义和团运动后，清政府开始推行新政。在经济上的重要内容就是振兴工业，发展工商实业，支持和鼓励私人投资创办工业企业，因而推动了各地民族资本主义工业的兴起和发展。同时，帝国主义列强之间，尤其是日俄战争前后的激烈争斗，使它们暂时放松了对中国的经济侵略，给了中国民族工业发展的空隙。1902年，江西成立了农工商务局和矿务公司，分别主持振兴本省的工艺和矿务事宜。1904年，把它们合并成江西农工商矿总局，并派黄大堤等人赴日本考察各项实业，"冀有成法可循，俾获改良之益"。同时，还派了十几名学生随同赴日本留学，"肄习农工商矿专门之学"，以便他们"异日毕业回华，推行尽利"。[1] 在清政府政策的鼓励下，江西也涌现了一批近代民族企业，这些民族企业多数是在辛亥革命的前十年中发展起来的。据统计，在辛亥革命前十年，江西民族资本银元在万元以上的有19家厂矿企业，投资总额达309万元，约占同时期工业总投资的2/3，民族资本非常活跃。第一次世界大战期间，帝国主义列强无暇东顾，江西民族工业也出现转机，特别是轻工业发展较快。如乐平县大小纺织工厂近50个，规模最大的是大振星纱厂，有300多名工人。这个时期的九江商家发展到138家，九江茶厂、纱厂、火柴厂、瓷厂也相继创

---

[1] 《江西官报》甲辰年（1904年），第20期。

立。"其尤可惊异者，厥为钨矿。钨之发现，始于民国四年，至六、七年，则江西湖南广东所产几达 4000 余吨，价值 1000 万元。世界产钨之国，除美国之外，殆以吾国为最。"[①] 据统计，1900 至 1918 年间，江西共创办过近 200 个大小不同的企业（各地官办的工艺院、习艺所之类不包括在内）。这些企业的经营范围主要是矿产、陶瓷、纺织、造纸、印刷、化学、交通、邮政、金融、食品、日用品加工、洗染等，其中矿产、陶瓷、造纸工业为全国同行业之冠。这些兴起的民族工业，促进了江西经济社会的发展，特别是铁路、矿业、电业、邮政业的发展，推进了近代江西的现代化进程。

二、江西近代工业发展的制约因素及其特点

清末，江西的商品经济不断遭到打击和摧残。鸦片战争后，由于中国对外贸易重心由广州转移到上海，加上后来外国轮船在长江通行，使经由江西至广东的商业运输路线完全衰落，对江西的商品经济造成了巨大的冲击。到太平天国运动期间，江西一直是主要战场之一。由于战火蹂躏，致使江西"民力拮据，百货滞销，商贾类多歇业"[②]。第二次鸦片战争后，九江被辟为通商口岸，外国资本主义直接侵入江西，虽在一定程度上刺激了江西商品经济的发展，但江西比较发达的手工业遭到沉重打击，生产者和经营者纷纷破产。比如，造纸业是江西比较发达的手工业，铅山县和石城县是江西造纸业的两个中心地区，铅山"纸张一项，昔年可售银四五十万两"，

---

① 刘明逵：《中国工人阶级历史状况》第一卷第一册，中共中央党校出版社 1985 年版，第 69 页。
② 彭泽益编：《中国近代手工业史资料》第 1 卷，第 593 页。

但到光绪末年,因"洋纸盛行,售价不满十万"。[①]

此外,清末江西商品经济还受到封建厘金制度的摧残,"江西厘税之中,尤甲于天下"[②]。到1880年全国大规模裁减厘卡后,江西仍有大卡64处,小卡94处,在全国首屈一指。由于厘金的苛重,致使江西货商不贾,货流不畅,严重打击了商品生产者和经营者的积极性,阻碍了商品经济的发展。由于商品经济的落后,江西的商业资本非常微弱,几乎找不出富商大贾,以致江西本省的商品货物,大都由外省商人甚至是外国商人操纵经营。这就使江西近代工业缺乏必要的资金来源,也使江西近代工业不能迅速兴起,即使兴起之后,也往往陷于资本不足,难以发展。

同时,由于清末江西封建保守势力异常强大和顽固,西学在江西传播非常迟缓和艰难。当中国社会迈过近代的门槛以后,江西学子仍然痴迷于科举,情愿花费巨资捐取功名,而对西方传入的先进科学技术缺乏热情,"学以致用""经世致用"等思想观念没有在江西扎下根基。九江被辟为通商口岸后,外国人在九江设立领事馆和租界,开办了工厂,对外贸易也得到发展,这本来也有助于江西人对西方资本主义社会和机器生产的了解和认识,有助于西学在江西的传播。但是,九江毕竟地处江西西北一隅,而且在长江流域也并不是非常重要的口岸,西方资本主义势力的影响在江西十分有限。因此,九江不足以成为西学进窥江西的桥头堡,仅仅通过九江一地,也不足以使江西人对资本主义社会和机器生产有更多的了解和认识。

这些原因造成了近代江西工业的落后。从1858年到1899年,

[①] 傅春官:《江西农工商矿纪略》,铅山县·商务。
[②] 《中国社会科学院经济研究所集刊》第七集,中国社会科学出版社1984年版,第315页。

中国有资本万元以上的近代工业企业261个，资本总额63109千元，而江西近代工业到19世纪80年代才出现，终19世纪只有3个近代工业企业，资本万元以上的只有一个。直到20世纪初10年，中国近代工业进入初步发展的第二阶段时，江西近代工业企业的创办才稍显起色，出现了13个资本万元以上的近代工业企业，资本总额有1921千元，而这时全国兴办的资本万元以上的近代工业企业有692个，资本总额达140696千元。[①]

江西近代工业起步晚，一方面受到外国资本的排挤，另一方面又因为本土风气未开、思想保守、制度落后、赋税沉重，导致一开始就面临先天不足的情况；在随后的发展中，又没能抓住历史发展的机遇，因而越发落后于其他地方的工业发展。特殊的历史和严酷的现实状况，让江西近代工业呈现出以下特点：

工业企业分布极不平衡、基础薄弱。企业基本上集中在南昌、萍乡、九江、景德镇等城镇。南昌以各类专业公司、产品加工、公共服务行业为主；萍乡以煤矿为主；九江以航运、制茶为主；景德镇以陶瓷工业为主。总体而言，江西工业企业类别不多，而且企业基础薄弱，技术水平都不高。在旧中国，通常是由外国资本及国家资本所投资的企业规模才较大，可以购进成套技术设备，从事机械设备的制造修理。但江西这两种性质的企业都不多，如由洋务派官僚创办的江西子弹厂，所拥有的资本也不过银5万两；萍乡煤矿是全国有名的官办企业，也是江南地区最大的煤矿，依然主要是靠传统的人力作业。而民族资本所投资的工业企业，由于资本有限，仍然是以资金少、成本低的轻工业和加工工业为主。

[①] 杜恂诚：《民族资本主义与旧中国政府》，上海社会科学院出版社1991年版，第29页。

外国人在江西开办的藤器加工厂

受外国资本和官僚买办资本深度控制。如九江的航运、制茶、金融和萍乡的煤矿都受到外国资本的控制，受其控制的行业一般都处于垄断地位，因而极大地制约了民族资本企业的发展。如九江的航运业，从19世纪60年代初外国洋行经营后，到90年代初，江西地方没有任何人敢到九江开办航运企业，直到90年代中期，随着全国收回利权运动的发展，九江才开始出现民族资本经营的航运企业。萍乡煤矿在创办之时就曾向德国礼和洋行借款400万马克（合130多万两银，或183万余银元），聘请德国工程技术人员，购买德国机器。从1903年起，日本帝国主义通过贷款、派顾问和技师等手段逐渐控制萍乡煤矿。1905年至1907年，盛宣怀以萍矿作抵押，先后向日本大仓喜八朗银行借款200万日元。因此，萍乡煤矿一直处于德、日帝国主义的控制之下。

地方民族企业规模较小，结构也不合理。1918年以前的近200

家企业中，资本在10万元以上的只有10家，占5%；1万元以上不足10万元的约20家，占10%；不足1万元的约有170家，占85%。其中10万元以上的企业，大都被官僚买办和外国资本主义所控制，1万元以上的企业，民族资本才占有较大的比重，但主要还是1万元以下的企业。许多民族资本企业资本只有几百元、几个工人。如南昌的洗染业，在20世纪初，南昌共有洗染企业64家，工人总数400余人，多数店家只有两三个工人，其资本微乎其微。①所以江西的民族企业，除了享誉盛名的陶瓷、纸张能挤入国内外市场，其他产品几乎是地产地销，生产规模很难扩大。江西地方民族工业不仅规模小，而且整个地方工业的结构也很不合理。从北洋政府时期工矿业的统计来看，轻工业占了较大的比重，其次是矿产，机械生产工业可以说是空白。②直到1936年，规模较大的重工业也只有1932年创办的江西机器厂一家，资本总额70万元，后扩充资本到500万元。③根据南京国民政府国防设计委员会1933年编《全国各地企业资本产品总值工人数概况统计表》中南昌、九江两地的各行业资本情况看，两地资本额共约543万元，其中重工业资本不过8.5万，占总资本比重的1.6%，与当时全国重工业几近20%的比重相去甚远。④由此可见江西工业发展严重失衡的梗概。

---

① 唐由庆、戈华：《试论江西近代工业的出现及工人阶级队伍的形成》，《江西大学学报》1986年第3期。
② 《中国民国史档案资料汇编》第三辑"工矿业"，江苏古籍出版社1991年版，第337页。
③ 吴半农：《后方工业鸟瞰》，《中国民国史档案资料汇编》第五辑第2编"财政经济（六）"，江苏古籍出版社1998年版，第317页。
④ 《中国民国史档案资料汇编》第五辑第1编"财政经济（五）"，江苏古籍出版社1998年版，第225页。

部分企业逐步萌发强烈的民族意识。一些民族资本家意识到自己规模小，资本少，设备差，容易被外国资本主义挤垮，因此纷纷采取公司的形式主动联合，以壮大自己的实力，共同与外国资本作斗争。1904年，江西成立机器造纸有限公司。公司章程规定："无论官绅商民均可入股，惟洋股不收，以清界限。"如矿产业，1908年全省各地有煤矿数百家，但大部分"俱用极古之法开掘"，无法与洋人抗衡。于是，一些爱国士绅即"议保宁苏皖及本省矿权，商请三江矿务总公司，凡各处矿产皆由该公司择勘开办，不准外人干预，并不准附入外股"[①]。瓷业方面也采取了相应的措施。为了提高与外资的抗争能力，陶瓷行业即于1907年成立了江西瓷业公司，公司章程规定："以改良企业，挽回权利为宗旨……一时颇得社会之称许。"[②] 这些公司的出现，标志着民族资本家在政治上的逐步觉醒、经济上的逐步整合，对于促进江西地方民族工业的发展起了积极作用。

三、近代江西农村经济的衰败与工人阶级的诞生

鸦片战争后，资本主义列强疯狂向中国倾销商品，江西市场逐渐被"洋货充斥"。1862年到1904年40多年间，外国输入江西的棉布增长了100多倍。1840年到1914年江西进口总值净增3000多倍。在外货入侵的打击下，江西农村商品生产者和经营者纷纷破产。义宁州（今江西省修水县）是江西著名的产茶区，进入近代后由于茶叶被俄国人控制，义宁州的茶叶生意"任其抑勒，亏折不

[①] 《东方杂志》1905年第二卷第3期，第23页。
[②] 唐由庆、戈华：《试论江西近代工业的出现及工人阶级队伍的形成》，《江西大学学报》1986年第3期。

少，行销既滞，山户自益疲弊"①。正是由于茶农破产，茶商亏折，以至中国著名的三大茶市之一九江，在光绪十九年（1893）出现了"下九江街市已无一人从苦若中求生计者，茶市之衰大可知也"②。经过同治、光绪年间的畸形发展，到第一次世界大战爆发以后，江西农村商品经济全面崩溃。首先，到民国年间江西农村各种产业"均呈急速衰落与崩溃之趋势"。如纸业生产就有不但"绝迹于省外市场，即在本省市场亦不能立足"的趋势。其次，出口数量飞速下降，江西近代几十种主要出口商品的数量全部减少半数以上。比如稻谷出口，光绪年间每年是100多万担，至民国二十九年（1940）降为29万担。同时，"洋米、洋麦输入激增"。最后，农村生活困苦不堪，农业商品生产者纷纷破产。所以从发展的全过程看，外资入侵最终导致了江西农村商品经济的破产。

由于近代江西农村完整地保留了封建土地所有制，近代江西农村商品经济的发展受到了严重阻碍。首先，近代江西地主在兼并了大量土地后，不是进行集中经营，而是把土地分散成小块租给农民耕种，农民因为高额地租的剥削导致生活的贫困化，无力多租土地。富农的经营方法大多数是雇用少量的短工③，很少有人从地主那里租来土地进行大规模的生产，造成了近代江西农业经营规模极其狭小的局面。其次，中国的封建土地所有制一向允许土地可以自由买卖，长期以来土地兼并的情况十分严重。土地越集中，失去土地的农民也就越多，对于佃租的要求也就越强烈，结果造成了高额的地租剥削，加上繁重的赋税，使农民的生活贫困化。在农民生活

---

① 傅春官：《江西农工商矿纪略·义宁州·商务》。
② 《益闻录》第1276号，光绪十九年五月初一日。
③ 薛暮桥：《旧中国的农村经济》，农业出版社1979年版，第21页。

贫困化和自然经济关系异常顽固的情况下，近代广大江西农村商品购买力很低，结果是市场萎缩，商品经济自然就不能发展起来。最后，封建土地所有制严重阻碍了江西农村的商业资本的积累。在封建土地所有制下，高额地租不但可以给地主增值财富，而且风险极低，远比经营工商业可靠。加之传统的"重农抑商"政策的影响，集中于地主、官僚、商人手中的大量资金，最终又流向了土地，不仅地租收入没有转向工商业，就是工商业本身的利润也几乎全部被购买土地、房产吸收去了，完全脱离了商业的范围。

近代江西田赋包袱沉重，地丁银和漕粮的征收，负担比任何省都繁重。清政府在光绪年间也不得不承认江西的田赋征收"远出他省……民生之困，由于征收丁漕浮数太甚也"。由于农业税太重，远远超出了江西广大农村所能承受的能力，所以近代江西出现了普遍的拖欠丁漕的现象。江西厘金款额收数很大，但没有一文用在本省的经济建设上，江西厘金收数每年平均在白银200万两左右，占全国厘税总收入的10%以上，但是厘税所得用于军费的占去了130万两以上，上交中央户部等款占35万左右，其他用费占30多万两，用于本省的包括行政费用在内不到百分之一。[①] 由于江西近代田赋、厘税特别繁重，使得江西近代不能从民间聚集资本发展商品经济，也不能得到地方库藏官款的支持。资金的缺乏，使江西农村商品经济生产的技术不能得到改进，生产成本高，丧失竞争能力。

同时，在晚晴时期，当各省政府积极主动实行一系列发展工商业政策的时候，江西地方政府却反对江西发展商品经济，认为江西的田赋漕粮"历朝重视""实为国计之根，而大小可为缓急之序"，认为田赋储粮应摆在第一位，要"合官民为之"。由此而定下

---

① 付志明：《试论洋务运动对清末财政的影响》，《贵州社会科学》1984年第4期。

了近代江西经济发展的基调。为推行这个政策，江西历届巡抚都将主要精力放在如何更多地征收赋税漕粮上。新政高潮时期即使清政府一再强调地方政府要大力提倡工商，江西却处处加以限制，官府不仅较大的企业一个都没办，连民间和私人开办的小企业也欲置于死地。新政时期，江西在兴办近代工商业方面也作出了一些举动，兴办了一些企业、公司，但相较一些省份办企业的目的是"富国强兵"，江西办工厂的目的是"多设一艺所，即地方少无数游民"[①]。而且江西兴办的都是小规模的工艺所，重点兴办的是罪犯习艺所。地方政府软弱无能，顽固保守，既不能为近代江西工商业发展争得必要的权利，给予有力的支持和保护，又处处轻视商品经济，限制它的发展，严重地阻碍了近代江西农村商品经济的发展。

近代江西农村的衰败使得很多农民和手工业者陷入了破产的境地。"农民和手工业者的倾家荡产逼得他们或辗转死于沟壑，或背井离乡，纷纷流向城市，寻找出卖劳动力的场所。"[②]这些来自农村的破产农民及城镇破产的手工业工人或社会游民，通常集中在三种企业：一是外国资本经营的企业；二是官办的交通、矿产、军工企业；三是商办或官商合办的民用企业。

农村经济的凋敝和近代工业的兴起，为江西工人阶级队伍的形成创造了条件。19世纪60年代初，美、英等国在九江开办航运业，先后招收了大批破产农民和手工业者作为廉价劳动力，充当码头工人，这就是江西最早出现的一批工人。1875年至1877年，俄国人在九江开办了两个砖茶厂，江西出现了第一批制茶工人。"顺丰砖茶厂经常雇用工人800~900人，它在福州、九江设有分厂，年产15

---

① 傅春官：《江西农工商矿纪略·宜春县·矿务》。
② 胡绳：《从鸦片战争到五四运动》（下），上海人民出版社1982年版，第605页。

万吨。阜昌砖茶厂经常雇用中国工人1300~2000人，它在福州、九江、上海、天津等地都设有分厂。"①

19世纪末随着萍乡煤矿（因选址在安源又称安源煤矿）的开办，原来在安源矿区内各商井做工的许多工人，由于商井被萍乡煤矿兼并而转到矿上做工。同时，附近各县大批劳苦群众也陆续加入了矿业工人的行列。江西近代铁路工人的产生是在1899年。是年株萍铁路（即安源至株洲铁路）动工，汉阳铁厂、大冶铁矿20余名铁路司乘人员受雇到安源做运输工。1902年又从汉阳铁厂调遣200多人，还从湘赣边界招收300名破产农民，在萍醴铁路当工人。1902年修建萍醴铁路，到1905年通车，先后从湘赣边界招收了一批破产农民和部分来自北方的游民，充当铁路运输工。1905年，株萍铁路竣工通车。先后从湖南东部、江西萍乡招收600多名破产农民和北方来萍乡谋生的游民充实铁路运输行业，株萍铁路便拥有了1100多名工人。到1916年南浔铁路建成，江西的铁路工人人数更多。在产业工人集中的萍乡煤矿，工人大多数是来自湖南、湖北、江西等地的破产农民。据长沙《大公报》记者调查，萍矿"管理机器的工人多半是浙江、广东的；矿工却湖南人居多，湘潭、长沙、醴陵等县约占大半，本地也不太少"②。1928年11月国民党反动派编印的《湖南清乡公报》记载："安源工人除萍乡土著外，大都来自醴陵、浏阳、湘潭、长沙、衡阳、湘乡、吉安、莲花各县，湖北人居少数。"③

到了19世纪80年代以后，随着官办企业、民族资本工业的问

---

① 祝慈寿：《中国近代工业史》，重庆出版社1989年版，第224页。
② 《萍矿最近调查记》（1920年4月21日），《中国近代工业史料》第3辑，第459页。
③ 《安源工人之生活状况》（1928年11月2日），《湖南清乡公报》第1期。

世和发展，江西的工人阶级队伍才粗具规模。江西民族企业最早的工人是从商办民用工业中产生的。1883年在南昌创建的罗新昌机器厂，该厂资本只有5000元，最初雇用27名工人，后来增加到34人。19世纪末20世纪初，在收回利权、抵制洋货的运动中，江西涌现出一批民族企业，如：江西全省铁路总公司、江西机器造纸有限公司、徐坊煤矿、江西内河商轮公司、江西省城电灯厂、吉祥机器砖瓦厂、江西樟脑公司、乐平大振星纱厂等。这些企业规模不等，大的铁路公司有几千名工人。在这之前，在中国沿海、沿江商业活动集中的城镇，出现了商界民信局。九江有19家这类的民信局，著名的有"全大盛""福兴"等。江西其他各地亦有民信局组织，如南昌的"承成和""森昌"等，但皆发九江为总汇。一个民信局多的雇用工人几十人，少的也有十余人。鸦片战争后，英、日等国在九江开办"客邮""书信馆"，也先后招收了一些中国人充当差役，这就是江西最早出现的邮电工人。到1910年，清政府将邮政与海关分离后，江西邮政发展到有局、所60余处，员工达四五百人。1911年辛亥革命爆发，1912年中华民国建立，官办邮电机构逐步发展，江西邮电工人队伍至此才粗具规模，最多时发展到4000余人。江西电业工人出现较晚，数量也少。最早是1907年萍乡煤矿，以电力为动力进行采煤，但工人寥寥无几。随后电业逐渐扩展，电业工人不断增多。1908年成立的南昌开明电灯公司，招募工人40余人，但电业工人仍然为数很少。第一次世界大战爆发后，随着近代工业企业的增多，江西工人阶级也得到了一定发展。南昌针织业，在1916年只有茂生一家工厂，此后十年间扩展到60家，雇用工人达3000余人。1919年前后，南昌印刷行业有近千工人。除此之外，砖瓦业、碾米业、小型机械业、电业都有所发展。到20世纪20年代初叶，南昌拥有新式工人2万人，加上码头工人、水上船工、人力车夫等,总数达3万以上。

现代工业从旧式的传统手工业中吸收了一批手工业工人,也是近代工人阶级的社会来源之一。江西瓷业手工业工人出现最早,数量较多。1869年,景德镇附近一带公认的细瓷窑有60个,平均每窑500名工人;粗瓷窑50个,每窑200~300名工人。瓷业工人大多数来自无业游民。1905年,江西在萍乡上埠创建萍乡瓷业公司,当地破产农民200余人加入瓷业工人队伍。明清时期,江西成为全国造纸业的中心。玉山、永丰、铅山、上饶等县的造纸槽房异常兴盛。到1850年,铅山县从事造纸的手工业工人占全县的十分之三四,仅河口镇就有1.2万工人从事纸张加工、包装、装卸。民国初年,全县直接从事造纸的工人有2万人。袁州(今宜春)、抚州、吉安、赣州等地造纸作坊也很发达。1870年,袁州的宜丰有2万纸工。

20世纪初,江西工人阶级队伍得到一定的扩大发展。1918年前后,江西近代产业工人约六七万人,其中矿产工人近2万人,陶瓷工人2万人,航运码头工人2000人,造纸工人2000人,纺织、

装卸茶叶箱的搬运工

加工、化学工业近5000人，公共服务人员2000人，铁路近2000人，制茶工人1000余人。从企业的属性看，外国资本、地方政府和官僚买办经营的企业所雇用的工人约占五分之二。构成工人队伍的还有一批伐木、放排、挑脚、搬运等苦力工人和相当数量的店员工人。

第二节　江西工人阶级队伍的基本状况与早期斗争

一、近代江西工人的政治经济状况

在半殖民地半封建社会的中国，资本家为了追逐利润残酷剥削和压迫着中国工人。江西工人阶级同全国各地工人一样，深受帝国主义、封建主义和官僚资本主义的剥削和压迫，他们政治上受压迫，经济上受剥削，精神上受奴役，过着牛马不及的苦难生活，处于社会的最底层。

劳动时间长，工资异常低少。在激烈的市场竞争中，资本家不是想办法去改进生产技术、提高生产力，而是通过最大限度地延长工人的劳动时间，最大限度地剥削工人的剩余劳动来追求利润。据《南昌工商史料》记载，"一般企业每天工作12小时以上，有少数工厂竟达15小时之多"，有的企业工人"一年365天，没有礼拜休息，一般吃住都在厂里"。江西工人虽然劳动时间长，但是工资收入却十分的低微。1912年安源矿工一日的工资只有0.25至0.30墨西哥银洋。[①] 九江码头工人"大抵每月伍元至十元，仅足维持工人

---

① 汪敬虞：《中国近代工业史资料》第一辑（下），科学出版社1957年版，第1228页。

自身生活，间有少数收入稍多，亦仅够一家二、三、四口之用，决无剩余"①。工人们的工资如此低少，还要受到其他种种压榨和剥削。安源煤矿工人经常被无故拖欠工资，资本家通过发矿票、发篾筹等办法，以达到侵吞工人工资的目的。"机务工人王海南因欠饷不发，典贷无门，不举火已三日矣。……王于（三月）初八日饿得难过，泣向机务处长求支饷洋一元，不料竟一文不与，王因饥饿愤极，生不如死，急向已开行之第七轮车轮下碰去，登时身首异处，血肉横飞"②。安源煤矿总监工王鸿卿，每月剥削工人血汗钱2000多元，超其正薪7倍。按规定，"矿工每月应得工食洋八元，王某乃变为串，月给八串，入其私囊者至一半之多"。余干煤矿"所给工人薪洋往往高抬时价，所得赢余尽入私囊，而工人多怨愤"③。南昌工人为了保住饭碗，每逢过年过节，或者厂主、工头操办红白喜事，都要奉上"红包"。厂主和店老板以违反各种"规章"的名义对工人进行罚款也是十分常见的事。

　　劳动条件差，身心受摧残。江西工人的劳动条件十分恶劣，而且时间长、强度大。如萍乡煤矿，工人下井干活，没有任何劳动保护用品，只有一块三尺长的布，用于包头、洗澡、围身。矿工们每天围着三尺长的布，在又矮又小甚至有的地方只能侧躺着身子的煤井下挖12个小时以上的煤。1906年六月，萍乡矿局借口经济困难，将窑工原来的三班制改为两班制，工人"只得携粮入内，燃木

---

① 国民党江西省经济委员会：《九江经济调查》，《经济旬刊》第2卷，1933年。
② 《株萍铁路工人罢工通电》（1926年3月9日），中共萍乡市委《安源路矿工人运动》编纂组编：《安源路矿工人运动》（上），中共党史出版社1991年版，第569页。
③ 刘明逵：《中国工人阶级历史状况》第一卷第一册，中共中央党校出版社1985年版，第489页。

为炊"。有一次，由此造成火灾，烧死工人100余人。当时，各厂矿都严重缺乏安全和卫生设备，生产事故不断发生。1905年安源煤矿东平巷十三段一次瓦斯爆炸，有90多名工人死亡。1917年8月，东平巷又一次瓦斯爆炸，引起火灾，烧死工人90多名。所以，工人们说"早上有人下井去，不知晚上回不回"。1912年，余干煤矿大火，38名矿工遇难。另据1919年统计，萍乡工人中患矿肺病、肠胃病的大约90%。1917年，南昌拥有碾米厂20多家，一般场地都很狭小，空气沉闷，噪音严重。由于没有消尘装置，车间常常灰尘弥漫，不少碾米工人由此染上肺病或其他呼吸道疾病。当时的碾米工人，寿命往往很短，能活50岁以上者极少。景德镇瓷业"数十人工作之场，所有煤油灯烛用俱为马口铁制之明灯，人呼吸，灯之碳气，弥满室中，烟雾朦胧，咫尺不相辩，既伤目力，且于肺部有碍……生活境遇甚为阨劣……"[1]

缺乏人身自由，毫无政治权利。在许多厂矿中，盛行着封建把头制和包工制，出卖劳动力的工人并不是一个自由的人。在萍乡煤矿，资本家为了加强对工人的管制，在矿上设立了矿警队。1918年，矿警队人数达900多人，占工人数的10%。此外，矿局还在矿上设立食宿处，把工人集中起来，在一起吃住，周围派驻矿警，日夜监视。萍矿当局的职员和工头对工人可以任意打骂，"工人稍不如意者，即滥用私刑，如跑火炉，背铁球，带蓰枷，抽马鞭，跪壁块等，或送普拘留，蛮加拷打"[2]。九江码头工人也同样受到封建把头

---

[1] 向焯：《景德镇瓷业纪事》（上编）1919年，第43—44页。
[2] 刘少奇、朱少连：《安源路矿工人俱乐部略史》，中共萍乡市委《安源路矿工人运动》编纂组编：《安源路矿工人运动》（上），中共党史出版社1991年版，第116页。

的残酷压迫。据调查，九江码头的封建把头总计达300余人。这些封建把头依仗反动势力，强占码头，各霸一方，私立规章，将码头变为世袭所有。在景德镇，"每日派遣兵弋在一坯房，日夜巡逻"[①]。南昌"不少厂店还雇佣童工和包身工，整天在工头、管事监视下劳动，稍有不慎，就会遭到每年腊月二十四过小年，被请'坐上'（即开除）的厄运"[②]。工人没有起码的人身自由，政治权利更无从谈起。1907年和1908年，清政府颁布《刑律》与《结社集会律》，严厉禁止工人的"罢工""集会""结社"，并规定，如有工人聚众，要受到罚款、笞刑或坐牢的惩罚。北洋军阀政府在《暂行新刑律》中，规定对同盟罢工予以重处，对"聚众为强暴胁迫"者以"骚扰罪"论处。至于1914年颁布的《治安警察法》更是充斥着欺压工人阶级的条文。该法律规定，凡警察只要在观念上认为工人有骚扰秩序、伤害风俗的结社或言论，都可加以干预乃至取缔。

毫无文化教育权利，精神上深受奴役。企业内外的统治阶级，在完全剥夺工人享受文化教育权利的同时，通过各种渠道向工人宣传崇洋恐洋的奴化思想、封建迷信观念、宿命论和天命观等，用精神鸦片麻醉工人。在外国资本入侵的过程中，西方传教士充当了特殊角色，起到了军事殖民者起不到的作用。帝国主义利用鬼神、上帝麻痹工人的斗志。近代江西的大门敞开后，传教士纷沓而至。在20世纪20年代方圆不足6公里的安源，竟然有24座教堂和庙宇。据老工人回忆，天主堂很是威风，由德国人和意大利人建造，福音

---

① 支国华、童道文：《江西工人运动史（1921—1949）》，江西人民出版社1995年版，第26页。
② 南昌市总工会工运史志办公室、江西师范大学历史系：《南昌工人斗争史》，江西人民出版社1989年版，第11页。

堂由英国人建造，中华圣公会是日本人建造的。安源街上有不少赌摊、赌场、鸦片馆和妓院。工头们往往引诱和强迫工人赌博，做成圈套，勒索工人钱财。这种种思想文化的压迫，给工人阶级造成极大的危险，麻醉了工人的斗志，使工人阶级处于分裂，一部分工人甚至走向堕落。

二、近代江西工人的特点

江西近代工人具有中国无产阶级共同特点，但也有自身的独特性。江西工人独具的特点，既源于江西传统文化的积淀，也源于江西工业的发展水平。这些特点决定了江西工人是反抗传统旧秩序的重要力量，是投身中国革命的积极分子。

身受沉重压迫，具有顽强的斗争精神。江西人深受儒学、理学影响，敦厚质朴、崇实达理，有深厚的家国情怀。在各个时期，都涌现出肩负江山社稷的优秀人物，以及反抗侵略和压迫的英雄人物。宋代的王安石和文天祥就是其中的杰出代表。近代江西工人自然是这种文化传统的继承者。外国资本占据了近代江西工业相当大的份额，为攫取最大化的利益而对江西工人进行压榨。1905年，德籍矿师以工人"做工贻误"为由，扣罚工人的工资，引起了工人极大的愤怒，发生了痛打洋人的斗争。作为本土江西近代工业创办者的官僚、地主、绅士，其中部分被美、英、德、俄、日等外国资本操纵或渗透。他们手头无雄厚的资本，害怕在企业竞争中被挤垮，对工人控制得特别严，并采用一种超经济的压迫工人的手段，去提高企业的经济利润，工人难以忍受如此残酷的剥削。同沿海地区和大城市的工人相比，他们所受封建势力的压迫更加沉重，反抗也更加强烈。因此，工人在这样的环境中得到锻炼，造就了一批斗争坚决的工人，队伍迅速壮大发展。例如安源路矿工人、九江码头工人就是这种斗争的骨干力量。

大多来自农村,与农民有天然联系。同近代中国工人一样,江西近代产业工人绝大多数也由破产农民转化而来,直接来自农村,与广大农民有着天然的联系。同上海、广州等大城市相比,江西工人大多在农村周边的工业区务工,这就导致江西工人既能了解身边农民的疾苦,又便于同农民进行沟通联络。比如安源工人大多数来自附近各县的农村地区,与农民联系更直接、更广泛;企业处在农村和山区之中,许多工人并未完全脱离农村,因而工人与农民的联系非常密切。大余县西华山的矿工来源主要是周边农村的农民。矿山周边农民是江西矿工主体,他们"或弃田开矿,或作副业,待农忙又归田"[①]。所以,近代江西工人有着广泛的社会力量和坚实的社会基础,有强大的依靠力量,在反对共同敌人的斗争中便于与农民结成巩固的同盟。在大革命失败后,党领导的工人运动遭遇了重大的挫折,在危机面前,江西工人迅速同农民结成联盟,走上了工农联盟的革命道路,从而开创了中国工人运动的崭新模式,进入中国工人运动的崭新阶段。

组织形式落后,受行帮会党影响深。近代江西工人来自农村,受小生产思想影响很深,加之受教育少、文化水平低,不容易接受新文化、新思想,因此,农民在反抗和抵御企业主、工头、资本家的压迫的过程中,不能创立先进的组织来组织行动。直至五四运动前后,仍未摆脱行帮与会党的束缚和影响。行帮、会党是旧式传统的群众组织形式,近代江西工人出现之后,创建的早期组织都加入了各种行帮或秘密结社。如在九江码头工人和景德镇瓷业工人中,就有"九江帮""都昌帮""黄梅帮""广济帮""黄岗帮""圻春帮""宿

---

① 刘善初:《江西之钨矿》,《经建季刊》1948年第5期,第49页。

松帮"等。赣州工人还有"神会"组织。安源煤矿工人有"湖南同乡会""湖北同乡会"等。瓷业工人为了争取自己的利益，也以工种为单位建立各种帮会，大致上是按照瓷业中三十六行分类组合。三十六行中工种极多，名目繁杂，这其中又以装小器的"五府十八帮"工人组织最为著名，"五府"指的是南昌府、饶州府、抚州府、南康府、九江府；"十八帮"则是指该行业划分出的18个小组。每帮都有头首数人（又名街师傅），管理帮内事务，负责争取工人利益。[1] 这些早期出现的工人组织，缺乏明确的阶级意识，没有政治、经济斗争的目标及行动纲领，只是一种互助、同乡性质的团体，在涉及本地区、本行业共同利益的某些问题上，在反对奴役的自卫斗争中，也曾起到某些团结反抗压迫剥削的积极作用。安源路矿处在哥老会势力雄厚的地区。清朝末年，以"反清复明"为宗旨的哥老会特别活跃。安源路矿工人的反抗斗争，1892年萍乡邓海山哥老会起义，以及1896年洋矿师来萍勘矿风波都同哥老会的活动联系紧密。1906年同盟会发动萍浏醴起义前夕，便将萍乡、浏阳、醴陵一带的哥老会和武教师会合并成为"六龙山洪江会"。安源路矿以肖克昌为首领的哥老会有6000余人，全部加入洪江会，成为起义军在萍乡的"中坚"。但行帮会党是依赖封建关系和迷信思想来维系的，具有浓厚的封建迷信色彩以及排他性，且容易受资本家、企业主的欺骗、挑拨和拉拢，造成工人内部的分裂。尤其是一些行帮组织为有钱有势的厂主、资商所把持。他们勾结少数工贼，称霸一方，订立各种行规来压迫剥削工人。各行帮头目为了自身利益，经常制造地域或行业之间的矛盾冲突，破坏工人团结，而在反动派的

---

[1] 景德镇市地方志编纂委员会：《中国瓷都·景德镇市瓷业志》（下），方志出版社2004年版，第766—775页。

斗争面前又屈膝妥协，反过来压制和打击工人。所以，早期的工人组织具有落后性、局限性，甚至反动性。如赣南矿工受地域观念影响，形成地域性矿工帮派，如初期以南康籍矿工较多，形成了所谓"南康帮"，在矿工中形成的帮派"极为隔阂，每因争窑洞或水源而起械斗"，造成了矿山复杂的社会局面。以西华山为例，矿山打架斗殴时常发生，主要有以颜正为首的江西派和以蒋国裕为首的湖南派，两个帮派之间的争斗延续了20余年。

工人阶级人数不多，集中分布在少数城市。江西近代产业工人同近代工业的分布情况一样，主要集中在南昌、九江、萍乡、赣州、景德镇等城市。据统计，1912年全国共有采煤工人152459人，而江西就有15895人，占全国的10%强。[1] 其中萍乡煤矿工人达1万余人。又据1933年国民党江西地方政府的一份统计材料记载，1933年九江各业工人总计达59334人，其中码头工人就有3460人。1918年，大余县西华山开放开发，可以自由开采钨砂，除了本省居民，邻近各省县居民也纷纷涌上山来，"不一年已有万人以上"[2]，而据《西华山钨矿志》记载，"民国4年，为西华山开矿极盛时期，矿工达2万余人"[3]。

同时，由于江西近代工业规模小，资本额有限，工人阶级队伍总体还是分散的。据1913年的不完全统计，南昌棉纺织工厂有178家，拥有3038名工人，平均每家不到17人。第一次世界大战后，

---

[1] 刘治乾主编：《江西年鉴》（1936年），江西省政府统计室1936年刊印，第591页。
[2] 蔡运荣：《西华山发现钨矿史略》，政协大余县委员会文史工作委员会，《大余文史资料》（第二辑），1988年内部发行，第82页。
[3] 西华山钨矿志编辑室：《西华山钨矿志》，1988年内部发行。

乐平县有大小纺织工厂近50家，最多的有300多名工人，少的只有几个人。20世纪初，南昌的洗染业，有作坊64家，但总的从业人数只有400人，平均每家不到7人。电业工人更分散，多的几十人，少的十几个人。具有典型意义的机器工厂，如南昌规模最大的德记机器厂，雇用工人也不过20人。其他企业有的15人，最少的才6人。企业规模小且分散，就必然影响工人队伍的团结战斗力量。以钨矿工人为例，江西钨矿虽主要集中于赣南，但由于矿山较多，分布较为分散。赣南钨矿"分布于十八县，三十二处矿场"，其中规模相对较小的矿场有28处，"矿工人数在五百以上者，约六七处，大多数矿场之矿工多者不过二三百人，少者仅百数人，数十人不等"，这些中小矿场矿工人数约1万余人，大约占了矿工总数的一半有余。然而相较于小矿山，大矿山却集中了大部分矿工。4处大型矿山，如大余之西华山、虔南之大吉山、龙南之归美山、兴国之龙下，"容纳工人最多，约达一万二三千人，约占总数五分之二"[①]。

三、江西工人阶级的早期斗争

处于帝国主义、封建势力和资产阶级三重压迫之下的江西工人阶级，从诞生之日起，为了维护自身最起码的生存权利，在历史上曾经运用各种方式进行了激烈的斗争。鸦片战争后，随着民族矛盾和社会矛盾的不断激化，工人阶级反抗斗争也逐渐发展。

江西工人阶级最早涉及的政治斗争，是从参与反对外国教会势力开始的。鸦片战争以后，中华民族与帝国主义列强的矛盾成

[①] 资源委员会钨业管理处：《资源委员会钨业管理处赣南员工福利事业设施概括》，1942年刊印，第5页。

为主要矛盾。这一时期洋人对工人的欺压比较突出，矛盾比较尖锐，因此多次出现反抗洋人的斗争。1862年3月17日，法国天主教传教士罗安当在南昌作恶多端，激起民愤，包括工人在内的群众将南昌城内多处教堂焚毁，发生"南昌教案"。1873年5月21日，江西瑞昌又爆发拆毁美国教堂的斗争。1900年，南城县爆发了工人、农民、市民反对外国传教士和教会的斗争，捣毁教堂及其他建筑十余栋。1906年2月，法国天主教堂主教王安之来到南昌后公然干预当地政务，暗杀南昌县知县江召棠。市民纷纷要求惩办凶手，继而引起学生罢课、工人罢工。2月25日，以各行业工人为主体，有学生、市民、商贩等各阶层民众在百花洲举行聚会。之后，他们冲破阻拦，奔赴南昌各教堂，并将王安之就地正法。这就是第二次"南昌教案"。在这次教案中，被打死的还有5名法国传教士、3名英国传教士，另有4处外国教堂被烧毁。与40多年前的第一次"南昌教案"相比，这一次的反帝规模更加扩大，斗争的目的是反对干涉政事，维护独立自主的权力，具有更浓的政治色彩。尔后，与传教士的斗争波及江西各地。1907年，江西南康爆发了黄太盛领导的群众起义，反对外国教会的侵略，上下200余里的工农群众纷纷响应。起义群众不仅抗击了地主武装的镇压，还攻克赣州等地，迫使清政府急忙从广东、湖南调兵围截。

江西工人阶级还加入了义和团的反帝斗争。1900年，义和团反帝斗争爆发的消息传到景德镇。全城工人纷纷集会，控诉帝国主义的侵略行径，并与市民一起捣毁了天主教堂和中西药庄一所。然而，反动当局却下令保护外国传教士和教堂，工人更加愤怒不已，遂举行全城罢工，持续20天之久，最终因当局的镇压而失败。1905年5月，安源发生了最早的罢工和痛打洋人的斗争。起因是德籍矿师以工人"做工贻误"为由，无理扣罚工人工资，引起工人极大愤怒。数以千计的工人在哥老会的发动和组织下，于5月17日开始罢工，捣毁窿工公事房和德国人的住宅，痛打德国矿师和华洋监工。经过一系列斗争，20日当局不得不将扣罚的工资全部补发给工人。但两个月后，矿局勾结地方政府，从袁州调遣军队进行报复，残忍杀害两名带头罢工的矿工。这次罢工通过上海《时报》等报纸在全国产生影响，在中国工人阶级早期的反抗斗争史上占有重要地位。邓中夏在《中国职工运动简史（1919—1926）》一书中，将这次罢工列为中国工人最早的两次罢工之一。[①]1907年，赣州城内工人配合城郊千余农民攻打赣州城，赶走传教士，迫使当局关闭城门40多天。

除了反抗外来势力，江西工人阶级与本国资本家的斗争也从未间断过。1870年，江西新昌造纸厂工人为反对当局减低工资，2000余人停工。同年，宜丰县地主囤积粮食，控制市面粮价，工人一天工资买不到一斤米。百余纸业工人游行罢工，遭到地主武装袭击，引起全县同行业2万多工人罢工，迫使政府拘捕了武装袭击工人的凶手。1874年和1875年，江西锡箔业工人因为各作坊主任意停业两次罢工。最终政府要求"议定此后每年内既经动手，即须至岁底始可停工，中间不得任意开闭"[②]。1880年江西锡箔业工人因为各作坊主以人手少令帮工招收学徒再次罢工，至当年2月28日始两造

---

① 邓中夏：《中国职工运动简史（1919—1926）》，人民出版社1957年版，第4页。邓中夏在书中将这次罢工的时间误记为1915年。
② 《中国近代手工业史资料》第二卷，生活·读书·新知三联书店1957年版，第277页。

说合兴工。[①]1876年，江西景德镇瓷器工人为反对厂主供给饭食太差，要求供应白米，厂主不允许，"并将为首者数人，暂行管押在案"，导致"聚众万人，持械并起，先将各处要道堵塞，以与厂主从事"。[②]这次罢工声势之大，在当年全国都是少有的。

八国联军侵华后，清政府与西方列强签订了丧权辱国的《辛丑条约》，使中华民族的苦难更加深重。1905年，以孙中山为首的民族资产阶级成立了同盟会，随后资产阶级民主革命浪潮在全国高涨。在资产阶级民主革命浪潮的推动下，江西工人阶级亦参与了多种形式的革命活动。

民族资产阶级革命的呼声受到了全省日用百货、轻工、加工、搬运等行业店员工人的热烈响应。他们在街道、码头组织抵制美货的活动，提出不进美货、不运美货、不卖美货、不买美货，使南昌美货滞销。全省其他城市如九江、景德镇等地也开展抵制美货的活动。抵制美货在一定程度上遏制了外国商品向南昌等地倾销，扩展了民族工业产品市场，为发展江西民族资本企业创造了有利条件。

同盟会领导的资产阶级民主革命，在江西其他地方的工人亦参与其中。1906年春，全国时局动荡不安，黄兴派遣在日本留学的同盟会湖南籍会员刘道一、萍乡籍会员蔡绍南回湘"运动军队，重整会党"，伺机发动武装起义，并指出："现时会党，多潜伏于萍乡安

---

① 《中国近代手工业史资料》第二卷，生活·读书·新知三联书店1957年版，第277页。
② 《中国近代手工业史资料》第二卷，生活·读书·新知三联书店1957年版，第278页。

源诸矿上，正可利用矿场等处，为组合机关。"[1]1906年12月，萍浏醴起义爆发，安源工人积极投身其中，沉重打击了帝国主义及清政府，极大地教育和鼓舞了革命党人和广大群众，因而成为辛亥革命的一次重大预演。

1911年10月辛亥革命首义后，九江于当月23日，在李烈钧领导下宣布独立。南昌也为之震动。30日，新军发动起义，进取南昌，冲击抚署。大批工人，特别是码头工人参加了新军的行动。南昌很快被攻克。一些工厂工人，如印刷工人、棉纺织工人参与维持秩序，一些店员免费为起义军战士提供食物。与资产阶级民主革命相应的政治、经济斗争也接二连三发生。1912年，景德镇陶瓷工人为增加工资举行大罢工，资本家被迫答应每人每月加茶钱300文。1913年5月，萍乡煤矿工人开展同工头清算工价的斗争。5月12日，各工作处工人不堪忍受克扣工资，群起同各自的工头清算工价，连日进行，形成风潮，有的工作处工人与工头发生严重冲突。矿局乃以"时局所牵，风谣极重"为由，请求地方当局出兵。5月14日，萍乡县公署派兵90多人到安源弹压，并派兵驻守工人餐宿处，监视工人行动，工人斗争终以失败告终。

在资产阶级民主革命运动中，江西工人加强了反抗外来侵略者政治压迫的斗争。1909年4月，九江英巡捕无故杀害湖口商贩余发程。消息传开后，在九江务工的湖口籍木匠、泥匠、油漆匠和杂工等近2000人怒不可遏，于30日展开了罢工。随后，九江全城掀起了罢工、罢课、罢市的热潮，迫使英帝国主义答应惩办凶手。1911年，南城河东人民开展了一次反对洋教运动，3000余名工人、农民

---

[1] 萍乡市政协与浏阳县政协、醴陵市政协合编：《萍、浏、醴起义资料汇编》，湖南人民出版社1986年版，第209页。

参加。1918年11月,第一次世界大战以德、奥等同盟国失败而告终,中国成为战胜国。德国被打败的消息传来,久积在工人心中的对德籍工程师的仇恨迸发。就在巴黎和会召开的当月(即1919年1月),萍乡煤矿工人掀起了驱逐德国人的斗争。他们在长沙《大公报》发表《致北京政府参战处、农工商部以及汉冶萍公司和赣西镇守使函》,历数德国工程师和监工等数十年来敷衍矿务、破坏矿山资源、虐待矿工、草菅人命等罪行,指责汉冶萍公司继续重用敌国人员、纵容德籍雇员胡作非为的媚外行径,强烈要求将德国人驱逐出境。这封署名"萍乡煤矿全体矿工"的公开信正告说:以上要求,"如若无效,同人等同心努力,群起逐之,置之死地,亦可以替我被彼等虐死之矿工同胞报仇焉。生死悠关,不达到目的,至死不已也"[①]。这一斗争延续到五四反帝爱国运动爆发以后。

江西工人早期的反抗斗争,从一开始就具有鲜明的反帝反封建意识,带着深厚的政治色彩,表现了工人不甘屈辱、不畏强暴的彻底革命精神,显示出江西工人中蕴藏着极大的革命力量。但早期的这些工人斗争,主要是自卫斗争、经济领域的斗争,属于自发斗争。斗争没有明确的政治目标,仅局限于区域性,大都是小规模的,力量分散,参加的只是互不相关的少数厂矿行业部分工人,斗争手段简单落后,斗争目标短浅不清,斗争结果以失败为主。究其原因,主要是当时工人还属于自在阶级,还只是资产阶级和小资产阶级的追随者,没有作为一个独立的力量登上政治舞台,没有科学的革命理论为指导,没有先进的工人阶级政党的领导,除了一些零散的反抗外,斗争的组织者主要是会党及帮派组织,它们并不会

[①] 《萍乡煤矿全体矿工为反对德国工程师致报馆函》,长沙《大公报》1919年1月3日。

把工人阶级的根本利益放在第一位，斗争没有坚决的革命性、彻底性。但这些早期斗争，为江西工人阶级登上历史舞台奠定了基础。

第三节　五四运动与江西工人阶级的觉醒

一、江西工人积极投身五四运动

1919年北京五四运动爆发后，全国各地纷起响应，江西人民的爱国热情也迅速迸发出来。到6月3日，五四运动进入一个新阶段，斗争中心由北京转移到上海，斗争主力由学生转移到工人，开始了学生罢课、工人罢工、商人罢市的"三罢"局面。在上海等地工人罢工斗争的影响和江西进步知识分子的带动下，江西工人阶级迅速行动起来。

九江的"三罢"活动在全省开展得最为激烈。5月20日至21日，九江各校学生罢课两天。6月4日，九江总商会发布公告，提出"国人须用国货"，城区和周边集镇各商家均表示"不进日货，也不卖日货"，并张贴"本店日货已查存"等字条。6月6日，九江南伟烈大学再次全体罢课，并组织了救国讲演团，奔赴街头巷尾开展宣传，使九江人民受到了一次深刻的爱国主义教育。6月12日，九江商人罢市。同一天，为抗议北洋军阀继续在北京逮捕学生和爱国志士，九江各趸船、码头的海员工人和搬运工人一致实行大罢工，并发布通告，停止一切进出口岸货物装卸作业。庐山牯岭的轿夫也拒绝抬日本人上下庐山。与此同时，九江的划驳工人拒绝载运日本人过江，发现个别划驳工人不采取一致行动，就将其划子拖上岸来，并用粉笔写上"此船不爱国"字样。

九江码头工人罢工使九江港口的运输中断。罢工的码头工人一致拒绝装卸货物，使到埠的轮船放空而去。罢工的第一天，"江边各轮船码头，均有小工多人分布禁止上下货物，适值'江华'轮下水抵埠，停泊时间甚久，而上下搭客寥寥"[1]，"各工人均相约不往取货"[2]。即使有个别工人不知道事先约定的行动，上船搬货，其他工人即上前劝阻，说"现在商人罢市，学生罢课，我等工人何独无心肝，不为应援云云，各工人群以为然"[3]。罢工的第二天，"是日'宁绍'下水，有美国人往庐山避暑，有行李二十余件，均无人敢搬"。美国人愿出银洋2元，工人曰："我们并不是说先生钱少了不搬，是因为日本人欺我中国人太甚，是以我们罢工。"美国人只好自己动手搬运，并说："中国人热心甚好，不久即可强国。"[4]

在"三罢"斗争中，九江学生、工人和商人互相鼓舞和声援，显示出团结一致的巨大力量。九江工人在罢工中表现得极为出色，不仅采取了彻底的不妥协的强硬态度，而且有力地制止了反动商人和军政当局的破坏活动，使"罢市"得以持续举行。罢市的第一天（6月12日）下午四时半，九江商会副会长、粮食奸商辜竹卿，竟指使多人企图将8000担大米用"江华"轮装运出口，接济日本。这一举动被罢工工人发现，"于是小工大哗，群起反对"。罢市的第二天（6月13日），辜竹卿又勾结九江县知事和警察厅厅长挨家动员商人开市，"讵行至西门大街中市，突有劳动家多数围集，一见辜某即大声呼打，一唱百呼，秩序大乱，砖瓦乱飞，幸经学生

---

[1] 《九江罢市之别报》，《申报》1919年6月19日。
[2] 《九江罢市之经过》，《申报》1919年6月16日。
[3] 《九江罢市之经过》，《申报》1919年6月16日。
[4] 《九江罢市之别报》，《申报》1919年6月19日。

出面劝阻，县厅躲避尚速，未受重伤，辜某则乘间脱去"。①罢市的第三天（6月14日），当九江西门外几家商店在军警压迫下开业时，"忽有工人多名麇集，声言吾辈苦力已忍饥三日，尚且不馁，尔若大商，才停止两天，即赶早开门。况吾人要求之事，仅曹章陆三人免职，并未惩办其余，问题均无着落。又辜某为日人运米，祸吾南浔，破坏团结，应如何惩处，皆须一一解决。如行照常营业，否则，吾人惟以武力对付败群之马，其势汹汹，愈骤愈众，军警亦难制止，于是顷刻间依旧闭市"②。

九江工人们的斗争进一步激励了九江各界群众斗志，纷纷集会演说，游行示威，手执"工界万岁！""坚持到底！"的旗帜，数处募捐，救济罢工工人；宣称实行对日经济绝交，不卖米面蔬菜给在浔的日本人。日本领事赶紧向中国外交部求情。九江工人罢工，是继上海、唐山、长辛店等地工人罢工之后的又一次罢工斗争，是九江工人反帝反封建的一次政治大罢工。从此，包括九江工人在内的中国工人阶级，成为中国人民反帝反封建的中流砥柱。

在萍乡，五四运动的浪潮使久积在安源煤矿工人中仇恨德国监工的怒火爆发。长期以来，把持安全煤矿工程技术大权的德籍监工经常虐待矿工，工人们早就要求将他们惩办，但矿局置之不理。6月23日，总平巷德籍总监工乌生勃里克将窿工工头汪大全打成重伤，导致工人心中久积的怒火一齐迸发。一部分工头、职员本来就对德籍雇员不满，这次也同工人站在一边。当日，工人们将被打成重伤的汪大全抬到矿局总公事房，要求矿长处置。同时，有100多名工人将乌生勃里克寓所围住，另有100多名工人

---

① 《九江罢市之别报》，《申报》1919年6月19日。
② 《九江罢市之别报》，《申报》1919年6月19日。

安源煤矿井口总平巷

聚集在总平巷公事房门前示威。经过斗争，最终公司辞去全部德籍雇员。这样，盘踞安源20多年的德国雇员终于在当年7月中旬被赶出了矿山。

与此同时，全省工人声援学生的浪潮逐渐蔓延。南昌市江北的码头工人和铁路工人展开了罢工斗争，南浔线铁路工人表现得英勇坚决，他们在九江工人的通电下，实行了全线总罢工，有力地推动了爱国运动，并且迫使资本家签字给工人增加了工资。江北码头工人1000余人也在同日开展总罢工。赣州、抚州、宜春等地工人同样进行了一些零星的声援活动，逐渐形成各阶层人民广泛参加的群众爱国运动。是年8月到12月，全省各地工人群众连续不断进行了反对军阀、买办、帝国主义互相勾结的米谷出口的斗争。五四期

《晨报》报道五四运动后南昌工人罢工情形

间江西工人的斗争虽不够广泛、深入，规模较小，但他们用行动证明了，江西工人作为中国工人阶级的一分子，开始以独立姿态登上政治舞台了。

二、马克思主义在江西工人中的传播

十月革命一声炮响，给中国送来了马克思列宁主义。随着五四新文化运动的发展和马克思主义的传播，一批在外求学的江西籍知识分子开始接受马克思主义，逐渐成长为马克思主义的坚定信仰者。袁玉冰、赵醒侬、方志敏、曾天宇等是江西传播马克思主义的主要代表人物。他们在外地接受马克思主义基本知识后，回到家乡，成立社团，创办刊物，介绍书籍，联络进步青年，宣传马克思主义，启发工人阶级觉悟，促进工人运动发展。

在江西，马克思主义传播的主要地点是南昌、九江、吉安等大城市。全省各地在外求学、工作期间接受了马克思主义的青年在途经南昌、九江等大城市时，经常与本地的革命者切磋交流，促进了马克思主义在全省的传播。特别是江西的许多学校，成为马克思主义传播较为便利和集中的地方。例如，南昌二中的袁玉冰、黄道、石廷瑜、黄在璇、徐先兆，南昌一中的汪群、汪伟，南昌一师的陈之琦、王立生、丁潜、邹鲁等人，都是江西马克思主义的早期传播者。

创办进步团体是马克思主义在江西的重要传播方式。1920年7月，在南昌二中读书的袁玉冰、黄道、徐先兆、石廷瑜、黄家煌、黄在旋、刘轶、支宏江等人，在五四运动的影响下，"极力主张集合思想相同的青年组成一个主张一致的社团"[①]。经过一番酝酿，便在1920年夏季发起组织了江西第一个革命社团——"鄱阳湖社"，后改名为"改造社"。1922年秋，袁玉冰回到南昌，又与赵醒侬、方志敏等一起，发起成立"江西民权运动大同盟"和"马克思主义学说研究会"，从事革命活动。除了创办革命团体外，他们还积极创办各种学校和书社，宣传介绍进步书刊。江西宣传马克思主义的主要阵地文化书社、明星书社、黎明中学和其他许多革命团体等，也都在南昌创办。他们还创办刊物，撰写文章，宣传马克思主义。袁玉冰成立了"鄱阳湖社"后，创办了《新江西》季刊，并使之成为江西宣传马克思主义的主要刊物。袁玉冰在《新江西》发表了十余篇文章，揭露当时社会黑暗，人民生活疾苦。他撰写的《敬告青年》一文明确提出，实行社会革命"自然只有马克司派的社会主义了。因为马克司派的社会主义是科学的社会主义"。文中还介绍了唯物史观、剩余价值、阶级争斗、劳工专政等马克思主义学说内容，号召青年"要为主义而奋斗，为主义而牺牲，打破一切'文

---

① 共青团南昌市委员会编：《南昌青年运动回忆录》，江西省出版事业管理局1981年，第21页。

学''科学''哲学'的迷梦，学马克司做一个社会改造之实际运动的 Fighter"。[1]

马克思主义在江西的传播是同工人运动联系在一起的。作为早期马克思主义在江西的传播者之一的赵醒侬，早在上海求学期间就开始关注工人的生活。赵醒侬怀着为"伙友谋幸福、谋大团结"的愿望，于1920年9月加入了上海工商友谊会。他积极参加友谊会的活动，经常为该会刊物《上海伙友》写稿。每年10月10日，是民国国庆纪念日，学生、官僚、老板们提灯庆祝，却看不到伙友的影子，这令赵醒侬十分感慨。1920年10月10日，赵醒侬在《上海伙友》上发表《为今日问问伙友们》，文中写道：辛亥革命的胜利，"是我们先烈赴汤蹈火，血肉横飞，抛头颅，洒热血换得来的"，而今天，"我们伙友们还在千钧压力底下，想动也动不起来，一盘散沙，没有团结"。他疾呼："难道我们伙友不是中华的国民？难道我们不是黄帝的子孙？难道我们甘心做凉血动物只肯雌伏而不动？"他希望伙友们加入工商友谊会，谋取团结，相信"明年今日，定有一番破天荒的盛举"。[2]赵醒侬在上海与工人接触的经历，为他回江西之后关注工人运动，在工人之中传播马克思主义提供了经验。

1923年1月20日，赵醒侬在南昌文化书社召集会议，组建中国社会主义青年团江西地方团。当日召开第一次会议，决议加强对各学校的宣传工作，多介绍学生加入工会，以便向工人开展宣传，

---

[1] 共青团南昌市委编：《南昌青年运动三十年（1919—1949）》（内部发行），1984年版，第191—192页。
[2] 中共江西省委党史资料征集委员会：《赵醒侬专辑》，中央文献出版社1994年版，第2—3页。

并尽力援助工会组织。农历年过后，赵醒侬与袁玉冰、方志敏等讨论决定，因南昌还在手工状态中，以后应在九江、饶州、丰城3个工业区域积极发展团支部，吸收青年工人入团；南昌工人方面，由胡占魁负责。[①]1923年8月，青年团第二次全国代表大会后，赵醒侬根据党、团中央指示，回江西继续开展建团工作。他再次乘船溯长江而上，取道九江回南昌。九江是江西的门户，交通便利，商业集中，产业工人较多。早在一年前的1922年，赵醒侬途经九江，已确定把九江列为团的重点工作区域，亲自发展了周一尘。这次途经九江，赵醒侬调查了脚夫工会情况，他发现庐山脚夫大多是附近农民，夏天抬轿和挑担，其余时间各自回家种田，平日里生活费用甚低，夏秋时每日收入又很丰厚，没有成立工会的愿望，如勉强组织也会徒劳无益。赵醒侬把调查结果告诉准备做脚夫工会的易虚同志，建议九江团员暂缓发展脚夫工会，集中力量开展九江方面的活动，注重做好铁路工人、工厂工人、码头挑夫和学校学生的工作。回到南昌后，赵醒侬抓紧开展团的活动，从10月中旬到12月中旬，每周都要召开委员会或扩大会总结和讨论工作，并要求大家进行调查工作，"调查南昌手工业工人的工会。辖纯粹店友所组织的也在内，并须和他们亲密联络"，由九江支部负责"调查和联络铁路工人"。[②]在调查中，赵醒侬特别注重了解工人的情况，亲自参与调查南昌市烟工、运输工、制帽工和纸马工人的情况。

与此同时，江西另一位早期马克思主义传播者袁玉冰也非常关

---

① 中共江西省委党史资料征集委员会：《赵醒侬专辑》，中央文献出版社1994年版，第6页。
② 中共江西省委党史资料征集委员会：《赵醒侬专辑》，中央文献出版社1994年版，第41页。

注工人运动,积极在工人中传播马克思主义。1919年在南昌求学时,袁玉冰受聘为振华工厂稽查员。9月27日,应振华工厂延聘,任书记。[①] 这些早期的经历让袁玉冰在革命生涯中很注重关注工人的生活,积极同工人进行联系。1921年,《新江西》创刊,袁玉冰在刊物中提出了改造社会的三项政治主张,其中特别提出"劳工神圣,是我们良心的主张。要使他们有觉悟,能自动;引着他们到光明的路上去"[②]。这表明了袁玉冰矢志投身于工人运动的决心。1922年9月,袁玉冰考入北京大学,在李大钊的引导下,投身到革命斗争中。这时正是中国工人运动第一次高潮蓬勃兴起的时期。10月下旬,爆发了震惊全国的开滦煤矿工人大罢工。声援罢工斗争的浪潮席卷北京城,袁玉冰在李大钊的领导下,积极投入声援活动。[③]1922年,湖南工人运动领导人黄爱、庞人铨惨遭军阀杀害。经袁玉冰提议,改造社在南昌召开群众大会,纪念国际劳动节并追悼两位烈士。5月1日那天,南昌市各界20多个团体、2000余人在江西教育会隆重举行纪念大会。袁玉冰、黄道等以"改造社同人"名义撰写了挽联,上联是"谋劳工解放,即是谋全人类解放,要达这个目的,谁也有像黄庞被杀的机会",下联是"对黄庞痛哭,即是对全中国痛哭,只是徒然流泪,便愧对这实行奋斗的男儿"。袁玉冰在大会上作了慷慨激昂的发言,控诉反动军阀的罪行。会后,袁玉冰还为《大江报》编辑了《五一劳动节特号》,由《大江报》出版

---

① 中共江西省委党史资料征集委员会:《袁玉冰专集》,中央文献出版社1994年版,第215—216页。
② 中共江西省委党史资料征集委员会:《袁玉冰专集》,中央文献出版社1994年版,第8页。
③ 中共江西省委党史资料征集委员会:《袁玉冰专集》,中央文献出版社1994年版,第12页。

发行，颂扬了工人阶级的奋斗精神，号召工人们组织起来，彻底改造社会，砸烂旧世界。虽然《大江报》因此被封闭，但"从这次运动中，可以证明南昌人们已有觉悟"[①]。1923年3月2日，京汉铁路二七惨案消息传到南昌，改造社、南昌工会等团体通电全国，愤怒声讨反动军阀吴佩孚的暴行，并号召"全国工友各界同胞，急起援助，讨伐彼凶顽，以彰人道，同人誓为后予"[②]。

赵醒侬、方志敏、袁玉冰在江西工人中积极传播马克思主义，启发了一批工人向中国共产党靠拢，南昌铅印工人就是其中突出的代表。南昌"官纸"印刷所所长龙超云是革命青年龙超清的哥哥，"一平"印刷所所长张田民则早与方志敏相识。赵醒侬、方志敏通过这两个印刷所开始与铅印工人接触，使铅印工人接触到马克思主义和革命思想，一些工人后来参加了青年团或共产党。随着铅印工人觉悟的提高，工人要求团结起来，为自己的利益而斗争。1923年底，铅印工人召开铅印工会筹备会，酝酿成立工会组织。1924年4月，南昌铅印工会正式成立。[③]

通过赵醒侬、袁玉冰等马克思主义传播者在江西工人中的积极活动和宣传，江西工人的觉悟大大提高了，广大工人明白了自己痛苦的来源，明白了改变命运的途径只有通过斗争，要取得斗争的胜利就需要在中国共产党的领导之下团结起来。从此，江西工人逐渐改变了分散孤立的状况，逐渐由自在的阶级转为自为的阶级，逐渐

---

① 玉冰：《南昌"五一"纪念底状况》（1923年1月14日），《新江西》第1卷第3号。
② 中共江西省委党史资料征集委员会：《袁玉冰专集》，中央文献出版社1994年版，第6页。
③ 南昌市总工会工运史志办公室、江西师范大学历史系：《南昌工人斗争史》，江西人民出版社1989年版，第22—23页。

从单纯追求经济利益的斗争转变为追求政治权利的斗争，从而更加深刻地与中国革命的历史进程结合在一起。

三、江西工人阶级意识新觉醒

五四运动爆发后，除南昌、九江外，全省其他地方也群起响应。"外争主权、内除国贼"的怒吼响彻赣鄱大地，随着马克思主义在江西的广泛传播，江西工人的阶级意识有了新觉醒，他们开始认识到自己的阶级地位和历史使命，工人斗争蓬勃兴起。

1920年3月14日，九江码头工人举行了反帝罢工斗争。当天，码头工人黄万和搬运大米路过太古洋行堆栈门口，误入租界线内，英租界巡捕胡晋恩竟将黄万和推倒并猛踢其腹部，致使黄当场昏倒。其他码头工人纷纷与胡晋恩理论，遭到警察与租界巡捕的驱赶，众多市民前来助威。租界内的外国人竟挂出危险旗，向停泊在长江的美国军舰求援。美舰水兵立即登陆，用刺刀驱散人群，刺伤工人数名。码头工人随即宣布罢工，以示抗议。九江各界民众举行会议，声援码头工人，并向英租界当局提出交涉条件：（1）将凶手胡晋恩依法治罪；（2）撤换帮凶巡捕毕特尔和陈鸿德；（3）租界巡捕不得任意伤害工人；（4）租界军舰登陆应事先告知中国官厅；（5）租界交界地点应加派中国军警保护。[1]但是，由于北洋军阀政府实行媚外的外交政策，遂仅以开除凶手胡晋恩、受伤工人医药费由租界巡捕负担、巡捕毕特尔自行辞职而草草了结此事。对于美军的行径不敢有任何意见，还做出了受伤工人黄万和不准在码头做工的决定，使九江码头工人和各界民众进一步认清了帝国主义的凶恶面目和北洋政府的媚外本质。1920年5月1日，九江2000余名

---

[1] 孙述城：《九江港史》，人民交通出版社1991年版，第170页。

工人、学生共同举行了纪念五一国际劳动节的集会游行。这是江西工人第一次纪念本阶级的节日。先进知识分子在集会上强调工人阶级的重要地位，号召他们结成团体为自身的利益而奋斗，使工人们很受鼓舞。

1920年夏，因物价上涨，景德镇浮梁县200名釉工举行罢工，要求增加工资。县知事将罢工的情形向省里呈报，称"近因百物昂贵，各工均邀求加价，俾得俯蓄无方，刻止停工抵制"①。县知事为安定地方治安，"已饬护警严拿首要滋事之徒到案，惩一警（儆）百"。后瓷业工人聚集越来越多，"多者万人或数千人不等，至少亦有数百人之多"。后来经过与商会讨论，"拟按工略稍加增，一俟议妥，即当劝令各厂早日兴工"。

罢工风潮的迭起，蔓延到南昌劳动界，工人斗争开始由零星、分散向全行业及各行业之间蔓延发展。1920年下半年至1921年上半年，南昌爆发了烟业、糖业、酒业和码头工人罢工。南昌市刨烟业、食品业和码头等19个行业的工人相呼应，举行了多次罢工。南昌工人工资一向微薄，每月至多不过官票5000元。由于北洋军阀的疯狂掠夺，通货膨胀连年不止，官票不断贬值。民国初年，官票1000元值铜元95枚，五四以后跌至56枚。工人一月劳作，仅值现洋2元。因官票暴跌，商店大多不收，工人手中官票越发无用，生活更加困苦不堪，迫切要求增加工资以求缓解饥寒。

率先开展罢工的是烟业刨工。当时，南昌的刨烟工人实行计件工资，每人每天规定刨烟14包，每包工钱分三等。头等烟每包票钱26文，二等烟每包24文，三等烟每包22文，都以江西的官票钱计算，共可得工钱300文。如果以官票折合成铜元，就只能得

---

① 《景德镇窑工风潮之近讯》，《时报》1920年8月2日。

十七八枚上下。勤劳的工人每天早上五点起来做工，到下午四五点钟为止，也才能得 20 枚铜元。通常工人"日作十时工，尚不足赡一家之用"①，生活劳苦极了。1920 年 8 月，因为生活艰难，刨烟工人要求店主每包加刨工钱 4 文，遭到烟叶业主拒绝，甚至想把首要倡议罢工的徐绪连等工人抓起来关押到警察厅。工人听后，实行全行业同盟罢工，所有刨烟工都跑回乡下去了，后来闹到店主没有烟可卖了才服软，被迫同意给工人每包烟加工资 2 文，工人才一律开工。另外，烟店的帮伙，即各个烟店柜台上帮忙的伙计，受刨烟工因罢工而加了工钱的影响，也曾多次召集同业人员，在庑外步青云茶楼开会，公开推荐代表与店东家接洽，想把原有的工钱由官票一律改为铜元。但是各店主同样不肯答应，只答应每一个月给酒钱 900 文，改给铜元 90 枚。这些帮伙工人，拟定不达目的誓不罢休，于是就群体罢工。南昌烟叶工人的罢工也激励了糖业工人。南昌城内作饴糖的店铺很多。这种店铺开店是更容易的，需要的资本也不大，作工的工人工资也比其他行业更便宜。而且这种店铺的店主和作工的，大多是贫苦出身，很晓得作工的疾苦，所以每月工钱虽然便宜，倒还相安无事。不过"近来这行工人们，因想店东加一点儿工钱，也曾经召集同业，开了一次露天会议，听说店东已应许稍为加了几角工钱"②。

1920 年 8 月下旬，在烟业、糖业、酒业工人罢工斗争的鼓舞下，南昌沿江码头工人（搬运工人）联合行动，提出将工人工资以官票钱八折发给铜元的要求，遭到盐、米、煤炭、水果等行业业主

---

① 支国华、童道文：《江西工人运动史（1921—1949）》，江西人民出版社 1995 年版，第 41 页。
② 《劳动界》第 3 期，1920 年 8 月 29 日。

的拒绝后，于 8 月 28 日宣布罢工，表示不达目的决不复工。30 日，南昌总商会商讨对策，各行业资本家拒绝工人的要求，并决议各自组织"劳动工人团"搬运货物，请官厅派兵保护。码头工人立即开会研究斗争策略，决定一面争取社会同情，一面坚持罢工。9 月 1 日，码头工人组成"敢死队"，与资本家斗争到底。由于连日罢工，使各地运到南昌的盐、煤、米谷等货物大批积压，无法上岸销售，引起市民恐慌和不满。9 月 3 日，资本家再也支撑不住，被迫答应工人要求，罢工斗争取得胜利。随后，南昌理发工人在 1921 年 2 月同样为官票改为铜元举行联合罢工，以求增加工资。同年 4 月，万载县龙山 36 个纸槽 150 余名工人联合罢工，抗议槽主拒绝工人增加工资要求，全省各地上万名纸业工人纷纷声援。宜丰黄岗、双峰、逍遥等地 100 多个纸槽 500 多名纸业工人罢工，支援万载龙山工人的斗争。最后，万载县纸业工人增加工资 25%，宜丰黄岗等地纸业工人，普遍增资 20%。

工人阶级意识新觉醒，也体现在政治觉悟的提高以及争取政治权利的斗争。1921 年 8 月，江西督军陈光远与天昌米谷公司商人龚梅生勾结，破坏"对日经济绝交"，利用悬挂外国旗帜的煤油船，将米谷私运出境卖给日本人，激起工人极大愤慨。南浔铁路工人和南昌沿江码头工人拒绝为天昌公司装运米谷，使得天昌米谷公司遭受致命打击，不久后倒闭。1922 年 8 月 18 日，为抵制北洋政府任用亲信蔡成勋、李迁玉把持江西军政大权，南昌工人与全市民众一起举行罢工，南浔铁路火车停开，市内电灯不亮、电话不通，给军阀政府以沉重的打击。

江西工人阶级通过斗争，认识到团结起来的重要性，开始建立起本阶级的组织——工会组织。1922 年春，江西除萍乡安源外，其他地方还未建立共产党的组织，但在进步思潮影响下，诞生了南昌工会，具有一定文化、思想较为进步的银店青年店员胡占魁当选会长。4月22日，上海《申报》刊载中国劳动组织书记部《关于召开中国第一次全国劳动大会的通告》，邀请全国各地工人团体于5月1日派代表到广州，"以志盛典，且可以联络全国工界之感情"。胡占魁看到通告后积极响应，于1922年5月代表南昌工人赴广州出席了这次大会，促进了江西工人运动与全国工人运动的联系。

江西工人运动由区域性的斗争发展到与外地工运紧密联系。1923年二七惨案发生后，以胡占魁为会长的南昌工会联合改造社等各界进步团体向全国发表通电，对河南、湖北北洋军阀吴佩孚、萧耀南镇压京汉铁路工人运动表示强烈谴责，"盼望全国工友各界同胞，急起援助，讨彼凶顽，以障人道，同人誓为后盾"[1]，表达了江西工人阶级同全国工人阶级共同团结战斗的决心。

二七惨案后，湖北、大同、合肥、芜湖等地一些因罢工而失业的工人，陆续来到江西乐平，部分到鸣山煤矿当挖煤工人，部分进了乐平各纺织厂。他们中绝大多数经历了工人斗争的锻炼，思想觉悟较高，经验较丰富。他们在乐平经常向当地工人讲授革命道理，介绍外地工人的斗争经验，提高了工人的阶级觉悟。当时，乐平纺织业发展较快，全县有大小纺织厂近50家，工人500多名。纺织工人每天劳动十几个小时，却过着衣不遮体、食不果腹的悲惨生活。资本家为迫使工人听任压榨，订下《同盟公约》，规定：凡是被解雇的工人不论哪家厂都不准接纳，如有违约必须办酒席谢罪。工人们忍无可忍，于1923年6月，在外地工人谢老四和本地工人陶润水带领下，举行行业总罢工，提出三点要求：第一，工人普遍

---

[1] 《江西改造社、南昌工会等团体就"二七"惨案通电全国》，上海《民国日报》1923年2月23日。

增加工资；第二，被甲厂辞退的工人，乙厂可以吸收，甲厂不能干涉；第三，被开除的工人，厂方要发给部分生活费和足够回家的路费。各厂主都无理拒绝工人的要求，愤怒的工人痛打了两个纺织厂的老板，有3名工友因此被警方拘押3天。在困难情况下，工人们团结一致，坚持罢工5天，迫使厂主们答应了全部条件，废除了《同盟公约》，答应每织一尺布增加5分钱工资。工人们感受到了联合的力量。1923年10月，南昌码头、制帽、刨烟和纸马4个行业的工人联合举行同盟罢工，1000余人参加。与此同时，南城县栈房（药栈、酒栈）工人、店员（商店、米店、粉店）工人、匠人（铁、木、篾、石、泥水匠）、手工业（裁缝、理发工）工人、码头工人和推车、扛轿、扫街的苦力联合一起，以曾顺初为首组织罢工，与老板开展面对面的斗争。各行业老板不得不答应工人的加薪要求。

五四运动以来，江西工人阶级的反抗斗争此起彼伏。这些反抗斗争相较于早期的斗争有了明显的进步：一是斗争不仅仅局限于争取经济利益，而是开始关注国家大事，将罢工斗争同要求政治权利结合起来；二是走出了孤立隔绝的状态，不但全省各地工人运动相互鼓舞和配合，而且开始同全国工人运动开展有了联系；三是由松散的组织走向了建立正式的工会组织，工会在组织工人开展斗争中发挥了越来越重要的作用。

第二章

安源路矿工人运动与中国工运道路的探索

中国共产党是马克思主义与中国工人运动相结合的产物。中国共产党一经成立，就致力于组织领导工人运动[①]。迅速掀起了第一次工人运动高潮。1922年9月，安源路矿工人大罢工取得完全胜利，扩大了党的影响，激励了全国的工人斗争。二七惨案后，安源路矿工人运动在党的领导下继续开展，安源成为中国的"小莫斯科"，推动了革命的前进。"九月惨案"后，安源工人运动历经北伐战争和秋收起义，汇入土地革命战争的洪流，实现了从城市罢工斗争向创建农村革命根据地的艰难转型。安源工人运动持续深入发展的光辉历史，是党领导开辟中国工人运动道路的积极探索，是马克思主义理论指导中国工人运动的重要实践成果，凝铸了宝贵的革命精神，在中国工运史上留下了辉煌的一页。

---

① 《中国共产党简史》编写组著：《中国共产党简史》，人民出版社、中共党史出版社2021年版，第17页。

第一节 绝无而仅有的胜利

一、安源路矿的创办

安源,是江西省萍乡市(原为县)城东南六公里处的一个古老矿区。安源蕴藏着丰富的优质煤。宋代已有采煤的记载,清末采煤炼焦业已很发达。随着19世纪末萍乡煤矿的开办,安源的经济社会状况发生了新的变化。

1898年3月,为解决汉阳铁厂所需煤焦,清政府派遣盛宣怀在安源创办了萍乡煤矿(因选址在安源,又称安源煤矿)。盛宣怀在安源创设"萍乡等处煤矿总局",简称"萍乡煤矿局",任命张赞宸为总办。盛宣怀凭借朝廷给予的特权,以安源为中心,圈定120多平方公里的地面为矿区,禁止别人在这范围内开采。共收购和封闭所划矿区内的土井321口,收购粮田1300余亩。向德国礼和洋行借款400万马克(合130多万银两,或183万余银元),聘请德国工程技术人员,购买德国机器,采用西方先进技术大举开井建矿。至1907年,耗资670余万两,终将萍乡煤矿建成。建成后的萍乡煤矿,有近代化的矿井、发电厂、洗煤台、炼焦炉、机械制造修理厂、砖厂等成套的采煤炼焦设备。还在萍乡县境内的紫家冲、小坑、龙家坑、王家源、高坑等地设有分矿(共有土井14处)。

在创建萍乡煤矿的同时,为解决安源煤矿的运输问题,盛宣怀又筹划修筑运煤的铁路。1898年底,决定从安源筑建铁路至湘江边,以与粤汉铁路和湘江航运线相接。当时盛宣怀动用清政府修筑芦保铁路"余款"293万余两,委派德国矿师赖伦勘测,统筹规划,由萍乡县令顾家相主持修筑,于1899年1月动工筑建,1899年12

月 20 日竣工通车，命名为萍安铁路，全长 7 公里。1901 年，在盛宣怀的督办下，向日方借款 230 万元，继续修筑从萍乡到湖南醴陵的铁路，于 1902 年 11 月通车，全长 38 公里，命名为萍醴铁路。1903 年 11 月，醴陵至株洲段铁路动工兴建，1905 年 12 月竣工通车，全长 45 公里。至 1905 年铁路贯通，全线长 90 公里，设立了安源、萍乡、醴陵、株洲四大站，峡山口、老关、板杉铺、燃家坝、白关铺五小站，初命名为萍株铁路，后改称株萍铁路，由萍乡煤矿局设立铁路处代管。1908 年汉冶萍公司成立后，该铁路拨归清政府邮传部管辖。

1908 年，盛宣怀奏请清政府批准合并汉阳铁厂、大冶铁矿、萍乡煤矿，成立汉冶萍煤铁厂矿有限公司（简称汉冶萍公司），同时由官督商办转为完全商办，汉冶萍公司成为中国第一代新式钢铁联合企业，当时也是亚洲最大的钢铁煤联合企业。1914 年第一次世界大战爆发后，国际市场对钢铁的需求量增大，汉冶萍公司一面大力进行内部扩建，一面积极对外扩张。汉冶萍公司的扩张和战时繁荣，使萍乡煤矿和株萍铁路进入一个短暂的兴盛时期。在第一次世界大战期间，萍乡煤矿的原煤年产量达到 90 多万吨，焦炭年产量达到 20 多万吨，均相当于 1907 年产量的 2.5 倍。1916 年和 1917 年，萍矿煤炭产量连续两年达到或接近 95 万吨。煤焦运销量同样大幅度增长。

随着安源路矿的开办和建成，安源地区产生了一个崭新的群体——安源煤矿和株萍铁路工人（简称安源路矿工人）。路矿两局大多数工人是来自湖南、江西、湖北等省的破产农民，到 1907 年萍乡煤矿建成时，路矿工人达 7000~8000 人，其中矿工 6000~7000 人，路工约 1000 人。随着生产和运销的发展，路矿工人人数大为增加。20 世纪 20 年代初，"全矿雇用工人凡一万二千余人（开大工时，人数尚须增加），内计窿内矿工六千余人，机械工千余人，余则俱为洗煤炼焦，运输及各项杂工"①。到1925年9月安源路矿工人俱乐部被当局武力解散之前，两局工人人数时有增减，但变动不大。此外，安源矿区常有失业工人四五千人，他们是煤矿的产业后备军。这些工人平常以短途挑运煤焦和其他临时性工作为生，矿局需要工人的时候就到矿上做零工。

安源路矿工人遭受着帝国主义、封建主义和官僚买办的层层压迫剥削，处境十分悲惨。为了最大限度地掠夺资源，帝国主义和封建官僚在萍乡煤矿建立了庞大的管理机构，实行残酷的统治。萍乡煤矿一开办，因向德国大量借款，开始就被帝国主义所控制，由德国人赖伦担任矿师，并陆续聘用来自德国、比利时、英国等国的欧洲人担任各工作处总管、监工、会计等要职，掌控了萍乡煤矿的开采技术、生产管理等要害。当时在矿局任职的德国人，最多时达30多人，他们在萍矿为所欲为，肆意虐待工人。从1903年起，日本帝国主义通过贷款、派顾问和技师等手段逐渐控制萍乡煤矿。建矿之初，在萍矿总局之下设12个处，后增加到32个处，职员共400多人。另外，有大小工头400多人。矿局还建立了自己的武装，与官军相配合，对工人实行武力镇压。开矿之初设立的巡警处，有巡警300人，人数最多时达八九百人，分为四区两队。矿警局内设有法庭和牢房，肆意压迫工人。

萍乡煤矿工人劳动时间长，劳动强度大，劳动条件差。矿局最初实行三班制，每班8小时。1906年6月起实行两班制，一班劳

---

① 刘少奇、朱少连：《安源路矿工人俱乐部略史》，中共萍乡市委《安源路矿工人运动》编纂组编：《安源路矿工人运动》（上），中共党史资料出版社1991年版，第115页。

动 12 小时，每半个月才休息一天。工人为生计所迫，有的打连班，一次就得干 24 小时，有的假日也不休息。采煤工作面通常很低矮，工人无法直立，只能蹲着或侧躺着挖煤。窿内担物行走"必须跪在地下""用背驮或者项驮走""状况极苦，且甚危险"①，窿内低矮处只有两三尺高，煤炭只能用竹筐拖运出去，称为"扯拖"，这种工作只有身体矮小的矿工或童工才能做。井下的巷道和工作面因通风不良，温度很高，工人常在高温下作业，累了渴了只得喝地下渗出的脏水解渴。井下安全设备差，经常发生冒顶、穿水、瓦斯爆炸等事故。工人被压死、烧死或淹死是常有的事情。1917 年 8 月 18 日，井下发生大火灾，仅东平巷九段即烧死工人 90 余人。而死一个工人，只给 16 块钱的"安葬费"。工人也毫无人身自由，经常遭到工头、职员、矿警的打骂和处罚，"工人有稍不如意者，即滥用私刑，如跪火炉、背铁球、带蓑枷、抽马鞭、跪壁块等，或送警拘留蛮加拷打"②。如此辛苦的劳作和卑微的生活，路矿工人依然只能获得极其微薄的工资。比如矿局每天支付给窿内工人合银洋二角七八分，而工头每天实际发给工人的工资只合铜元二十六七枚（安源洋价每一元可换铜元 210 余枚），工头剥削工人所得实在工人工资一倍以上。工头每月收入有银洋七八百元者，有上千元者。③工人生活条件也很简陋，由于住房很少，每间屋子都住四五十人，房间"空气

---

① 《青年工人问题》，中国青年出版社 1925 年版，第 21 页。
② 刘少奇、朱少连：《安源路矿工人俱乐部略史》，中共萍乡市委《安源路矿工人运动》编纂组编：《安源路矿工人运动》（上），中共党史资料出版社 1991 年版，第 116 页。
③ 刘少奇、朱少连：《安源路矿工人俱乐部略史》，中共萍乡市委《安源路矿工人运动》编纂组编：《安源路矿工人运动》（上），中共党史资料出版社 1991 年版，第 114 页。

恶劣，地位低湿，诚一'栖流所'之不如"①。由于劳累和劳动条件恶劣，以及物质生活的低劣，不少工人患有职业病和其他疾病。"少年进炭棚，老来背竹筒；病了赶你走，死了不如狗"，这首歌谣就是安源工人苦难生活的真实写照。

安源工人深受帝国主义、封建主义和官僚资本主义各种压迫和剥削，反抗斗争此起彼伏。路矿工人的反抗斗争，经历了由零散到有组织、由低级到高级的发展过程，并同哥老会等秘密会社的活动结合在一起。1905年5月，德籍矿师任意扣罚工人的工资，数以千计的工人在哥老会的发动下，愤而捣毁公事房和德国人住宅，痛打德国矿师和华洋监工。1906年8月，萍矿当局将窿工的三班制改为两班制，将每天劳动时间由8小时延长至12小时，并由此解雇一批工人，引起工人反抗，后遭当局武力镇压。1906年，同盟会领导发动萍浏醴起义，安源工人虽未能全部投入战斗，但牵制了大量敌军，支援了起义行动。第一次世界大战以后，德国战败，萍乡煤矿工人乘机掀起了驱逐德国人的斗争，最终迫使公司辞去全部德籍雇员。不过，德国人虽然被赶走了，日本人又加强了对煤矿的控制，各管班工头及职员仍然对工人动辄打骂、罚跪、罚工钱，安源工人的境遇并未得到改善。

从最初反对洋人毁坏机器、痛打华洋监工总管，到驱逐德国工程师，在中国共产党成立前，安源爆发的较大规模的工人斗争即达7次之多。这一系列反抗斗争，表现了工人阶级不甘屈辱、不畏强暴的崇高气节和顽强的斗争精神。从总体上看，这个时期的工人斗

---

① 刘少奇、朱少连：《安源路矿工人俱乐部略史》，中共萍乡市委《安源路矿工人运动》编纂组编：《安源路矿工人运动》（上），中共党史资料出版社1991年版，第115页。

争，大多数还是自发性质的经济斗争。工人基本上还处于秘密结社或封建帮会势力的影响之下。这些斗争虽然都以失败告终，但是对促进工人阶级的成长和觉醒是有益的。系列斗争失败的事实证明，以封建的家长制和江湖义气为纽带形成的会党不能代表广大工农群众的利益，资产阶级和小资产阶级的革命党也不能引导工农群众达到胜利；广大工农群众要获得解放，必须寻找新的科学革命理论，探索新的发展路径。

二、毛泽东安源考察

1915年5月，正在湖南第一师范学校求学的毛泽东，在领导本校反对袁世凯卖国"二十一条"的斗争中，得知日方要将汉冶萍公司改为"中日合办"的消息，从而知道了汉冶萍公司、萍乡煤矿。卖国条款令毛泽东义愤填膺，对此他在《明耻篇》一书的封面，愤然写下"五月七日，民国奇耻；何以报仇？在我学子！"此时的毛泽东和近代中国知识分子一样，在强烈爱国心的驱动下积极探索，努力寻求一条救亡图存的道路。1920年6月，毛泽东和新民学会会友何叔衡等发起和推动湖南自治运动。随后，毛泽东在上海发表《湖南人民的自决》文章，指出："凡是立意妨害湖南全体人民自决的，自然都是湖南的仇敌。……湖南的事，应由全体湖南人民自决之。"[①]鼓励湖南全体人民自己起来当家作主，不再听任封建军阀和官僚的摆布。

湖南自治运动开启后，苦于没有先进理论的指导，前景黯淡。1920年10月下旬，湖南自治运动宣告失败。这次失败使毛泽东陷入了思想的苦闷：究竟要通过什么道路才能改造中国社会呢？恰在

---

① 毛泽东：《湖南人民的自决》，《时事新报》1920年6月18日。

这时，毛泽东接到新民学会会友蔡和森、萧子升等当年 8 月从法国写来的信。萧子升告知毛泽东，留法勤工俭学的会友在蒙达尼开会讨论关于新民学会的方针、方法问题；蔡和森则向毛泽东陈述了自己在会上提出的主张：采取俄式革命，组织共产党，实行无产阶级专政和国际主义。这些问题与毛泽东因自治运动失败后引发的深思不谋而合，深感"欣慰无量"，认为这些问题实在重大，必须进行"一个详密的考虑"。

油画《毛主席去安源》(刘春华作)

1920 年 11 月下旬，毛泽东从湖南长沙来到江西萍乡进行社会考察。选择来萍乡考察是因为 1919 年冬至 1920 年初萍乡爆发了声势浩大的农民自发斗争，这件事当时就引起了毛泽东的关注。毛泽东这次在萍乡待了大约一星期，他深入到城乡调查访问。其间，他给向警予、罗璈阶（即罗章龙）、李思安等新民学会会员写了 8 封回信和一篇按语，总结湖南自治运动的经验教训，讨论根本改造中国社会的道路和组织共产党的问题。他在给向警予的信中说："几个月来，已看透了。政治界暮气已深，腐败已甚，政治改良一途，可谓绝无希望。吾人惟有不理一切，另辟道路，另造环境一法。"①在给李思安的信中说，须"另造环境，长期的预备，精密的计划。实力养成了，效果自然会见，倒不必和他们争一日的长短"②。在给罗章龙的信中说"要造成一种有势力的新空气"，新民学会须"变为主义的结合才好。主义譬如一面旗子，旗子立起了，大家才有所指望，才知所趋赴"。③信中所说的"另辟道路""另造一法""主义的结合"，就是指走俄国革命的道路，组织共产党，实现社会的根本改造。毛泽东在萍乡还编辑了《新民学会会员通信集》第一、二集，并为易礼容1920年6月30日给毛泽东、彭璜的信写按语。他在按语中指出，驱张运动和自治运动"都只是应付目前环境的一种权宜之计，绝不是我们的根本主张，我们的主张远在这些运动之外"，在谈到根本改造的计划时，肯定了蔡和森主张组织共产党的问题。④毛泽东这次对萍乡及其周边农村所做社会考察，是他用马克思主义理论和方法分析考察中国社会问题的重要尝试。毛泽东在这里对自己进行了深刻的剖析，残酷的事实使他摆脱了对社会改良道路的最后一点幻想，更加义无反顾地走上革命的道路。11月底，毛泽东离开萍乡，回到长沙。12月1日，毛泽东把在萍乡酝酿成熟的意见写成一封长信，答复蔡和森、萧子升等在法国的友人，对蔡和森提出的用

---

① 中共中央文献研究室编：《毛泽东年谱（1893—1949）》上卷，中央文献出版社2013年版，第70页。

② 中共中央文献研究室编：《毛泽东年谱（1893—1949）》上卷，中央文献出版社2013年版，第71页。

③ 中共中央文献研究室编：《毛泽东年谱（1893—1949）》上卷，中央文献出版社2013年版，第70页。

④ 中共中央文献研究室编：《毛泽东传》（一），中央文献出版社2013年版，第72页。

俄国式的方法、组织共产党、实行无产阶级专政的主张"表示深切的赞同",不同意萧子升等所主张的实行"温和的革命"。[①] 毛泽东的首次萍乡考察,是他人生观、世界观根本转变的重要组成原因,为他开辟安源路矿和湖南全省工人运动做了有效的思想理论准备。也就是在这期间,他接受了陈独秀的委托,创建长沙共产党早期组织,并作为湖南代表赴上海参加党的一大。

党的一大决定重点在工人中开展工作。为贯彻党的一大决议,集中力量领导工人运动,中国共产党诞生后不久即成立了党领导工人运动的第一个公开机构——中国劳动组合书记部[②]。党的一大刚闭幕,作为大会代表之一的毛泽东就启程回湘,10月,担任中国共产党湖南支部(1922年5月改为中共湘区委员会)书记,后又担任中国劳动组合书记部湖南分部主任,着手在湘区开展工人运动。鉴于当时湘区大型企业少,安源路矿在地缘、人缘、业缘上又与湖南十分接近,有着千丝万缕的联系,毛泽东决定将湘赣边界这个规模最大、工人最集中的工矿企业作为工运重点区域,安源就此成为中共早期工运的重要基地。

1921年10月下旬,为贯彻党的一大决议,毛泽东到安源开展工人状况调查。这次调查,毛泽东住在同乡、西平巷段长毛紫云家里。在安源调查的约一周时间里,毛泽东白天直接深入矿井下西平巷六方井小槽以及洗煤台、修理处、翻砂房、水泵房、锅炉房,还到安源铁路火车房、机务处、工务处、修理厂等地考察。晚上,毛

---

① 中共中央文献研究室编:《毛泽东年谱(1893—1949)》上卷,中央文献出版社2013年版,第73页。
② 中共中央党史研究室著:《中国共产党历史·第一卷(1921—1949)》上册,中共党史出版社2011年版,第73页。

泽东就到工友宿舍、工棚、工人餐宿处等处，广泛地接触群众，访贫问苦，与工友们促膝谈心，宣传革命道理，启发路矿工人觉悟。深入实地调研、深入工友宣传，这些都为安源工人运动的开展做了思想准备。

三、安源党团组织的创建

为加强对安源路矿工人的组织和宣传，毛泽东同已经加入社会主义青年团的湖南劳工领袖黄爱商定，由劳工会评议员张理全利用朋友关系，以中国劳动组合书记部的名义，与安源火车房工人周镜泉、李涤生、杨连秋等通信，寄送劳合书记部所办《工人周刊》和湖南劳工会所办《劳工周刊》等出版物，传递各地工人运动的消息，指导他们在工人中开展活动。正当中共湖南支部急需派党员到安源开展工作的时候，李立三受党中央派遣，回到湖南工作。李立三1919年到法国勤工俭学，1921年9月回国，在上海加入共产党。回到湖南后，毛泽东即决定派他到安源工作，具体领导安源工人革命运动。李立三当时名字叫李隆郅，为了便于工人认识，他到安源后将"隆郅"二字写作"能至"。

1921年12月中旬，毛泽东、李立三携湖南劳工会干事张理全、青年团员宋友生乘火车到安源考察，住在老后街刘和盛饭店。这家饭店设施简陋，价钱便宜，是安源工人的聚集处。在安源期间，他们白天到八方井、锅炉房等工作处走访考察，夜晚召集杨连秋、朱少连等工人开座谈会，从拉家常入手，"渐谈及工人受痛苦受压迫及有组织团体之必要等情况，于是大得工友欢迎"[①]。毛

---

① 刘少奇、朱少连：《安源路矿工人俱乐部略史》，中共萍乡市委《安源路矿工人运动》编纂组编：《安源路矿工人运动》（上），中共党史资料出版社1991年版，第117页。

泽东向工人们宣传俄国十月革命和五四爱国运动,讲解革命道理。毛泽东提出:以少数先进工人为骨干,多串连一些工友,先创办工人学校,然后组织工人自己的团体,名称可以叫"安源路矿工人俱乐部"。并商定由李立三常驻安源指导一切。

李立三在安源即按照毛泽东的指示,从筹办平民教育入手开展工作。为尽快打开工作局面,他打听到萍乡县知事是个爱好古文的举人,便连夜用"四六体"写了一篇呈文,说明开办平民学校是为了帮助工人增加知识,发扬德性。然后通过安源商会的开明绅士,将呈文递交县知事公署。县知事认为办学宗旨有利于维持统治秩序,又很欣赏呈文者的文笔,于是很快批准办学的请求。李立三便在朱少连、李涤生、熊景铭等工人的协助下,在安源老后街五福斋巷一家民房楼上租了三间房子做校舍,因陋就简办起了一所平民小学,免费招收了三四十名工人子弟入学,由李立三教课。

李立三

朱少连

在办学过程中,李立三以访问学生家长名义,广泛接触工人,调查研究,宣传马列主义理论。随着马列主义的广泛传播,安源路矿工人的阶级觉悟迅速提高,涌现出大批工人积极分子,"安源路矿的工人杨连秋、周镜泉、李涤生诸君，很有觉悟。近来看见压迫过甚，打算联络工友们成为一气，将来好图抵抗"①。这就在思想上、组织上为安源党团组织的建立奠定了坚实的基础。1921年底，李立三首先在一批先进工人中发展了周镜泉、李涤生等8人为社会主义青年团团员，成立了社会主义青年团安源小团体（即后来的青年团安源支部）。团员中有朱锦棠等煤矿工人，有朱少连、周镜泉、李涤生等铁路工人。

安源团支部成立后，在团员和工人积极分子帮助下，1922年1月，李立三创办了安源第一所工人补习学校，附设于平民小学内。后来，工人补习学校同平民小学一起，正式命名为安源路矿工人补习学校暨国民学校。补习学校不收学费，学校经费靠湖南、上海方面热心平民教育的人士募捐，学员根据各人的经济能力，出一点笔墨纸张费。国民学校即工人子弟学校，白天上课；工人补习学校晚上上课，所以又称为工人夜校。不久，中国劳动组合书记部湖南分部加派青年团员蔡增准来安源协助工作，负责工人子弟学校的教学，而李立三则专任补习学校的工作。根据党的指示，学校成立了校务委员会，由李涤生、周镜泉、朱少连、蔡增准、李立三5人组成，集体领导和管理校务。

补习学校最初有学员60余人，路局工人居多，按文化程度高低分为两班，分别教学。教材有两种，对外公开的是使用平民教育课本，实则秘密地采用长沙粤汉铁路工人学校的讲义，后来教员又自编《工人读本》，把教授文化知识与启发工人阶级觉悟结合起来。李立三在教课中，结合工人日常生活的实际问题，通俗地向工人讲

---

① 《安源路矿工人组织俱乐部》，中共萍乡市委《安源路矿工人运动》编纂组编：《安源路矿工人运动》（下），中共党史资料出版社1991年版，第865页。

安源路矿工人补习夜校旧址

解马克思主义的基本观点。工人补习学校内还设有阅报室，备有《工人周刊》《劳动周报》以及长沙《大公报》等多种报刊，供工友在工余时间自由阅览；创办工人图书馆、读书处、《安源旬刊》，举办报告会、研究会等活动。

安源团支部成立后不久，李立三到长沙向毛泽东汇报工作。毛泽东称赞李立三在安源的工作开展得不错，毛泽东说："条件成熟的时候，可以在安源工人中发展一批党员，建立党的基层支部。有了党的组织，就有了核心，工作就好做了""成熟一个，发展一个，成熟两个，发展一双。有五六个党员，就可以成立支部了"。[1] 事实上，早在李立三准备前往安源开展工作时，毛泽东就叮嘱他，要在

---

[1] 史兵：《中国工人运动史话》(第1集)，工人出版社1985年版，第184—185页。

工人中"发现他们当中的优秀分子,逐渐把他们训练和组织起来,建立党的支部,作为团结广大群众的核心"①。李立三回到安源后,遵照毛泽东的指示,找了几个先进青年团员谈话,给他们讲解中国共产党的纲领、性质和任务,并对他们说:"搞共产主义,本来是光明正大的事。但是,共产党现在还是个秘密组织。参加共产党,跟爹妈都不能说,刀搁在脖子上也不能讲。讲出去,北洋政府要砍脑壳的。"据老工人李克澄、易友德的回忆,由于工人中的先进分子起先基本上是铁路工人,因此,活动的地方通常在火车房一带。据李立三回忆:"工人补习学校开办后,开始着手在工人中间发展党的组织。起初只有几个党员,如李涤生、周镜泉等。"②经过前期准备和酝酿,1922年2月,李立三吸收朱少连、周镜泉、李涤生、杨万乔(杨近仁)、杨连秋、李炳德等6名先进工人为共产党员③,在安源小土坡下的株萍铁路火车房的一个房间里,举行入党仪式。李立三把用红纸做的党旗挂在墙上,严肃地说:"这是中国共产党的党旗。红色象征革命,上面有斧头、镰刀。斧斗代表工人,镰刀代表农民,它标志着工人和农民团结一心,为共产主义事业奋斗。现在,我们向党宣誓。"④李立三随即领着新党员们宣誓入党。至此,中共安源支部正式成立,李立三任书记,机关驻安源矿区,隶属中

---

① 李立三:《看了〈燎原〉以后》,中共萍乡市委《安源路矿工人运动》编纂组编:《安源路矿工人运动》(下),中共党史资料出版社1991年版,第907页。
② 《李立三回忆安源工人学校、消费合作社和大罢工》,中共萍乡市委《安源路矿工人运动》编纂组编:《安源路矿工人运动》(下),中共党史资料出版社1991年版,第865页。
③ 中共江西省委党史研究室编:《中国共产党江西历史》第一卷(1921—1949),中共党史出版社2021年版,第42页。
④ 史兵:《中国工人运动史话》(第1集),工人出版社1985年版,第185页。

共湖南支部。中共安源支部是中国共产党在中国产业工人中建立的第一个党支部，也是江西省境内最早建立的党组织。在产业工人中建立党支部，是马克思主义同中国工人运动相结合的重要标志性事件，正是有了党的直接指挥、有了党支部的直接引领，安源工人运动自此进入了崭新的阶段。

四、安源路矿工人俱乐部的成立

中共安源支部建立后，以工人补习学校为阵地，不断将马列主义的科学思想灌输到工人中去，安源工人的阶级觉悟大大提高。1922年3月间，毛泽东主持中共湖南支部会议，听取了李立三对安源工人运动情况的汇报，认为安源组织工人团体的条件已经成熟，决定由李立三主持尽快成立。为有利于取得合法地位，又与以往一些"行会"或工会相区别，团体的名称定为"工人俱乐部"。

1922年3月16日，在中共安源支部的主持下，召开了安源路矿工人俱乐部第一次筹备会议，会议推举李立三为筹备委员会主任，决定加紧发展部员。4月1日召开第二次筹备会议，决定由李立三、朱少连等10人以发起人名义联名呈请路矿两局和萍乡县知事公署立案，获得县公署核准并出示保护，取得了合法地位。4月上旬，租赁牛角坡52号湖北同乡会会馆东厢房为部址，并将工人学校由五福斋巷迁移至此。经过党、团员和补习学校学生连日分头串连发动，到4月16日，入部工人已达300多人。于是召开第三次筹备会议。会议讨论通过了俱乐部总章和部员公约，选举李立三为主任、朱少连为副主任，并选出评议干事若干人，组成俱乐部的领导机构——干事委员会；决定除工人学校归属俱乐部，并更名为"安源路矿工人俱乐部工人补习学校暨国民学校"之外，还设立文书股、宣传股、游艺股、会计股等办事机构，同时组织工人监察

安源路矿工人俱乐部筹备委员会成员合影

队（后改称纠察队）。

1922年5月1日，安源路矿工人隆重举行纪念五一国际劳动节和安源路矿工人俱乐部成立大会。李立三首先向大会作报告，朱少连宣布职员名单、俱乐部总章和部员公约，当即获得全体部员通过，安源路矿工人俱乐部正式成立。会后，300多名工人高呼口号，冒雨游行，沿途散发传单，向社会各界宣传俱乐部成立的意义。工人俱乐部的成立，结束了安源工人分散的自发斗争的历史，使工人形成了一支有组织、有领导的无产阶级战斗队伍。俱乐部是共产党联系广大工人群众的纽带，同时，又是党领导工人斗争的公开指挥部，是保护工人利益的堡垒，推动了安源工运的发展。

工人俱乐部刚成立，毛泽东就来到了安源巡视指导。他高度评价了安源工人的斗争勇气，赞扬了工人日益高涨的革命热情，针对五一集会游行时喊"共产党万岁"的口号这种不注意策略的做法，他向党组织和工人通俗地说明了必须注意把秘密工作同公开工作正确地结合起来，指出干革命要胆大，要勇敢，要不怕流血牺牲，但是做事一定要稳当，不能过急，要求俱乐部加强宣传教育和组织工作，讲究斗争策略。毛泽东这一次的谈话，为安源工运下一步的发展指明了正确方向。

1922年7月，汉冶萍公司下属的湖北汉阳铁厂工人因反对军阀武力解散工人俱乐部而举行罢工，并获得了胜利。消息传到安源，工人倍感兴奋，备受鼓舞。中共安源支部抓住这一有利契机向工人进行宣传教育，俱乐部也向工人明确宣布："俱乐部之宗旨，为保护工人利益，减除工人的压迫与痛苦。"（这一宗旨当时未对外公布）口号一出，工人踊跃要求加入俱乐部，部员很快增加到700多人。

五、罢工的发动与胜利

1922年9月初，中共湘区委以粤汉铁路和安源路矿为重点，加紧在全省组织工人罢工。当时安源工人的迅速团结和觉醒，令路矿当局恐慌万状，感到俱乐部的存在是一大威胁。路矿两局先是对工人俱乐部领导人威吓利诱，失败后转而采取高压手段，趁新任镇守使肖安国刚到职之机，呈报赣西镇守使署和萍乡县知事公署，诬蔑工人俱乐部为"乱党机关"，请以武力封禁。

9月初，毛泽东第五次来到安源。当天晚上，召开了安源路矿支部会议，分析了当时安源敌我斗争的态势。会议确认：当时工人面临的路矿两局欠饷并图谋封闭工人俱乐部的问题，已经达到非罢工即不能解决的地步，安源罢工的时机正在逐渐成熟，要使敌人屈服，非采取罢工的手段不可。会议决定立即发动路矿两局罢工。毛泽东要求党支部必须运用"哀兵必胜"的策略领导开展工人斗争，争取广泛的社会同情。会后，毛泽东即写信给在醴陵的李立三，嘱他速回安源领导罢工，提出"哀而动人"的口号。接着，又派在粤汉铁路工作的共产党员刘少奇来安源，参加罢工的领导工作。

在李立三、刘少奇的主持下，中共安源支部遵照毛泽东"哀而动人"的策略思想，领导工人俱乐部从政治上、思想上和组织上为罢工做了充分的准备工作。俱乐部向路矿两局提出保护俱乐部、发清欠饷等最低限度要求，限 12 日午前答复。在报纸上发表致劳动组合书记部和全国各工团的快邮代电，揭露路矿两局破坏工人俱乐部的阴谋，告之已向两局提出最低限度要求条件，吁请援助。同时，制定斗争纲领和行动方案，决定以"从前是牛马，现在要做人"为斗争口号，以增加工资、改良待遇、组织团体三项为目标，提出了 17 条要求，拟就《罢工宣言》，规定行动的步骤。在工人群众中加紧宣传鼓动和组织工作，努力训练俱乐部部员，使之成为罢工斗争的骨干。在俱乐部成立罢工指挥部，以李立三为总指挥，由刘少奇担任俱乐部全权代表，并强化工人监察队，确定各处工人监守员，组织了秘密的工人侦探队，以掌握两局动态。

为确保罢工的胜利，李立三等人还积极行动，努力争取洪帮、商会和地方军政当局的同情与支持。安源历来是湘鄂赣会党聚集的重要场所，以洪帮势力最大。洪帮在众多的失业工人和附近农民、手工业工人以及游民中的会众也不少，对黑暗腐败的统治有其反抗的一面。因此，争取洪帮对罢工的同情与支持，对于确保罢工期间全体工人的团结一致和良好的社会秩序，以及争取更多失业工人和附近群众支持罢工，都有重要作用。事实上，党在安源会党中的工作已经取得了一定的成效，如洪帮码头的周怀德，在罢工之前即已成为俱乐部的重要骨干。党组织决定由李立三亲自出面争取洪帮大头目支持罢工。因为李立三是留洋学生，社会地位较高，且李家是醴陵有名富户，与安源商会首领是世交，安源工人中又多是湖南人，特别是窿工中醴陵人居多，颇重乡谊，所以当洪帮头目看到李立三亲自上门会晤，很是高兴。李立三向他们提出罢工期间的三个要求"一、鸦片馆关门；二、街上的赌摊收起来；三、不发生抢劫案。他连拍三下胸脯说：第一点我包了，第二点我包了，第三点我也包了！并将一、二点写在布告上"①。安源商会和地方绅士了解到罢工工人不会危及他们的利益，并且通过罢工，路矿当局给工人发清欠饷，增加工资，对商家的生意也大有好处，所以他们对罢工表示同情，并愿意充当俱乐部与路矿两局之间的调停人。安源路矿当局与地方军政当局在根本利益上存在着一致性，但他们之间也存在着矛盾。地方军政当局最关心的是维护社会治安以保证其统治，而工人要求增加工资改良待遇对于他们没有损失。路矿首领是各自主管机关的雇员，不是企业的所有者，在保护产业以便向主管机关交账的前提下，有可能向罢工工人做出一定的妥协和让步。党支部据此决定基本策略是：一方面保护产业，维护社会秩序，以争取政治上的主动；另一方面有理有利有节地进行针锋相对的斗争，以争取地方军政当局中立，迫使路矿当局答应工人要求。在路矿两局中，利用其内部的矛盾，对路局采取较和缓态度，对矿局则采取较强硬的态度。刘少奇回忆说："当时安源罢工取得胜利，没有失败，主要是依靠了工人群众的力量，抓住了矿山的矛盾。矿上有两个矿长，李有权力，年纪大了要退休，舒就想抓权力，他们两人有矛盾。矿里有个总监工叫王三胡子，和舒矿长也有矛盾。地方绅士中

---

① 《李立三回忆安源工人学校、消费合作社和大罢工——答中国人民大学教师张培森等问》，中共萍乡市委《安源路矿工人运动》编纂组编：《安源路矿工人运动》（下），中共党史资料出版社1991年版，第904页。

有个姓贾的，一个姓王的，一个姓文的，他们互相之间也有矛盾。地方士绅、萍乡镇守使和矿上有矛盾，下层职员和上层职员有矛盾。我们抓住这些矛盾，利用这些矛盾，取得了罢工胜利。"[1]

经过周密计划布置和充分准备，安源路矿工人俱乐部在9月14日零时向全体工人发出罢工命令。按规定部署，株萍铁路局安源火车房工人于凌晨2时率先罢工，停开应于2时开出的第一班列车，机务处工人拉响汽笛，发出罢工信号。3时，矿局工人将矿井电线砍断，使运煤电车停顿。随后，路局各工作处和各车站，矿局洗煤台、炼焦处、制造处、修理厂等所有的地面工作处，以及离安源十余华里的紫家冲分矿，均相继罢工。14日午前，除锅炉房、发电机、打风机和抽水机按原定部署继续开工或部分开工外，路矿两局全体13000余工人全面罢工。

9月14日上午，安源路矿工人俱乐部一面致函萍乡县署和镇守使署，呈明罢工原委，一面致函路矿两局，陈述罢工理由和17条要求，并向汉冶萍公司发出电报，宣布罢工。为争取全国各界声援以壮大罢工斗争声势，当日将上述公函、电报和宣言寄送各地报馆，并陆续向报界报道罢工斗争消息。长沙《大公报》《通俗日报》，上海《申报》《民国日报》，北京《晨报》《时代新报》等报纸，陆续报道安源罢工消息。各地工团得到安源罢工消息，纷纷致函电声援。

俱乐部在发出罢工命令后，为预防两局突然袭击，按既定部署将办事地点和各种重要文件转移，李立三由工人保护转至秘密地点，由刘少奇等在俱乐部机关应付一切。从14日清晨开始，工

---

[1]《刘少奇接见袁品高的谈话》（1964年5月10日），中共萍乡市委《安源路矿工人运动》编纂组编：《安源路矿工人运动》（下），中共党史资料出版社1991年版，第894页。

人监察队手执俱乐部的白色旗帜，在工厂附近和街市巡逻，维持秩序。工人侦探队四处秘密探听消息，及时向俱乐部报告。工人各归住房，每房派1人到俱乐部联络。街市和工作附近墙壁，到处张贴俱乐部布告和标语，写有"候俱乐部通告方准开工"及"各归住房，不得扰乱"等语。俱乐部的命令胜过军令，工人惟俱乐部命令是从，遇有事故，即一呼百应，各工作处由工人监守员严密守护，须有俱乐部的通行证方准出入，以致路矿两局和戒严司令部，也不得不到俱乐部请求发给通行徽章。

9月16日上午，两局和戒严司令部以请工人代表去"商量解决办法"为名，邀约刘少奇去戒严司令部，武力胁迫刘少奇下令复工。刘少奇断然拒绝，并严词驳斥。各处工人闻讯，纷纷赶来保护刘少奇。两局武力胁迫复工的企图被粉碎后，终于被迫派全权代表与俱乐部谈判。17日下午4时，路矿两局全权代表与李立三、刘少

刘少奇与路矿当局谈判处旧址

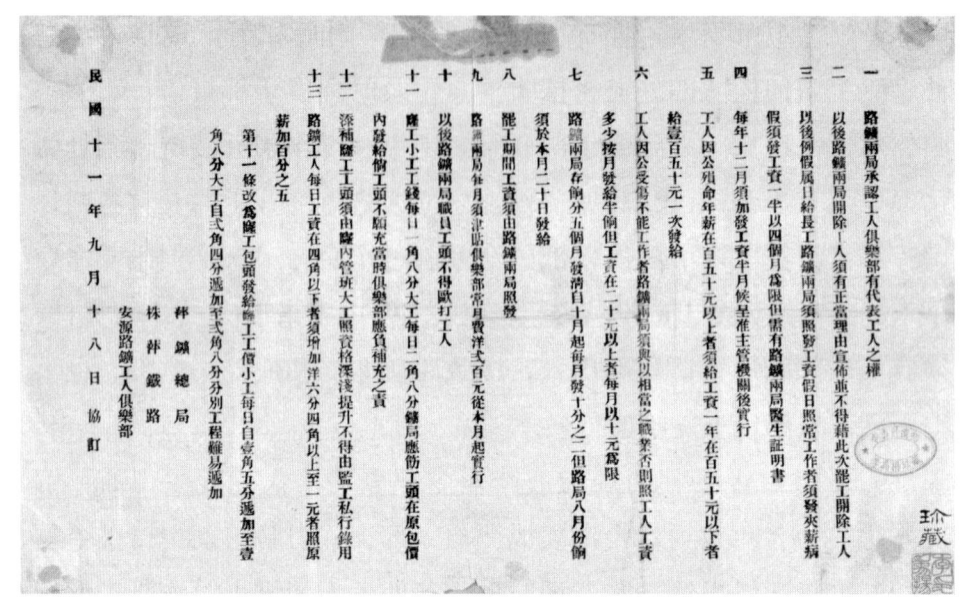

安源路矿工人运动的胜利成果《十三条协议》

奇开始谈判;地方商绅代表出席调停。经过长时间激烈争辩,18日凌晨2时达成以17条要求为基础的13条草约。上午,路局、矿局、俱乐部三方代表按草约正式签订协议。至此,罢工结束,安源工人取得完全胜利。

对于这次罢工,刘少奇指出:"这一次大罢工,共计罢工五日,秩序极好,组织极严,工友很能服从命令。俱乐部共用费计一百二十余元,未伤一人,未败一事,而得到完全胜利,这实在是幼稚的中国劳动运动中绝无而仅有的事。"[1] 安源工人大罢工之所以在中国工人运动史上是"绝无仅有"的,原因在于尽管五四运动

---

[1] 刘少奇、朱少连:《安源路矿工人俱乐部略史》,中共萍乡市委《安源路矿工人运动》编纂组编:《安源路矿工人运动》(上),中共党史资料出版社1991年版,第126—127页。

安源路矿工人庆祝罢工胜利的场面

后，中国工人阶级登上历史舞台，罢工斗争次数和频率愈加增多，但是这些斗争取得的胜利并不完全，大体上均为取得部分成功，条件得到部分满足。[①] 从党成立到安源工人大罢工前夕，党在全国各地组织爆发了多次规模较大的罢工，但均没有取得完全胜利：有的造成了流血冲突甚至惨案，如香港海员大罢工、湖南第一纱厂工人大罢工、汉阳兵工厂罢工、粤汉铁路武长段工人罢工；有的取得了大部分条件的胜利，如长辛店铁路工人罢工；有的中国劳动组合书记部并没有取得领导权，如长江海员大罢工、上海海员大罢工；有的则被镇压失败，如上海第二纱厂、三新纱厂和丝厂女工的罢工，广州盐业工人的罢工；有的取得了仅限增加工资的胜利，如上海

---

① 刘明逵、唐玉良：《中国近代工人阶级和工人运动》（第三册），中共中央党校出版社2002年版，第451—469页。

日华纱厂工人和邮局投递员的罢工；有的因政局形势变化，罢工没有结果，不了了之，如澳门全体华工的罢工。而安源工人大罢工使工人在经济上获得了增加工资、发年终夹薪、减少工时等利益，政治上承认工人俱乐部代表工人的合法权益，实现产业工人联合等权益，而且没有发生暴力流血事件。

20世纪初，在中国领导开展工人运动的组织，除了中国共产党外，还有国民党、中华工党、无政府主义者以及秘密社会组织等，互不隶属。直到1922年5月1日，全国第一次劳动大会召开，全国各界工团组织才正式承认在中华全国总工会未成立以前，中国劳动组合书记部为全国工运的总通讯机关，大会的每个决议案都委托中国劳动组合书记部处理，"事实上便是公认它为全国唯一的领袖"，"实际上中国劳动组合书记部已有指挥全国职工运动之权"，[1]标志着中国共产党独立领导全国工人运动的开始。2018年11月23日，习近平总书记在纪念刘少奇同志诞辰120周年座谈会上的讲话中指出："闻名全国的安源路矿工人大罢工，这是中国共产党第一次独立领导并取得完全胜利的工人斗争，提高了党组织在工人群众中的威信。"[2]这次罢工是中国工人运动史上的一次壮举，也是中国共产党历史上的一次壮举。

---

[1] 《邓中夏全集》（上），人民出版社2014年版，第485页。
[2] 习近平：《在纪念刘少奇同志诞辰120周年座谈会上的讲话》，2018年11月24日。

第二节　革命低潮中安源工运的发展

一、工会组织的壮大与斗争的深入

安源大罢工胜利后，党的影响迅速增强，俱乐部部员即由罢工前夕的 700 余人猛增到 12000 余人，除少数被俱乐部认为不宜吸收者外，路矿两局全体工人几乎都成了部员。为使俱乐部成为"坚固的团体"，俱乐部抓紧实行改组。在刘少奇主持下，俱乐部以俄罗斯苏维埃政权机构为模型，实行代表会议制和民主集权制，选举各级代表和职员，建立自下而上的代表会议制度和工作机构。改组自 1922 年 9 月下旬开始，至 10 月 23 日胜利完成。它的基层组织是十人团，即工作处部员中每 10 人联成 1 个十人团，选举十代表 1 人；再由 10 个十人团选举百代表 1 人；每个工作处选总代表 1 人。总代表会议为俱乐部最高决议机关，百代表会议为俱乐部复决机关，定期开会研究重大问题，由百代表会议选举的 4 名主任组成的主任团，在各级代表会闭会期间总理俱乐部一切事务。主任团下设由各股股长组成的干事会，为俱乐部办事机关。1922 年 10 月，各级代表会议选出俱乐部总主任李立三，窿外主任刘少奇，窿内主任余江涛，路局主任朱少连，十代表 1382 名，百代表 140 名，总代表 45 名，并委任各股股长 7 人，各股委员 30 余人。

1922 年 11 月，经最高代表会议决议，增设劳动介绍所。劳动介绍所是工人参加劳动管理的机构，由俱乐部文书股兼管。经俱乐部与路矿两局协定，两局增加工人，须尽先由俱乐部劳动介绍所介绍。工人俱乐部劳动介绍所是当时安源的特定条件下工人参加劳动管理的一种可能的和必要的形式，也是保护工人团体契约权的必要措施。

俱乐部还建立了工人自己的武装队伍——200多人的工人纠察团，并设立了工人自己的具有司法性质的雏形机构——裁判委员会，不仅完善了组织机构，还制定了各项规章制度，使安源路矿工人俱乐部成为当时全国最严密、最先进的工会组织之一。工人经过斗争，第一次获得的年终半个月夹薪的一半，共计 2.5 万余银元交俱乐部使用。在此基础上，加上部员入部费和常月费，以及《十三条协议》中规定的路矿两局津贴费等，使俱乐部逐渐积累起比较雄厚的工作基金，不仅使此后的安源工人运动有了经济保证而蓬勃发展，安源也由此成为当时中共全党工会基金在南方重要储备点，能够经常给全国其他地方的工团提供有力的经济援助。

1923 年 2 月 7 日，京汉铁路发生了惨无人道的流血惨案，全国第一次工人运动由高潮转入低潮。二七惨案后，全国除广州外的各处工会几乎都被封闭，安源工人俱乐部也面临严重的危险。北洋政府交通部致电安源路矿两局，令其解散工人俱乐部。面对白色恐怖，党领导安源工人俱乐部及时调整斗争策略，沉着应战。中共湘区委员会书记毛泽东召集安源党组织和俱乐部负责人等到长沙开会，指示安源工运要采取"弯弓待发"的策略，即在低潮中由进攻转为退守，团结内部，认清形势，总结经验，保护好工人俱乐部，积聚革命力量，准备迎接更艰巨的斗争。并交待在策略中要以秘密、非法活动为基础，同时尽量利用可能利用的公开合法条件，要把经济斗争和政治斗争适当地结合起来，反对冒险主义。

1923 年 6 月，中共三大调整了工人运动策略，指出"中国目下劳动运动方取守势"[①]。安源路矿工人俱乐部按照指示要求，竭尽

[①] 《劳动运动议决案》，中央档案馆编：《中共中央文件选集》第 1 册，中共中央党校出版社 1991 年版，第 149 页。

全力不使之垮台，以便利用工会的合法存在，训练工人和干部，为全国工人运动的复兴提供干部。同时，将在外地暴露了身份的陈潭秋、李求实、毛泽民、贺昌、黄静源等陆续调到安源，并由刘少奇接替调去湖北的李立三，代理俱乐部主任。从湖北、湖南、广东等省调来的干部不下30人，还有一批从苏联留学归国的青年才俊纷纷奉派来安源工作。各地干部的陆续到来，为安源工运的坚持和发展增添了力量。这些外来干部同本地工人中涌现出来的群众领袖如朱少连、周怀德、谢怀德、袁德生、刘昌炎等团结一致，执行"弯弓待发"的退守策略，领导工人粉碎了敌人多次进攻。安源工运在全国二七惨案后两年多的工运低潮中奇迹般地继续高涨，出现了持续两年多的兴盛局面，成为北洋军阀统治区域内唯一的一直公开存在的革命堡垒，为全国工人运动树立了一面旗帜，安源因而被誉为中国的"小莫斯科"。[①]

随着工会组织的发展壮大，路矿工人更加紧密地团结在一起同当局做斗争，增进并维护自身的利益。1924年，汉冶萍公司亏损严重，濒临倒闭，当局拼命地向工人转嫁危机，滥发矿票，拖欠工饷，大量解雇工人。同年底，萍矿当局已有五六个月未给工人发过全饷，发的也是矿票（矿票的价值比市场流通的银元每元少二角五分甚至三角）。工人俱乐部鉴于工人生活无着，多次向矿局索取欠饷。矿局被迫答应年底先发给工人半月工饷，但到1925年1月5日，矿局不仅不发欠饷，还声称因公司亏损，提出取消工人的年终夹饷。

为了挫败矿局的阴谋，俱乐部一方面继续与矿局交涉，敦促

[①]《湘东暴动声势浩大》，中共萍乡市委《安源路矿工人运动》编纂组编：《安源路矿工人运动》（上），中共党史资料出版社1991年版，第887页。

其速发年终夹饷,并致函赣西镇守使署和萍乡县署,请转令矿局照发欠饷、夹薪,以免酿成风潮;另一方面,于1月7日向全国各公团发出快邮代电,请求全国各界团体声援安源工人的行动。与此同时,俱乐部召开全体十代表会议,决定用和平手段向矿局围索欠饷,并指派工人纠察队严格检查部员证,以防不法分子乘机破坏捣乱。俱乐部还印发传单,驳斥矿局取消年终夹饷的理由,号召工人为正义、为生存而奋斗。1月7、8两日,工人遵照俱乐部的指示,有组织地向矿局进行围索。

在索饷斗争中,俱乐部的对外宣传赢得了社会各界的同情和支持。官厅和绅商面对工人的行动采取了和平态度。进驻萍乡不久的鄂军混成旅司令部表示,该部分属客军,对工人与矿局间发生的纠纷不便干涉。当地驻军、官厅及商会亦分别向汉冶萍公司总事务所发出电报,说明年终夹饷不能取消之理由,请公司责令萍矿速发年终夹饷;如公司回电坚持取消,则由此造成的各方面损失,矿局应负责赔偿。

1月9日,矿局在工人压力下,同意15日发给年终夹饷半月。到15日,矿局出尔反尔,改变态度,群情激愤。俱乐部当机立断,当天即发出罢工命令。1月15日上午10时,各工作处半数以上工人罢工,纷纷向各处处长围索。矿长、矿师和矿局公事房被三四千工人围住,非要矿局当日发清年终夹饷不可。为维持罢工秩序,俱乐部工人纠察队四处张贴"严守秩序"的布告,把守进出口,交通一时为之继绝。在工人群众强大的攻势下,矿局被迫当天发放年终夹饷。株萍铁路工人的夹饷,也在几天后发清。

这次罢工的胜利,粉碎了矿局反攻倒算、破坏俱乐部的阴谋,保卫了1922年9月第一次大罢工的胜利果实,再次显示了党领导下的安源路矿工人的伟力。

二、工人经济事业的繁荣

安源路矿工人俱乐部成立初期，为了取得合法地位，没有公开声明以保护工人利益为宗旨，因而入会工友不很踊跃。中共安源支部为广泛团结工人群众，决定从解决工人受奸商盘剥的实际问题入手，以"创办消费合作社可买便宜货"[①]为口号向工人群众宣传。1922年7月，安源路矿工人消费合作社成立，由李立三兼任经理。这是中国共产党领导下创办的第一个工人消费合作社。当时有社员30余人，仅集资百元，不能独开门面，只在工人补习学校内附设一店。虽然规模很小，只贩卖为数不多的布匹和日用品，但已使工人群众认识到俱乐部关心群众切身利益，入了俱乐部可在经济上自卫，于是加入俱乐部的人不断增多。

安源路矿工人消费合作社独设门市营业

[①] 刘少奇、朱少连：《安源路矿工人俱乐部略史》，中共萍乡市委《安源路矿工人运动》编纂组编：《安源路矿工人运动》（上），中共党史资料出版社1991年版，第117页。

大罢工胜利后，俱乐部组织迅速发展，部员激增。原有的少数人参加的集资仅百元的补习学校内附设的工人消费合作社已远不能满足工人们的需要。俱乐部负责人召集工人代表会议，决定集股扩大消费合作社，更好地为工人服务。俱乐部规定合作社每股资金为5角银元。工人们踊跃投资，少则1股，多的达14股，共筹得股金7800余元，加上俱乐部拨款10800余元，共有资本18000余元。1923年2月7日，安源路矿工人消费合作社经过改组扩充，正式营业。合作社在安源老街开了一个铺面，内设兑换、粮食、服物、器用等股。8月22日又在新街设第一分社，并加设南货股。兑换股免费将工人的矿票兑换成银元，其余各股经营油、盐、米、酱、醋、茶之类的消费品和布匹、文具等日用百货。这些货物大都派专人到长沙等地采购，由株萍铁路工人捎带回，免除了货物运费，因此物品价格通常比市价便宜得多。为保障工人应得的利益，防止奸商套购物资，转手倒卖，合作社实行发购物证的办法，社员凭购物证可购买到价廉物美的生活必需品，深受工人群众的欢迎。

　　随着工人俱乐部的巩固发展，消费合作社的管理制度也日趋完善。合作社设总经理、副总经理各1人，总理全社事务；每股各设经理1人，分理各该股事务。为集中全社经济及整理全社账务起见，另设总务员（即经济保管员）1人，各股每日营业收入的银钱及账目，均须交该总务员保管查核。党组织对安源路矿工人消费合作社的发展十分重视。消费合作社的第一任总经理李立三调走后，又先后由擅长经济管理的易礼容、毛泽民担任总经理。1923年8月，安源路矿工人俱乐部改组后，为加强对消费合作社的领导，俱乐部干事会决定，以后俱乐部主任团每月须到消费合作社办公数小时，合作社的重要会议必须参加，并经俱乐部主任团通过，制定了《安源路矿工人消费合作社办事公约》。《公约》对合作社总经理和各股经理的职责，对工作人员的聘、辞、奖、惩，对营业时间及工作制度均作了明确的规定，对整顿和发展消费合作社起了积极作用。

消费合作社在营业中紧紧依靠工人群众，坚持民主办社、群策群力共同发展。毛泽民经常利用召开工人代表大会之机和工作之余，深入工人中征求办社意见，询问工人缺些什么、急需什么，然后根据工人的要求去采购。各股营业员，也大都聘用工人担任。由于消费合作社是由工人管理，自主经营，以"增进和维护工友的利益"为宗旨，因此得到工人的热心帮助和大力支持，合作社越办越红火。到1923年10月底结算时，合作社开办仅半年余，平均每月约销米500石，盐1万斤，菜油4000斤，煤油2000余斤，布匹约3000元，器用约1000余元，换洋约2万元，销售总额为7.698万元，毛利2576元。盈利部分按十分之三为股东红利，十分之三为俱乐部基金，十分之三为本社公积金，十分之一为营业员酬劳金的比例分配。

随着规模和经营范围的扩大，"缺少股本已成合作社的大问题"。为此，工人俱乐部制定了三项措施，即尚未入股的部员酌情加补认股票，"在兑换股加设储蓄部，提倡工人储蓄，实行发散合作社纸币一万元"。这些措施付诸实施后，资金不足的问题大为缓解，社务进一步获得发展。到1923年8月，合作社所辖商店由1个增加到3个，管理人员和营业人员由20余人增加到约40人。到1924年12月，合作社基金由原来的18600余元，增加到28300余元。

工人消费合作社的创办抵制了商人对工人的中间剥削，减轻了工人的生活负担，经济利益把工人紧紧地连接在一起，使工人更紧密地团结在工人俱乐部的周围，这也是全国工运处于低潮时，安源工运得以发展的重要因素。合作社的经营范围虽然仅限于安源的数万人，但兑换银钱业务和工人储蓄的创办，却是中国共产党领导的金融事业的初期尝试，为党积累了宝贵的经验。

三、教育文化事业的快速发展

俱乐部最初专门设立了教育股，负责管理工人补习学校和子弟学校。以后，随着教育事业的发展，教育股又改为教育委员会，机构和管理制度也不断健全。俱乐部每月总收入的近三分之二都用于教育事业，中共安源地委还把上级派来安源的大部分党员干部都安排到补习学校，使教员增加到20多人。从1923年上半年开始，工人补习学校发展到7所，学员增至600人；工人子弟学校7所，学生700多人。为方便居住分散的工人坚持业余学习，俱乐部还专门在各工人处设立了6个工人读书处，有学员300多人，最盛时期读书处达16个，并开办了一个师范班，在工人中招收有一定文化基础的人，培训4个月后，分派到各读书处任教。此外，补习学校内还附设一个妇女职业班，组织妇女边学文化边学缝纫、编织，培养有文化有做事能力的妇女劳动者。安源初步形成了一个比较完整的工人教育系统，工人教育事业出现了如火如荼的兴盛局面。

安源路矿工人俱乐部听课证

工人俱乐部明确规定工人教育的宗旨是使工友们得到必需的知识，促进改革社会精神，提高阶级觉悟，训练战斗能力。为此，俱乐部制定了理论联系实际的教育方针，特别注重把文化教育与政治思想教育紧密结合起来。各级学校规定主修学科为语文、常识、谈话、笔算等。教材大都是教员自己编写，以养成工人正确的观念、做事和处理日常应用文字的能力为目的，内容丰富，实用易懂，寓意深刻。如笔算教以日常用的四则算法；常识包括社会、经济、科学；谈话是讲演式的教学，讲的范围是工人的地位及其责任、劳动界的消息、马克思共产主义浅理等；尤其是语文教材，更是将浅显的文字与深刻的道理结合起来。

工人补习学校在教学方法上注意因人施教。将入学的工人分成高级班、中级班、初级班。规定初级班识字1000个，重点教授日常生活最需要、最普通的文字；中级班再多识生字1000个，养成学生能写简单的信及记账能力；高级班则要达到能以文字发表自己简单意见的要求。在此基础上，以启发式的教育方法，通过通俗讲演、化装讲演、工人讨论会、研究会等形式，传播马克思主义的基本原理。为使工友了解国内外形势，俱乐部规定《新青年》《劳动青年》《平民之友》等刊物为工人必读刊物，并创办了工人图书馆，还出版了工人自己的刊物《安源月刊》(后改为《安源旬刊》)，内容为国内外的时事新闻、劳工运动消息等，并发表工人写的文章。为培养工人的能力，补习学校每周都举办学生讲演，有时是自由讲演，没有一定的题目，工人有什么感想都可发表，使工人受益匪浅。

在短短的几年中，安源工人子弟学校在党的领导下，培养了许多有知识才能的工人骨干。到1925年，工人补习学校共开办了50个班，教育培训了3280多名工人，并对3180多名工人子弟和100

多名妇女进行了文化和职业教育，这在全国工人运动处于低潮的情况下尤为不易，以至于国民党在1928年"清乡"时也不得不承认："安源共党之所以有根深蒂固的基础，确实是过去共党在安源有充分的'赤色教育'。"①

当时安源工人教育并不单指工人学校教育，还包括所有的宣传活动。安源的革命宣传主要分为三类：一是各种重要纪念日和重大事件发生时的集会游行和其他形式的宣传活动。在所有纪念活动中，以五一纪念和安源罢工胜利纪念最为隆重。二是经常性讲演。1923年秋，根据俱乐部代理总主任刘少奇提议，每个工人捐助七天半工资，在安源半边街的俱乐部办公楼后面兴建一座讲演厅，供工人们开会演讲之用。三是书报的编辑、出版发行和推销。1923年初，扩充后的安源路矿工人消费合作社设立书刊专柜，代售《先锋》《工人周刊》《劳动周报》等革命报刊。此外，还有讲演和各种文学、艺术、娱乐、体育活动，由俱乐部的教育股、宣传股（后改为讲演股）和游艺股分管。宣传（讲演）股主要是定期派人分赴各工作处讲演，游艺股负责开展戏剧、电影、音乐、弈棋、体育活动。

四、安源党团建设的新成就

随着安源工人运动的发展，党、团组织不断发展壮大。党的二大召开前，中共安源路矿支部党员从最初的6人发展到约10人。罢工胜利后，从外地调来几名党员，在本地又发展了几名新党员。

---

① 《共党在安源教育概况》（1928年9月25日），中共萍乡市委《安源路矿工人运动》编纂组编：《安源路矿工人运动》（下），中共党史资料出版社1991年版，第1367页。

到 1923 年 1 月，党员人数增加到 20 余人。二七惨案后的消沉期，安源的党组织发展缓慢。1923 年 6 月党的三大前夕，党员人数增加到 30 多人。当时安源党组织在全国是人数较多和产业工人成分比较集中的一个地方党支部，党的三大召开时被指定派一名代表出席。

党的三大以后，安源党的组织继续发展。1923 年 8 月党员增加到 40 人，1924 年 5 月第一次中央扩大执委会召开前增至 60 人，其中候补党员 6 人。新增加的 20 多名党员中，也有些是从外地调来的，如黄静源、贺昌等，在本地发展的新党员仍然不多。安源党组织发展缓慢是因为当时全国各地都对发展新党员的条件要求过高，尤其是吸收工人入党，较普遍地存在关门主义倾向。

安源工运的发展加强了安源党组织在全国的广泛影响，提升了党组织的地位。1923 年 7 月，株萍铁路工人出身的朱少连作为安源党代表赴广州出席党的三大，当选为中央委员，任中央驻湘委员，与项英、王荷波一起成为中共党史上最早的工人身份的中央委员。党的四大召开前夕，中央指定全国 14 名地方代表参加大会，安源工人就是其中之一。1925 年 1 月，萍乡煤矿工人朱锦棠作为安源党代表赴上海出席党的四大，当选为候补中央委员，任中央驻安源委员。当时，派驻中央委员的工运重点区域，全国仅安源、唐山两地。1927 年 4 月，朱少连赴武汉出席党的五大。1928 年，萍矿工人胡德荣作为安源党组织代表，连同原安源工人或党员干部刘义、蔡树藩、陈永清、汤正清、丁继盛等赴莫斯科出席党的六大。从党的三大到党的六大，安源都有代表参加会议，可见安源在当时影响之大，地位之重要。

与党组织的发展相比较，安源青年团组织的发展速度要快一些。1922 年底，社会主义青年团安源地委成立，下辖 7 个团支部，有团员 90 名。1923 年 4 月，团员人数增加到 120 余人。1923 年 8 月团的第二次全国代表大会召开时，有团员 140 余人。由于地位重要、产业工人集中，团中央指定安源选派三名代表参加团的二大，安源派出团地委委员李求实、袁世贵和团员代表吴华梓（即吴化之，当时已是共产党员）出席大会，李求实在大会上被选为团中央执行委员会候补委员。1923 年年底，安源团员增加到 168 人；1924 年 3 月，团中央扩大执委会召开时，安源团员增加到 210 余人。

在团组织的发展过程中，出现了团员成年化和党化的倾向。1924 年 3 月的 210 余名团员中，超过 28 岁的特别团员占四分之三，甚至有 40 多岁至 50 岁的团员。大量成年团员留在团内，不利于党、团组织的发展。1924 年 5 月召开的中共中央扩大执行委员会议，在纠正忽视党组织自身建设的倾向，强调健全党的组织、积极发展党员的同时，要各地尽量让超过 28 岁的特别团员退团入党，吸收大批 25 岁以下的青年入团，并明确划分党、团组织职责，纠正以团代党现象。当时把这两项工作合起来简称党、团分化。

根据这一精神，安源党、团地委合组"党团分化审查委员会"，着手办理超龄团员转党手续，到年底全部办理完毕。经过党、团分化，安源党的组织获得很大发展，其分布地区由安源扩展到了紫家冲、湘东、醴陵、株洲等地。到 1924 年底，中共安源地委辖 15 个党支部，党员人数猛增到约 200 人，占当时全国党员总数（994 人）的 1/5，成为全国最大、产业工人成分最多的地方党部。与此同时，安源团组织陆续吸收了 140 多名 25 岁以下青年入团。到 1924 年年底，安源团组织有支部 26 个，团员 245 人，占当时全国团员总数（约 2400 人）的 1/10。1925 年 1 月，安源地方团代表贺昌、涂正楚出席团的第三次全国代表大会，两人均被选为团中央执行委员会委员（委员共 9 名），贺昌同时被选为团中央常委。

随着组织建设的逐步改进和加强,党、团组织内部思想理论建设也进一步获得重视、改善和提高。党的三大前后,除了以往常用的通过个别谈话和各种会议,结合斗争和工作实践对党、团员进行训练外,安源地委还在工人学校开设了"特别班",专对"工人居领袖地位者"(多为党、团员)实行"主义与政治上之训练"。[1]这种训练,使党、团员"对于主义之观念较前略有明确"[2]。党、团分化完毕后,中共安源地委建立起健全的工作机构。1924年10月,刚从苏联留学回国的汪泽楷和任岳到安源工作,汪泽楷任安源地委书记,任岳为组织部长,均专职做党的工作,对工人运动的领导大为加强,各方面工作进一步系统化。

为提高党、团干部的理论水平和斗争能力,为革命输送更多人才,1924年10月底11月初,安源党、团地委召开联席会议,贯彻落实中央五月会议关于举办党校的决议精神,决定创办一所党校(亦为团校),训练党、团骨干力量。12月,安源党校开学,首批学员60人,都是由安源党、团地委派来的,分成初级班和高级班,初级班的学员是工人中的党员、团员,高级班的学员是学生中的党员、团员。由中共安源地委书记兼宣传部长汪泽楷和地委组织部长任岳,新任青年团安源地委书记袁达时和地委委员胡士廉,以及安源工人俱乐部游艺股长萧劲光等任教,而刘少奇也曾到党校授课。授课教材是由瞿秋白、王伊维所译的《政治经济浅说》《俄共党史》

---

[1]《中共中央报告附件节录:湖南区报告》(1923年11月),中共萍乡市委《安源路矿工人运动》编纂组编:《安源路矿工人运动》(上),中共党史资料出版社1991年版,第224页。

[2]《中国社会主义青年团湘区执行委员会团务报告》(1924年3月),中共萍乡市委《安源路矿工人运动》编纂组编:《安源路矿工人运动》(上),中共党史资料出版社1991年版,第231页。

安源党校旧址

《少年运动史》等。安源党、团地委还自编《社会发展史》等教材，由教员刻制蜡版油印，装订成册后发给学员阅读，并每周授课3次6小时。授课时，教员结合教材，用通俗易懂的语言及生动形象的比喻，从原始社会讲到袁世凯复辟称帝、与日本签订丧权辱国的"二十一条"止。安源党校创办时间虽然不到一年，但意义却十分重大和深远，为党培养了人才，造就了干部，增强了党组织的凝聚力和战斗力，确实达到了中央所希望的"养成指导人才"的初衷。安源党校是中国共产党创办的第一所党校，为中国共产党开展干部教育训练积累了宝贵的经验。

五、推动全国工人阶级的联合斗争

安源路矿工人在维护和发展自身利益、增强自身团结的同时，还积极促进全国工团（工人团体）的联合，支援全国各地工人的斗争。当时，中共中央正计划组织铁路、矿山、海员3个全国产业总工会，形成三角同盟，并以此为支柱，成立全国工会总联合会。在中共湘区委员会的领导下，安源工人俱乐部为促进工人阶级的全国联合做了大量工作，其中最突出的就是参与成立汉冶萍总工会、湖南全省工团联合会，以及筹备成立中华全国总工会，并支援水口山等地的工人斗争，等等。

1922年9月6日，在长沙举行的四个工团[①]代表会议，发起组织粤汉铁路工人俱乐部联合会和湖南劳动立法同盟，是为湖南全省工团联合的发端。在这之后，全省工团联合以安源路矿工人俱乐部和粤汉铁路工会为中坚逐步进行。11月1日，粤汉铁路总工会成立大会在长沙新河车站召开，安源路矿工人俱乐部派朱少连、李涤生为代表出席大会。粤汉铁路总工会是全国最早成立的铁路总工会，成立时有会员1900余人，1923年1月增加到2500余人。

在筹建粤汉铁路总工会的同时，湖南全省工团联合会的筹建工作也在加紧进行。9月16日，中国劳动组合书记部湖南分部在长沙召开了湖南各工团代表会议，安源路矿工人俱乐部和各工团代表20余人出席了会议。会议一致通过成立湖南劳动立法同盟，使全省工团联合迈进了一大步。11月1日，在粤汉铁路总工会成立大会上，朱少连代表安源路矿工人俱乐部倡议成立湖南全省工团联合会，当天即在粤汉铁路总工会会所举行全省工团联合第一次代表会议，宣告湖南全省工团联合会成立。11月5日，在粤汉铁路总工会会所召开第二次代表会议，9个工会共20余人出席会议，代表30000余会员。安源出席会议的代表是朱少连（代表株萍铁路工会）、朱锦棠（代表路矿工人俱乐部），朱少连被推选为会议主席。会议修改通过了湖南全省工团联合会章程，选举毛泽东为干事局总

---

① 四个工团，即中国劳动组合书记部湖南分部、新河粤汉铁路工人俱乐部、岳州粤汉铁路工人俱乐部、安源路矿工人俱乐部。

干事,郭亮为副总干事。干事局设秘书、经济、组织、宣传四科,朱少连、朱锦棠和长沙泥木工会代表任树德、人力车工会代表罗学瓒等分别被选为各科正、副主任。会议决定湖南全省工团联合会会址设长沙宝南街,并决定发布宣言,通告全国,湖南全省工团联合会正式成立。

推动工团联合的另一项重要成就,是参与并主持筹建了汉冶萍总工会。1922年8月初,安源路矿工人俱乐部在得到汉阳铁厂工人罢工胜利的消息后,就曾计划与汉阳铁厂工人俱乐部联合发起成立汉冶萍总工会。因本身力量较弱,而且大冶厂矿和轮驳工人尚未组织起来,所以没有正式提出这一倡议。到了10月间,安源路矿工人俱乐部派路局主任朱少连、最高代表会议书记朱锦棠前往汉阳参与筹备汉冶萍总工会。11月12日,汉冶萍总工会筹备处在汉阳成

汉冶萍总工会成立大会场景

立，召开第一次筹备会议。会议讨论通过了组织大纲，决定总工会会址设于汉阳三码头老街。11月20日，召开第二次筹备会议，修订章程和代表会议细则，起草宣言。12月9日，召开全体代表会议，通过《汉冶萍总工会章程》和成立宣言，选举执行委员会，总工会宣告成立。汉冶萍总工会由安源路矿工会、汉阳铁厂工会、大冶钢铁厂工会、大冶下陆铁矿工会、汉冶萍轮驳工会等5个工会组成，共有会员30000余人。12月10日，汉冶萍总工会成立大会在汉阳三码头老街会所隆重举行。李立三任大会主席并致开会词，宣布汉冶萍总工会正式成立。汉冶萍总工会成立后，安源路矿工人俱乐部一直在其中发挥骨干作用。到二七惨案之前，在全国工会仅形成了两个地方组合和两个产业组合。两个地方组合，即湖北全省工团联合会和湖南全省工团联合会；两个产业组合，即全国铁路总工会筹备委员会和汉冶萍总工会。[①]安源路矿工人俱乐部对这四个工团联合的成立都作出了重要贡献，成为巩固发展罢工胜利最辉煌的成果之一。

从1924年春天起，特别是同年10月以后，中共安源地委在执行中共中央确定的工团联合计划过程中，开始在安源路矿周围的萍乡、醴陵、湘潭等县的工人中开展宣传教育和组织工作，帮助建立起一批地方工会，如：鲁班工会（木匠）、孙祖工会（皮匠）、溪源工会（缝纫）、杜康工会（酒业）、雷祖工会（饮食业）、挑运工会、挑水工会、理发工会、轿友工会、店员工会、五金工会、篾业工会，等等。安源路矿工人俱乐部工人学校并增设时务平民学校，吸收安源街市各行业工人参加学习，向他们传授科学文化知识，宣传革命道理。在萍乡县境内东部的芦溪镇，爆竹业

---

① 《邓中夏全集》（下），人民出版社2014年版，第1378页。

最为发达，安源路矿工人俱乐部派两名青年团员前往，向爆竹业工人宣传团结奋斗的重要性和方法，以及工人阶级解放的道路。萍乡县境东部的上埠镇有瓷业工人千余人，中共安源地委农工部即同青年团地委农工部商定，派人前往帮助组织成立了上埠窑业工人俱乐部。这些市镇和萍乡县城，后来都成为萍乡全县工人运动最发达和成绩较为显著的地区。1924年冬，中共安源地委书记汪泽楷和在安源工人学校当教员的共产党员易足三利用回家之便，在醴陵县城工人中开展革命宣传和组织工作。他们在县城关圣殿等处举办了三所工人夜校，从中吸收了10多名工人加入共产党，于1925年春建立了醴陵县城第一个中共支部，并成立了醴陵县总工会，由汪泽楷任会长。

二七惨案后，汉冶萍总工会被军阀武力封闭，其所属五个工会，除安源路矿工人俱乐部外，也都由于军阀的摧残和压迫难以活动。1924年9月，汉冶萍总工会第二次代表会议在安源举行，到会代表共15人，有13人是安源的。大会邀请的4名顾问，均为安源党、团地委负责人。选举的临时执行委员会也是由中共安源地委决定的。[①]大会宣告恢复汉冶萍工会，安源工人俱乐部原总主任刘少奇被选为委员长。在这之后，汉冶萍总工会机关改驻安源，从安源抽调干部往汉阳铁厂、大冶新铁厂和铁矿秘密开展工作。

1923年11月，中共三届一中全会通过的《劳动运动进行方针议决案》，决定着重组织铁路、海员、矿工三个产业工会，并使之形成联盟，以此为中心组织全国总工会。安源路矿工人俱乐部积极

[①]《中国社会主义青年团安源地委（1924年10月3日）报告》，中共萍乡市委《安源路矿工人运动》编纂组编：《安源路矿工人运动》（上），中共党史资料出版社1990年版，第269页。

参与成立和恢复全国铁路总工会，主持恢复汉冶萍总工会，为成立全国总工会创造条件。全国铁路总工会原定1923年3月正式成立，后因京汉铁路二七惨案发生而未能实现。1924年2月7日，全国铁路工人第一次代表大会在北京秘密举行，安源路矿工人俱乐部派株萍铁路工人代表出席了大会。大会制定《全国铁路总工会章程》，选出领导机构，正式成立全国铁路总工会。会后不久，全国铁路总工会即因同年5月武汉一批工人领袖被捕而遭破坏，只有株萍铁路工会继续存在，并为恢复铁总而继续工作。1924年10月"北京政变"后，全国工人运动开始复兴，各铁路工会也陆续恢复。1925年2月7日，全国铁路总工会在郑州举行了第二次代表大会，恢复了全国铁路总工会。全国铁路总工会和汉冶萍总工会的恢复，为中国共产党在北方和长江流域领导的工人运动树起了两根支柱。

在安源工人俱乐部的积极发起或参与下，汉冶萍总工会、粤汉铁路工会、湖南全省工团联合会、湖北全省工团联合会、全国铁路总工会等重要工会相继成立，为全国工会的总联合奠定了组织基础。1925年春，中共中央认为成立全国总工会的条件已经成熟，决定5月1日在广州召开第二次全国劳动大会，成立中华全国总工会。1925年5月1日，第二次全国劳动大会在广州召开。出席大会代表281人，代表166个工会，54万多会员，李立三、刘少奇作为汉冶萍总工会代表参加大会，安源路矿工人俱乐部选派代表朱少连等参加汉冶萍总工会代表团出席大会。刘少奇向大会作了《工人阶级与政治斗争决议案》的报告，明确提出中国无产阶级在民主革命中的领导地位和工农联盟问题。大会选举了由林伟民、刘少奇、苏兆征、邓培、刘文松、李立三、邓中夏、李启汉、项英、郭亮等25名委员组成的中华全国总工会执行委员会，标志着中华全国总工会的成立；推举海员出身的工人领袖林伟民为中华全国总工会执行委员会委员长，刘少奇、邓培和刘文松为副委员长，邓中夏为秘书长兼宣传部长，李启汉为组织部长，孙云鹏为经济部长。第二次全国劳动大会和中华全国总工会的成立，是继中共四大之后促成第一次大革命高潮的重要因素，标志着中国工人阶级的空前团结和党对中国革命的认识发展到一个新的阶段。

安源路矿工人俱乐部在积极推动全国工团联合的同时，还多次派出党、团员和工运骨干，或提供经费，大力援助各地工人斗争。湖南常宁的水口山铅锌矿是当时全国最大的铅锌矿，有工人3000余名。安源罢工胜利的消息传到该矿后，刘东轩、罗同锡等10余名工人即秘密发起组织工人俱乐部，准备领导工人斗争，同时向安源请求援助。在中共湘区委员会安排下，安源工人俱乐部派文书股长蒋先云、交际股长谢怀德和工人李庆余、方福胜一同前往水口山帮助工作。1922年11月22日，蒋先云等四人抵达水口山，与工人中的骨干分子商议组织俱乐部事宜，次日即成立俱乐部筹备处，组织临时干事会，推举罗同锡、刘东轩分任正、副主任，蒋先云为全权代表，谢怀德、李庆余、方福胜为参事员。工人俱乐部一面呈请常宁县署备案成立，一面向矿局申明成立理由，请予指导进行。11月27日，召开工人大会，宣告水口山工人俱乐部正式成立，并立即准备罢工。12月5日，罢工开始，全矿3000余名工人一致参加。安源工人俱乐部派人送去经费500元（是安源罢工全部费用的4倍），支援水口山工人罢工。蒋先云等充分运用安源罢工的经验，领导工人进行坚决斗争，至12月25日罢工取得完全胜利。随后，俱乐部进行改组，蒋先云被选为主任。水口山工人罢工推动了湖南工人运动的发展，为湖南全省工团联合会增添了一支中坚力量。在斗争过程中，蒋先云等人吸收了一批先进工人加入青年团和共产党，成立了地方党、团组织。在湘潭县，安源路矿工人俱乐部指示株洲分部积极在工人中开展活动。1924年4月，湘潭县境北部炭塘子的裕甡锰矿运砂工人3400余人举行罢工。根据中共湘区委指示，中共安源地委派委员宁迪卿前往参加罢工的领导工作，并援助罢工经费80元。此外，安源路矿工人俱乐部还先后领导萍乡煤矿湘东永和分矿工人罢工，派出工运骨干帮助上埠陶业工人组织俱乐部，开展罢工斗争，支援大冶、开滦、唐山、京汉铁路等地工人的斗争，等等。

五卅运动后，全国各地的工人运动遭到疯狂镇压。1925年9月21日，北洋军阀武装封闭安源路矿工人俱乐部，安源工人运动长期的和平斗争环境被摧毁，但安源工人的革命火焰并未因此被扑灭。1925年冬至1926年春，数以千计的安源工人或深入湘赣边广大农村发动农民革命，或南下广东参加国民革命军，或分赴各地从事工人运动和其他革命工作；留在安源路矿的工人也在中共湖南区委和安源地委的直接领导下秘密开展工作，准备迎接广东革命政府北伐。北伐战争开始以后，分布在各地的安源工人大举参军助战。安源工会并领导工人管理矿山的生产和运销，支援革命战争。中共安源地委领导路矿工人和萍乡民众开展革命斗争，成为湘赣农民运动的突出亮点。1928年2月，青年团湖南省委向团中央报告："安源工人在湖南革命斗争中非常重要，不仅在工人阶级本身说，就是许多地（方）的农民运动也是安源工人做起来的，远的岳北农民暴动，近的农村斗争。最发展的醴陵与挨近的萍乡，都是很多安源工人在那里的影响。"[1]

---

[1] 《秋收暴动前后安源工人的斗争》（1928年2月14日），中共萍乡市委《安源路矿工人运动》编纂组编：《安源路矿工人运动》（上），中共党史资料出版社1991年版，第659页。

自中国共产党诞生后,中国工人运动的面貌焕然一新。在轰轰烈烈的工人运动中,安源地方党组织领导工人坚持斗争,使工人俱乐部一直巍然屹立。安源工人在极其危险、困难的条件下,不独强固自己的工会,还为援助同阶级的伙伴、促进全国工人的团结作出了重要贡献。

第三节 "无产阶级的大本营"①

一、树立起中国工人运动的一面旗帜

习近平总书记指出:"安源路矿工人俱乐部和汉冶萍总工会是当时全国最大的产业工会组织,成为激励全国工人运动的一面旗帜。"②在新民主主义革命时期,领导工人运动是党的一项基本任务。中国共产党一经成立,就承担起领导工人运动的责任。安源工人运动是中国共产党初创时期领导发动的具有典型意义的重要的工人斗争,是中国共产党推进中国革命的重要尝试。从党的一大到四大,中共中央对如何具体推进工人运动制订了许多政策和策略,其中绝大多数都在安源路矿工人运动中进行了生动实践。党的一大通过的《中国共产党第一个决议》明确提出:"本党的基本任务是成立产业工会。"其步骤与方法是:先在一切产业部门中建立工人学校,使工人学校逐步成为中国共产党的中心组织,工人学校的基本方针就

---

① 1928年6月4日,中央给前敌委员会朱德、毛泽东写信,信中说"安源是无产阶级的大本营"。见《井冈山革命根据地》(上),中共党史资料出版社1987年版,第121页。
② 习近平:《在纪念刘少奇同志诞辰120周年座谈会上的讲话》,2018年11月24日,人民出版社2018年版。

是要"提高工人的觉悟",开拓他们的眼界,增强坚定的阶级自觉,自己解放自己。因此,安源工人运动一开始,李立三便通过创办工人夜校进行马列主义思想教育和组织动员,成功将安源路矿工人团结起来,建立了中共在全国产业工人中的第一个支部,成立了人数众多、组织严密、战斗力强、全国闻名的安源路矿工人俱乐部。

党的二大进一步确认党的根本任务是研究中国工人运动的现状,集中、扩大和正确指挥这一运动,明确规定"工会应该努力做改良工人状况的运动,凡在资本主义之下能够改良的,都要努力去做"[①]。1922年9月14日,安源工人爆发了为增加工资、提高待遇、改善生活的大罢工,这场闻名全国的大罢工,最终得到完全胜利。党的三大议决案中明确指出:"中国目下劳动运动方取守势。"[②]安源工人运动在二七惨案后的低潮期,执行了毛泽东"弯弓待发"的退守策略,在斗争中求生存、求发展,工会组织不仅没有就此消亡,反而发展进步。邓中夏赞誉说:"在此消沉期中,特别出奇的要算安源路矿工人俱乐部,真为'硕果仅存'。"[③]党的四大要求在发展职工运动中要"尽力发展我们自己党的组织,力求深入群众"[④]。安源党组织通过在工人中广泛的宣传动员,使工人阶级的觉悟不断提高,斗争力、凝聚力不断增强,到党的四大召开时,安源党组织人数占全国党员总人数近五分之一。自党的一大到四大,中国共产党

---

① 《关于"工会运动与共产党"的议决案》,中央档案馆编:《中共中央文件选集》第1册,中共中央党校出版社1991年版,第77页。
② 《劳动运动议决案》,中央档案馆编:《中共中央文件选集》第1册,中共中央党校出版社1991年版,第149页。
③ 《邓中夏全集》(下),人民出版社2014年版,第1434页。
④ 《对于职工运动之议决案》,中央档案馆编:《中共中央文件选集》第1册,中共中央党校出版社1991年版,第347页。

关于工人运动的政策和策略，通过毛泽东、刘少奇、李立三等杰出共产党人的努力，都在安源路矿工人运动中得到具体的实践，安源工运是当时中国共产党领导工人运动的成功典范。安源由此成为中共早期革命的重要探索实践地，写下了中国工人运动史上的光辉篇章。

党的四大决议"工人运动要以服务于国民革命为中心"，大批安源工人分赴湘鄂赣各地，开展农民运动和其他民众运动，同时，有1000余安源工人参加国民革命军，还有许多工农群众大举协助国民革命军作战，从民众运动和军事斗争这两个方面配合和支援了北伐战争，有力地推动了国民革命的发展。大革命失败后，中国共产党被迫由和平斗争转为武装斗争，中国革命进入到土地革命战争时期，安源成为湘赣边界秋收起义的策源地和主要爆发地之一，广大安源工人积极参加秋收起义，战功赫赫。井冈山斗争时期，毛泽东曾分析了中国红色政权首先发生并长期存在的地方，是在1926和1927两年大革命过程中工农兵士群众曾经大大地起来过的地方，例如湖南、广东、湖北、江西等省。这些省份的许多地方，曾经有过很广大的工会和农民协会的组织。[①] 经过这次大革命，这些地方"准备好了红军的种子，准备好了红军的领导者即共产党，又准备好了参加过一次革命的民众。"[②] 安源工人运动就发生在湘赣边界，并且一直是湘鄂赣区域革命斗争的主要支柱之一，为井冈山根据地的创建、坚持和发展作出了重要贡献，是中国共产党探索"农村包

---

① 《中国红色政权为什么能够存在？》（1928年10月5日），《毛泽东选集》第1卷，人民出版社1991年版，第49页。
② 《中国革命战争的战略问题》（1936年12月），《毛泽东选集》第1卷，人民出版社1991年版，第189页。

围城市、武装夺取政权"的革命道路过程中的重要一环。

二、锻造了一支坚强的革命队伍

20世纪20年代，党的许多重要干部都曾在安源从事工人运动。他们在安源培育了一批党、团、工会干部和工人运动骨干，为中国革命输送了重要力量。党的一大刚闭幕，作为大会代表之一的毛泽东肩负历史使命启程回到湖南，先后成立了中共湖南支部和中国劳动组合书记部湖南分部，着手在湘区开展工运工作。毛泽东多次到安源考察，并与安源工人建立通信联系。安源各方面的有利因素，促使毛泽东决定将安源路矿作为工运的重点区域。1921年12月，毛泽东偕李立三等人到安源开始组织动员工人。1922年2月，中共安源支部成立，李立三任书记。这一时期，在党的领导下，以1922年1月香港海员罢工为起点，1923年2月京汉铁路工人罢工为终点，掀起了中国工人运动的第一次高潮。在工运持续的13个月里，全国发生大小罢工100余次，参加人数在30万以上。在此背景下，1922年9月7日，毛泽东到安源对罢工进行部署。接着，湖南党组织又派刘少奇到安源，加强对罢工的领导。1922年9月18日，经过五天的激烈斗争，安源路矿工人迫使路矿当局签订了《十三条协议》，工人大罢工取得了完全胜利，成为全国第一次工人运动高潮中最具代表性的工人斗争之一。

除了毛泽东、刘少奇、李立三等主要领导人外，1922年9月安源路矿工人大罢工前夕，受党的委派到安源开展工人运动的还有蔡增准、蒋先云。1923年2月，吴佩孚在汉口、郑州、长辛店等地制造震惊中外的二七惨案，全国工运因而转入低潮。安源在全国工运低潮期是党保持实力的堡垒和培养训练干部的学校。二七惨案后，党组织决定从安源调李立三去武汉任党的区委书记，而将中共武汉区委领导成员陈潭秋、李求实等调到安源。稍后，湖南、湖北、安徽等地一些干部也因在当地遭敌人追捕而奉调到安源工作。二七惨案后到1923年秋，从湖北、湖南调来的干部有黄静源、唐绍予、吴化之、徐全直、易足三、盛得亲、柳季刚、向五九、黄五一、何葆贞、李一纯等不下30人。从苏联留学回国的任岳、萧劲光、胡士廉、汪泽楷于1924年秋奉派到安源工作。1924年和次年上半年奉调到安源工作的还有贺昌、袁达时、李树彝、刘士奇、陈清河、龚逸情、曹谷芸等。此外，作为我党工人运动的重要基地，安源在党的力量布局也占据重要地位。1924年，安源工人党员朱少连作为株萍铁路工人的代表，出席了在广州召开的中共三大，并当选为中央执行委员。中共四大上，安源工人朱锦棠当选为中央执行委员会候补委员，任中央驻安源委员。党中央还派出多位中央委员和重要领导人到安源领导工作。1923年9月，到安源参加工人大罢工胜利周年纪念活动并发表演说的有中共湘区委书记李维汉和中共中央委员高君宇。1924年下半年，党、团中央领导人蔡和森、恽代英、林育南先后在安源巡视指导工作。安源党校成立后，安源工人袁德生、易绍钦、周怀德、宁迪卿等60名党、团员和工人骨干被选送到党校学习，他们中很多人后来都成长为革命的重要领导人。

1925年9月，安源路矿工人俱乐部被汉冶萍公司买办资本家勾结湘赣两省军阀武力解散，1万多名工人被解雇，工人俱乐部的骨干分子约2000人被武力押解出境。中共湘区委员会成立了善后委员会，对于被解雇的工人，根据不同情况做出安排，一部分派往各地从事工人运动，一部分派往广东参加革命军或到广州农民运动讲习所学习，大部分回到各自的家乡从事农民运动。大革命失败后，部分安源路矿工人参加了毛泽东领导的湘赣边界秋收起义，参加了创建井冈山革命根据地的伟大斗争。1927年冬至1928年春，安源的党组织在中共湖南省委和湘东特委的直接指导下积极支援了平江暴动、湘南暴动和井冈山革命根据地的斗争。同时，安源党组织采取武装斗争和秘密活动相结合的方式，沟通了中共中央、湖南省委与井冈山根据地的联系，并在人力、物力方面直接支援了井冈山的斗争。1928年5月下旬或6月初，中共湖南省委移驻安源并建立机要局，安源担负中央、湖南省委与井冈山之间的交通站，传递文件，护送干部，采购各种紧缺物资。安源工人积极报名参加红军队伍，成为红军中的重要力量。1930年5月，黄公略领导的红六军到达安源，吸收了上千工人参加红军。1930年6月，彭德怀所部的红三军团经过安源时也吸收了大批工人参军。1930年9月，毛泽东、朱德率领红一方面军来到萍乡和安源，安源工人积极为红军修理枪支，搜集银元数箱交给红军。安源党组织发动工人、农民千余人参加红军，其中140多名工人挑上矿山用的炸药参军，后来组成工兵连，成为我军最早的工兵部队之一。另有一批技术工人携带矿局电讯器材参加红军，建起了红军第一个电话大队。1930年10月，安源工人纠察队约100人加入了红一方面军。据不完全统计，自1927年至1930年间，先后有5400余名安源工人参加红军，增加了红军中的无产阶级成分。更为重要的是，受安源工运熏陶和影响，从安源工人中走出了我党数十位高级干部和高级将领。中华人民共和国成立后，成为我党高级干部的原安源工人有6人：许建国、蔡树藩、吴运铎、肖华湘、袁学之、宋新怀；被授予解放军少将以上军衔的有15人，其中大将1人（萧劲光）、上将1人（杨得志）、中将7人（丁秋生、方强、刘先胜、晏福生、唐延杰、韩伟、谭希林）、少将6人（王耀南、吴烈、罗华生、罗桂华、幸元林、熊飞）。安源在中共湖南区（省）委和中共中央的工作中占据重要地位，被中央誉为"无产阶级的大本营"①。

三、取得了一批开创性成果

安源工人在党的领导下，勇于开拓，大胆创新，在党团建设、工会建设、教育文化等方面均取得了一系列开创性成果。列宁认为，工会是"一所学习联合的学校，学习团结的学校，学习保护自己的利益的学校，学习主持经济的学校，学习管理的学校"②。这一观点在安源得到很好的实践。1922年五一劳动节，安源路矿工人俱乐部宣告成立。安源路矿工人俱乐部的建会宗旨及组织原则为其他工会树立了榜样，特别是大罢工胜利后，党组织和工会的威望在工人群众中大大提高，有力促进了中国共产党早期的工会组织的联合。安源路矿工人俱乐部在全国工运低潮时期进行了文化教育、经济事业以及社会治理等方面的探索，取得了较好的成绩。

在文化教育方面，针对安源工人文化水平普遍较低的特点和弱点，按照党的一大决议精神，毛泽东、刘少奇、李立三等人把成立工人学校作为"组织产业工会过程中的一个阶段"③，并根据实际情况有所创新发挥：先办工人子弟学校，再办工人补习学校，并且将两所学校长期并举，向工人及其子弟传授科学文化知识，灌输马列主义思想，使之成为工人教育的基本形式。同时，对工人的教育不仅仅局限于学校教育，"讲演、出版、游艺等项均在教育范围

---

① 《中央致朱德、毛泽东并前委信》（1928年6月4日），中央档案馆编：《中共中央文件选集》第4册，中共中央党校出版社1991年版，第256页。
② 《列宁全集》第40卷，人民出版社出版2017年版，第297页。
③ 《中国共产党第一个决议》，《建党以来重要文献选编（1921—1949）》第1册，中央文献出版社2011年版，第5页。

之内"①。针对安源工人对洋人和官府的某种恐惧心理,毛泽东、刘少奇、李立三等人广泛深入地宣传马列主义的基本理论和历史知识,宣传中国共产党反帝反封建的民主革命纲领和孙中山的新三民主义,极大地提高了安源工人的阶级觉悟。针对安源工人年纪轻、农民成分占多数的情况,毛泽东、刘少奇、李立三等人总结了思想教育和文化教育的经验,把工人教育的旨趣规定为:帮助工人识字,使工人获得社会科学、自然科学和日常生活的普通常识;促进阶级觉悟,训练战斗能力;注意工人的日常生活需要,"应用这些日常生活的材料,说明其原因结果,引论到他们生活困苦之根源及现社会之罪恶,以唤醒其阶级觉悟,这是工人教育的生命"②。广泛而有针对性的工人教育,对于提高广大工人的科学文化水平和阶级觉悟,训练工人从事革命工作的能力,起了重要作用。在教育对象上,打破路矿当局和基督教教育的歧视性和不平等性,面向全体路矿工人及其子弟,包括青年妇女,几乎使路矿所有贫苦群众都获得了受教育的机会。

在经济事业方面,本着为民、便民、利民原则,采取了一系列经济建设举措,积累了许多领导经济工作的经验,安源因而也是中国共产党领导的商业、金融、股票、审计及合作社等事业的重要探索地或开创地。其中,以安源路矿工人消费合作社最具特色。安源路矿工人俱乐部成立之初,对外宣传的宗旨仅是"联络感情""交换知识"等,没有公开表明"以保护工人利益"为宗旨,所以加入

---

① 《安源工人教育计划大纲草案》,中共萍乡市委《安源路矿工人运动》编纂组编:《安源路矿工人运动》(上),中共党史资料出版社1991年版,第293页。
② 刘义:《教育委员会报告》,中共萍乡市委《安源路矿工人运动》编纂组编:《安源路矿工人运动》(上),中共党史资料出版社1991年版,第334页。

者并不踊跃,"此时规模虽不甚大,而合作社的意义与利益,却已深深印入工友的脑筋中了"①。俱乐部"借此小规模之组织,意图宣传,卒得此地大多数人的信仰"②。消费合作社是安源工人的创举,它为互济工人、减轻工友负担、提高工人抵御生活风险起到了重要作用,对于改善安源工人的经济生活,团结工人坚持斗争,发挥了积极作用。

在社会治理方面,劳动介绍所和故工抚恤会是劳动管理和劳动保险的可贵尝试。劳动介绍所的意义,不仅如它的章程所示的"预防工人失业"和《劳动介绍所报告》所说的"为失业者谋生活之出路",还在于它是当时安源工人参加劳动管理的一种可能和必要的形式。因为俱乐部与路矿两局订有协议,规定以后增加工人,须尽先由俱乐部劳动介绍所介绍,所以它还是保护工人团体契约权的必要措施。故工抚恤会是"专为抚恤身故工友及其家属而设"③,由全体部员捐助一天工资为抚恤费,抚恤对象为俱乐部部员中因病身故、因公致伤致死者。到1924年8月俱乐部换届选举前夕,路矿两局有8个工作处建立了故工抚恤会,由各处工作总代表、百代表负责,工友病故或因工死亡,大家照章抚恤。故工抚恤工作虽因事实上的困难而没能在路矿全面展开,然而,在当时的条件下,能够创造性地做出此种努力已属难能可贵。另外,安源路矿工人俱乐部还创造性地引入苏维埃制度,实行代表会议制,提倡工人自治,被

---

① 毛泽民:《消费合作社报告》,中共萍乡市委《安源路矿工人运动》编纂组编:《安源路矿工人运动》(上),中共党史资料出版社1991年版,第190页。
② 《安源路矿工人消费合作社的沿革和现状》,中共萍乡市委《安源路矿工人运动》编纂组编:《安源路矿工人运动》(下),中共党史资料出版社1991年版,第1167页。
③ 镜泉:《故工抚恤会〈报告〉》,中共萍乡市委《安源路矿工人运动》编纂组编:《安源路矿工人运动》(上),中共党史资料出版社1991年版,第199页。

称为"半政权机关""苏维埃的雏形"。①

除了工会工作外,安源还是中国共产党领导青、妇、少等群团工作的重要基地。安源青年团在1921年底即秘密成立,安源青年团对安源数千名青年有着强大的吸引力与感召力,被誉为全国"独一无二之无产阶级组织"②。1922年诞生的安源儿童团,是中国共产党领导的第一个少年儿童革命组织。1924年前后,中国共产党成立了安源妇女职业部。1925年下半年,在妇女职业部基础上又组建了安源女子联合会。在中国共产党的领导下,安源的工会、青年团、女子联合会、儿童团等群团组织充分发挥自身优势,团结带领广大群众开展了形式多样、扎实有效的工作,为后来中国共产党各个历史时期的群团工作提供了成功的经验与做法。

四、积淀了一系列宝贵经验

安源是毛泽东早期的革命实践地,作为我党领导开展工人运动的重要基地,安源工运所创造的经验,通过党、团、工会各级组织的总结推广和各种出版物的介绍传播,特别是通过毛泽东、刘少奇、李立三等的提炼、概括和运用,对中国工人运动的发展产生了重要的推动作用。

安源工运在团结斗争和党的建设方面所创造的经验,包括调查研究、根据实际情况制定工作方针,从办平民教育入手向工人宣传马列主义思想,运用"哀而动人"的策略领导罢工斗争,通过斗争提高工人的觉悟程度和组织程度,在全国工运低潮期中运用"弯弓

---

① 薛世孝:《中国煤矿工人运动史》,河南人民出版社1986年版,第110页。
② 《恽代英视察安源团组织工作的报告》(1924年8月),中共萍乡市委《安源路矿工人运动》编纂组编:《安源路矿工人运动》(上),中共党史资料出版社1991年版,第263页。

待发"的防守策略坚持斗争、保存和发展实力，等等。这些斗争经验加深了毛泽东对工人阶级的认识，为马克思主义与中国革命的具体实践相结合提供了早期的经验材料。毛泽东后来谈到自己世界观的转变和调查研究、发动群众、党的建设等问题时，多次提及安源工运的经验。刘少奇在领导安源工运时所写的《安源路矿工人俱乐部略史》《对俱乐部过去的批评和将来的计划》《俱乐部组织概况》《"二七"失败后的安源工会》等著作也对安源工运的经验做了系统的总结，集中反映了他早期的工运思想，为刘少奇后来领导全国工运积累了经验。

　　安源工运在建立革命统一战线方面所取得的经验，包括罢工斗争中利用一切合法活动的可能、争取广泛的社会同情和支持；派出大批工人深入农村发动和组织农民，建立以工人阶级为领导的工农联盟；以工人运动为依托、以工农联盟为基础，团结一切可能团结的阶级，共同进行反帝反封建的斗争。这些方面的经验，同样是在毛泽东直接领导或关心下取得的，这在《湖南农民运动考察报告》等著作中都有所体现，对毛泽东形成工人阶级与其他阶级关系的思想，以及关于统一战线的思想提供了重要素材。

　　安源工运一开始就孕育着武装斗争的因素。随着运动的发展，在武装斗争方面创造了早期的宝贵经验，主要有：向工人和其他群众宣传马克思主义关于暴力革命的思想；组织工人纠察队、侦探队，为革命战争做军事准备；领导民众运动直接和间接地配合革命战争，组织工人参加革命军队，协助革命军作战；大革命失败后执行防守策略，武装据守安源保存实力，待机行动；联合农民和革命兵士，组织革命军队，举行武装暴动。这些经验都是在毛泽东的直接领导下取得的。毛泽东从民众运动的领袖转为革命军队的领导者，是从安源张家湾会议开始的。他亲自到安源部署秋收暴动，决定以安源工人为主力组织一个团,承担重要的暴动任务,并确定以萍乡和安源为退路。进攻长沙失败后,毛泽东实事求是地分析客观形势,果断决定向湘赣边界的罗霄山脉中段撤退,寻找落脚点,以保存实力。井冈山斗争时期,毛泽东又要求湖南省委派安源工人去井冈山参加革命,并亲自率部到安源,吸收大批工人入伍,表明安源革命斗争的经验对他产生深刻影响。这些经验,对毛泽东形成关于工农武装割据的思想产生了积极的影响。

安源路矿工人运动的经验被安源工运的领导人和骨干力量带到全国各地,推动了全国工运的高涨。安源党组织派蒋先云、易礼容、谢怀德等安源工运骨干到周边的水口山铅矿、永和煤矿、大冶铁矿等地组织开展工人运动,相继领导取得罢工胜利。安源当时还为开滦、唐山、汉口及京汉铁路等地方工运提供舆论声援和经费支持。李立三后来回忆道:"安源工人运动的一些主要经验是十分重要的,后来1924年,我们到上海做工人运动的时候,也就是运用了这些经验。"[①]安源工人阶级在党领导下的这些斗争实践,为建党初期开展工人运动积累了宝贵经验,也为党领导全国工人运动探索了新路径。

五、构筑起一片精神高地

20世纪20年代,在中国共产党的领导下,以毛泽东为代表的老一辈共产党人,在安源和湘赣边界领导开展工人运动的伟大实践中,构筑了中国工人运动史上的一片精神高地。这段光辉历史凝铸的革命精神是伟大建党精神的传承和发展,是中国共产党人宝贵的精神财富,是中国工人阶级崇高品格和优良传统的独特体现,是中

[①] 李立三:《看了〈燎原〉以后》,《人民日报》1963年8月4日。

国工人阶级革命精神的集中反映。

义无反顾，坚定革命的理想信念。安源工人具有坚定的革命信念，富有坚决斗争的精神。在中国共产党成立前，安源有记载的大规模工人斗争就达7次，但由于缺乏先进无产阶级政党的领导，最后都以失败告终。安源工人运动历时10年，期间既有胜利与辉煌，也有低迷与挫折，安源工人运动之所以在胜利中奋进、在挫折中奋起，理想信念和革命自觉起到了引领和支撑作用。1921年秋，中共湖南支部书记毛泽东在安源播撒革命的种子，随后李立三、刘少奇等受党组织委派来领导安源工人运动。1922年9月14日安源工人大罢工爆发，面对反动当局的威胁镇压，李立三"誓死不离安源"，刘少奇厉斥"请你们把我斫碎吧！"党领导安源工人不屈不挠，以坚定的理想信念与坚韧不拔的意志，义无反顾、勇敢斗争，最终迫使路矿当局签订了《十三条协议》，承认工人俱乐部有代表工人的权利、发清欠饷、增加工资、不私自录用工头等条件，罢工取得完全胜利。

在二七惨案后的革命低潮时，部分工人对党组织、对社会主义产生了怀疑，李立三、刘少奇先后写下《敬告安源工友》《对俱乐部过去的批评和将来的计划》等著作，阐明共产党人都是"相信社会主义的""抱定社会主义的思想""干改造社会的事业"，为工人阶级继续革命树立信心。安源工人俱乐部副主任黄静源在英勇就义前高呼："革命总是要流血的，杀了一个黄静源，还有千万个黄静源！"时任中共安源市委委员和湘关区（湘东、老关）区委书记邓贞谦，在狱中留下绝笔："暴动不怕激烈，牺牲要有价值。"正是无数勇敢的革命先烈播下了理想信念的火种，一次次挺起了革命的脊梁，才使革命从胜利走向胜利。历史表明，对革命理想信念的坚守，对革命事业的忠诚不渝，是共产党人领导安源工运勇毅前进的

1925年10月23日群众抬着黄静源烈士遗体示威游行

精神旗帜和思想灵魂。

严守纪律，锻造党最坚实可靠的阶级基础。中国共产党是有着严明组织纪律性的先进组织，工人阶级是党最可靠的阶级基础。党在领导安源工人斗争时十分注重培养工人的组织纪律，确保安源工人运动在党的领导下，沿着正确的道路前进。1922年2月，李立三在安源成立了中共安源支部，随后以党支部为核心成立了安源工人俱乐部，作为领导工人斗争的公开机关，指导推进工人斗争。严守纪律，坚持把党的集中统一领导摆在首位，是安源工运胜利发展的关键。罢工开始以后，商家大为恐慌，以为抢劫即将发生。但社会秩序之好，完全出乎人们的意料。由于俱乐部纪律严明，也由于工人监察队和监守员的有力维持，街市赌博偷抢绝迹，烟馆妓院关闭。即使在罢工最严峻的时刻，工人们也各归住房，严守秩序，表现得比平时更加文明。13000多名工友一直保持高度的纪律性，俱乐部命令胜过军令；遇有事故，一呼百应，如臂使指；秩序井然，社会各界无不为之叹服。敌人无论是采取武力威胁还是利诱分化瓦解，罢工工人都没有屈服，不为所动，坚持斗争到底，直至取得完全胜利。刘少奇称赞这次罢工"秩序极好,组织极严,工友很能服从命令;俱乐部共用费计一百二十余元;未伤一人,未败一事,而得到完全胜利,这实在是幼稚的中国劳动运动中绝无而仅有的事"[①]。

安源工人在革命斗争中始终保持向党中央看齐的纪律自觉,确保工人阶级是党最坚实可靠的阶级基础。党中央关于工人运动的一系列决策、决议通过安源党组织在工会中得到较好的贯彻执行,使广大工人紧密地团结在党组织和俱乐部的周围,坚决听从党的指挥。二七惨案后,北洋军阀到处对工人运动实行武力镇压,党的三大作出了"目下劳动运动方取守势"的决定。安源党组织坚决贯彻党中央的指示,执行毛泽东"弯弓待发"的斗争策略,积蓄力量,提高警惕,加强防范,齐心奋斗。1924年5月,中共中央扩大会议通过的《工会运动问题决议案》明确指出:"党的最重要的职任,便是继续不断在产业的工人里有规划地创设工会的组织",并使工人阶级的日常斗争"发展成为总的民族斗争与阶级斗争"。[②]安源党组织一方面派出工运骨干到周边地区领导建立地方工会组织,开展工人运动,另一方面积极参与成立汉冶萍总工会和中华全国总工会的成立等工人组织,推动全国工人团体的联合斗争。党还制定并完善了《安源路矿工人俱乐部总章》《安源路矿工人俱乐部办事细则》等规章制度,建立了裁判委员会,加强了对工人的纪律要求,强化了整体的凝聚力。中共安源地委严格执行党的纪律,对违反纪律的

---

① 刘少奇、朱少连:《安源路矿工人俱乐部略史》,中共萍乡市委《安源路矿工人运动》编纂组编:《安源路矿工人运动》上册,中共党史资料出版社1991年版,第129页。

② 中央档案馆编:《中共中央文件选集》第1册,中共中央党校出版社1989年版,第234、237页。

行为坚决惩处，1923年8月查处了"陈枚生腐败案"，较好地维护了党的纪律。正是坚决执行党中央的指示决定，从而使安源工运能在全国工运低潮中坚持和发展。

团结奋斗，发扬有勇有谋的斗争精神。安源工人取得了闻名全国的大罢工的完全胜利，并能在二七惨案后的消沉期创造"硕果仅存"的胜利成果，主要原因是安源工人"能团结，能奋斗的缘故"。工友们深信"团结才是力量，个人决没有力量"，对自己的团体是十分"悦意的服从与热诚的拥护"。罢工开始后，紧紧把握"团结就是我们工人阶级的武器"，工人集体对路矿当局不承认条件决不复工，誓死以团体之命保卫谈判代表刘少奇之命，表现出安源工人"秩序，齐心，勇敢"的斗争精神。他们采取"哀而动人"的策略，争取会党、绅商和广大群众的同情与支持，使罢工取得完全胜利。不仅如此，安源工友在扩大和坚固自己团体的同时，还努力谋求全国工人的团结奋斗。推动成立了湖南全省工团联合会，参与成立了当时规模最大的产业工会——汉冶萍总工会，积极推动中华全国总工会的成立，促进了全国工人团体的团结统一。

二七惨案后，"劳动运动为之一落，全国工人阶级几乎全取纯粹的退守态度"[①]。安源党组织从实际出发，正确执行了毛泽东制定的"弯弓待发"的斗争策略，积蓄力量，提高警惕，加强防范，齐心奋斗，毅然担当起"劳动界的柱石"的重任，为着"养成无产阶级支配社会的潜伏势力"，因而依然"能够齐心，能够奋斗，又能看清环境"。一方面，他们不骄傲、不乱动，竭力团结内部，创办了不少事业，组建了维持秩序的纠察团和不受腐败法庭虐待的裁判委员会等。另一方面同路矿当局进行有理有利有节的斗争，毫不退

---

① 《邓中夏全集》（上），人民出版社2014年版，第525页。

缩，使路矿当局的破坏手段遭到失败，工人斗争声势日大。在内部团结整顿，外部联合战斗下，安源工会能"巍然独存"。团结就是力量，团结才能前进，安源工人在团结齐心下，形成了中国共产党早期革命中勇往直前、无坚不摧的强大力量。历史表明，中国共产党成功的一个重要秘诀就是团结奋斗。

敢为人先，勇当无产阶级的革命先锋。谁是中国革命的领导力量？毛泽东指出，工人阶级是"中国社会里比较最有觉悟的阶级"，因此发动工人起来搞革命，是党的任务，也是工人阶级的使命。1921年秋，毛泽东根据安源产业工人集中、深受三重压迫、富有自发斗争传统等实际情况，将安源作为湘区工人运动的重点区域，紧紧依靠广大工人开展斗争。安源工人敢为人先，坚持斗争，最终在1922年9月取得了罢工的完全胜利，极大地增强了党的影响，鼓舞了全国的工人斗争。大罢工前后，党领导安源工人发扬敢为人先、开拓创新的精神，不仅创立了党领导下的第一个产业工人支部——中共安源支部、第一个少年儿童革命组织——安源儿童团，还创办了党领导下的第一个工人消费合作社——安源路矿工人消费合作社，中共党史上最早的党校——安源党校。党领导安源工人创造了中共党史上彪炳史册的历史功绩，充分体现了工人阶级的先进性、革命性和创造性。

1925年安源九月惨案后，安源工人或转战农村，开展农民运动；或在北伐中"拿起枪是冲锋陷阵的英勇战士"，有力推动了大革命的前进。1927年9月，由于"安源是无产阶级最多的地方，党极有基础"，毛泽东决定以安源工人为主体，组建工农革命军第一军第一师第二团，作为起义的主力部队之一。整个秋收暴动中，安源工人表现得"十分坚固和勇敢，确是革命的先锋队"，中共中央肯定"秋暴颇具声色，还是安源工人的作用"。随后，党领导工农革命军在井冈山建立了中国第一块农村革命根据地,把革命的重心从罢工斗争转向工农武装割据,把中国革命的中心从城市转向农村。中国共产党在安源的革命实践,初步探索和回答了"工人阶级才是中国共产党领导中国人民的真正领导力量","农村包围城市的武装割据才是中国共产党领导中国人民的真正救国道路"的问题。历史表明,我国工人阶级和广大劳动群众在中国革命、建设和改革中发挥了主力军作用。

一心为民,践行无私奉献的崇高品质。坚持为工农群众服务,甘于无私奉献,是安源精神的重要品格和显著特质。在领导安源工运的时期,中国共产党人将中华民族的奉献美德与党的初心使命相结合,克服重重困难,创造了"无产阶级大本营"的辉煌成就,从而使甘于奉献、一心为民成为安源精神的鲜明特征。毛泽东不顾个人安危,亲自下矿井向工人传播革命道理,"井里来了个毛先生"传为佳话。刘少奇为了工人利益,挺身而出、冲锋在前去谈判,"刘少奇一身是胆"的英雄故事美名传。安源工人俱乐部以"保护工人的利益,减除工人的压迫与痛苦"为宗旨,创办子弟学校、补习夜校,提供免费教育;创办消费合作社,免除中间商的盘剥;创办故工抚恤会、劳动介绍所,为工人提供兜底保障等。这一切都凸显了党领导工人组织一心为民、奉献群众的初心立场和工作作风。

廉洁奉公是共产党人全心全意为民奉献的思想自觉和责任担当。刘少奇在安源革命期间生活拮据,工人请求俱乐部提高他的工资,刘少奇坚决拒绝,说自己既为改造社会的事业而来,就"只知道牺牲,不知道权利"。到1925年春离开安源,财务报告上始终记载着刘少奇和其他工作人员领一样的工资。历史表明,党的全部奋斗史、发展史也是一部奉献史。廉洁奉公、甘于奉献是共产党人推动革命道路前进的坚强基石。

第三章

大革命洪流与江西工运的转型发展

20世纪20年代初期，随着经济社会的缓慢发展，江西带有产业性质的工人进一步增加，人数达20万以上，主要分布在安源、南浔路、九江、景德镇、乐平、赣州、大余、吉安等地。产业工人相对集中，有利于工人运动的开展。在这一时期，大革命洪流席卷江西。江西经历了北伐战争的洗礼，爆发了收回九江英租界、南昌起义、湘赣边界秋收起义等重大革命事件。江西工人阶级队伍在党的领导下，积极开展罢工斗争、参军参战，在维护阶级利益的同时，革命意识日益增强，理想信念愈发坚定，斗争能力和水平不断提高。大革命的失败，迫使江西工人运动由罢工斗争转向武装暴动。在党的领导下，工人运动开始与农民暴动相结合，江西工运大潮开始汇入土地革命战争的洪流，开创了马克思主义理论指导下中国工人运动发展的新阶段。

第一节 江西党团组织的创立与工人运动的发展

一、江西党团组织创建初期工人斗争的开展

20世纪20年代初,随着马克思主义在江西的广泛传播,群众的革命意识日益觉醒,为江西党团组织的建立奠定了较好的思想基础和群众基础。1922年11月,赵醒侬奉党、团中央的指示从上海回到南昌,筹建社会主义青年团。他与方志敏一道,以文化书社为立足点,积极传播马克思主义,联络进步青年,开展建团活动。这期间,刘拜农邀集了一些进步青年来文化书社,赵醒侬向他们讲解革命理论,进行马克思主义教育。这样的谈话会和讨论会在文化书社开了多次,赵醒侬认为建团的时机已经成熟。[1]1923年1月20日,赵醒侬在南昌文化书社召集5名青年开会,宣布成立中国社会主义青年团江西地方团,发起的人为"方志敏、赵醒侬、刘五郎、刘修竹、陈之琦、刘拜农、赵履和七人"。由于团员不足30人,按照规定不能成立执行委员会,只推定刘拜农为临时书记,并决定"向各学校作有力之宣传,多介绍学生入会。再向工人方面宣传,对于工会之组织,应尽力援助"。[2]江西地方团成立后,积极吸收进步青年入团,扩大团的组织。1923年3月,方志敏、袁玉冰、赵醒侬等决

---

[1] 曾志巩、蒋伟:《革命先锋赵醒侬》,中共江西省委党史资料征集委员会编:《赵醒侬专集》(江西党史资料第29辑),中央文献出版社1994年版,第6页。
[2] 《江西地方团临时书记给团中央的报告》(1923年1月22日),中央档案馆、江西省档案馆编:《江西革命历史文件汇集(1923—1926)》,中共江西省委办公厅印刷厂1986年5月印刷,第9—10页。

定成立"民权运动大同盟"和"马克思学说研究会",作为江西地方团领导的外围组织,宣传马克思主义。此后,赵醒侬在南昌又发展 8 名青年入团,并到九江发展 4 名团员,加上已是团员的袁玉冰和陈日光,使江西地方团由原来的 7 人,增加到 21 人。

马克思主义在江西的传播,遭到了反动统治阶级的打压。1923 年 3 月底,江西地方团的活动遭到北洋军阀江西督理蔡成勋的破坏。蔡成勋以宣传"社会过激主义,扰乱人心,妨碍秩序"的罪名,下令将民权运动大同盟、马克思学说研究会和文化书社封闭,团机关刊物《新江西》和《青年声》被迫停刊,赵醒侬、方志敏、刘拜农等被迫避往外地,袁玉冰、刘子池和南昌工会领导人胡占魁等被捕入狱,团的活动被迫中止。同年 10 月中旬,赵醒侬根据团中央的指示,再次回到南昌,在积极营救袁玉冰等出狱的同时,成立了中国社会主义青年团南昌地方团执行委员会(简称南昌团地委),赵醒侬为委员长,重新恢复了南昌地方团的活动。南昌地方团的成立及活动,为江西党组织的建立奠定了组织基础。

1923 年 6 月,党的三大确定了国共合作的方针。1924 年 1 月,中国国民党第一次全国代表大会在广州召开,会议确认了共产党员以个人身份加入国民党的原则,标志着第一次国共合作的正式形成。赵醒侬作为江西代表出席了国民党一大。1924 年 3 月 6 日,国民党中央任命赵醒侬、邓鹤鸣为江西省党部筹备员,负责筹建国民党江西省党部。中共中央指示赵醒侬、邓鹤鸣在重建国民党江西省党部的同时,着手建立中共江西地方组织。赵醒侬、邓鹤鸣随即从上海回到南昌,开始了筹建地方党部的工作。赵醒侬等人首先在南昌社会主义青年团中提选符合条件的团员,转为党员。1924 年 5 月,成立了中共南昌支部,赵醒侬任书记兼组织干事,邓鹤鸣任宣传干事,机关驻南昌解家厂,直属中共中央领导。中共南昌支部是继中共安源路矿支部之后，在江西建立的第二个党组织，负有领导全省革命斗争的重任。中共南昌支部建立后，为加强对全省革命斗争的领导，决定在赣江流域沿岸和南浔铁路沿线一些革命基础较好的地方发展党员，建立党组织，以适应革命的需要。此后，九江、吉安、永修、德安、武宁、清江、铜鼓、弋阳、景德镇、都昌等地陆续建立了党小组或支部。中共南昌支部及其下属党组织的成立使江西工人运动有了无产阶级先进政党的统一领导，加上国共合作统一战线在江西的形成，极大地推动了江西工运的发展。

1924年5月，中共中央扩大会议通过的《工会运动问题决议案》明确指出："党的最重要的职任，便是继续不断在产业的工人里有规划地创设工会的组织"，并使工人阶级的日常斗争"发展成为总的民族斗争与阶级斗争"。[①]1925年1月，党的四大更从理论上阐明了工人阶级在民族革命运动中的领导作用，指出中国的民族革命运动必须由工人阶级领导，才能取得胜利。党更加注重引导工人运动由日常的经济斗争向政治斗争发展，这为江西工人运动的发展指明了方向。

江西党团组织成立后，积极派出人员分赴全省各地成立各业工会，领导开展工人运动，其中成效较好的是南昌、九江和吉安等地。1922年底，在赵醒侬等人的组织联络下，南昌部分印刷工人开始筹备建立铅印工人工会。1924年4月，南昌一平印刷局、官纸印刷所、省议会印刷所等印刷行业工人100余人在高安会馆召开大会，成立南昌铅印工会，选举赵志光为会长。这是中国共产党在南昌直接领导成立的第一个工会。随后，南浔铁路工会（熊好生负

---

① 中央档案馆编：《中共中央文件选集》第1册，中共中央党校出版社1989年版，第234、237页。

责)、划驳工会(季恨秋负责)、拣茶工会(淦克群负责)、海员工会(冯任负责)、邮务工会、店员工会等相继成立。1925年10月,共青团南昌地委将原来的农工部改设为经济斗争委员会,朱由铿、邹努先后任书记,派团员深入工人中活动。南昌党组织还陆续在南浔铁路、官纸印刷所、纺织工人等中建立党支部,加强对工人斗争的领导。1923年10月,青年团九江支部成立,决定"以全力灌注于工人运动"。1925年7月,中共南昌支部九江小组成立,随后设立工人运动委员会,领导开展工人运动。共产党员帅古农奉命到九江码头工人中开展宣传与联络工作,很快组织成立了九江码头运输工会。到12月,九江先后成立的南浔铁路总工会、码头运输工会、瓷业工人联合会、裁缝工会、建筑工人联合会、人力车夫工会,等等。1925年,共青团吉安特支派团员张一道、张世瞻、谌光重、刘承休等帮助工人筹建工会组织,相继成立了米业、染布、染纸、烟业、香业、豆腐业、裁缝、竹木架等行业工会;9月20日,成立了吉安总工会,共青团吉安特支书记郭化非任书记(后改称委员长)。1924年秋,景德镇乐平鸣山煤矿工人砸烂了原鄱乐煤矿有限公司的黄色工会,成立了乐平鸣山煤矿工会。在宜春地区,铜鼓最早建立工会。1926年2月,在中共铜鼓支部领导下,铜鼓县城纸业、竹木、航业、理发、店员、雇主、缝纫、五金等行业工会先后秘密成立。3月,在铜鼓上庄召开了铜鼓、浏阳两县纸工代表大会,成立了吴楚纸工会和上庄第一分会。

随着各地党、团组织和工会的建立与发展,江西工人运动出现了一个复兴的局面,许多行业工人先后举行罢工,并取得一定的胜利。中共南昌支部和南昌团地委不断派党团员深入南昌工人中活动,引导他们积极参加各种革命斗争。南昌铅印工会成立后,于1924年11月发动全行业总罢工,支持南昌德荣印刷所工人要求增加工资、改善待遇的斗争，迫使资本家给铅印工人增加工资2元。与此同时，南昌毛织工人200多人也举行罢工，要求增加工资，同样取得胜利。1924年5月，九江日清轮船会社的中国职员袁阿发污蔑工人偷窃大米，将在趸船上做小工的刘财明推入江中淹死，激起工人们的极大愤慨。在共青团九江地委的领导下，九江日清码头工人将刘财明的尸体抬到日清公司提出抗议，并发动全体工人罢工。日本人一方面勒逼死者家属签字入殓，另一方面又运动官府来镇压工人斗争，强迫工人开工。5月30日，工人发表罢工宣言，提出"惩办凶手，抚恤死者，增加工资，优待工人"①等要求。全城市民纷纷起来声援死难工人，各码头工人都举行了同情罢工。最后，日清公司被迫接受了工人的部分要求，发给遇难工人刘财明家属200元抚恤费。1926年5月，在中共铜鼓支部领导下，上庄、竹山等地48个纸槽工人举行了一个多月的罢工，迫使纸槽主答应增加工资、减少工时、改善待遇的要求。在赣东北，1925年11月，共产党员向义受中共南昌支部的派遣回到景德镇，以开展平民教育为掩护，先后创办了平民学校和工人文化补习班，在景德镇瓷业工人中开展马克思主义的启蒙教育。1926年5月，中共江西地委派共产党员万云鹏到景德镇领导工人运动，组织工人举行游行示威。

五卅惨案发生后，江西工人阶级在党的领导下，积极宣传演讲、捐款捐物、游行示威，开展了声势浩大的反帝反封建斗争，以实际行动支援五卅运动。6月3日，包括工会在内的南昌各界群众团体在东湖边的省教育会召开联席会议，决定组织援助上海同胞江

---

① 《九江日清码头工人罢工宣言》（1924年5月30日），江西省总工会、江西省档案馆编：《江西工人运动史料选编》，江西人民出版社1986年版，第9页。

西后援会,通电全国声援上海人民的反帝斗争。6月5日,南昌成立"沪案交涉江西后援会",南昌工人及各界群众三万余人,冒雨在公共体育场举行大会,谴责帝国主义在上海残杀中国人的罪行。会后,南昌工人和学生一起走上街头游行示威;组成仇货检查队,到沿江码头、市区各街道、商店等检查仇货,并为上海同胞募捐。6月7日,吉安工人、学生等各界群众2000余人举行声援上海五卅惨案的集会和示威,全城罢工、罢课、罢市三天。工人和学生还组成募捐队和仇货检查队,募集资金4000余元支援上海同胞。九江成立了"援助上海同胞惨死委员会",发动全城人民支援上海反帝爱国斗争。6月7日,九江各界群众1万余人举行游行示威,声援上海工人。6月9日,各码头工人及印刷、皮鞋、缝纫、建筑等行业工人举行罢工和游行示威,"怡和、太古、日清三公司轮船抵浔时,船中并无华人坐客,且无人搬运其货物,足见人心激昂之一斑"[①]。租界华人巡捕为群众爱国热情所感动,也一致罢岗退出租界。在九江很快形成了包括工人、农民、学生、商民等各阶层群众在内的全民性反帝爱国运动。6月16日,安源路矿工人俱乐部和其他工人代表、学生共3000余人游行示威,声援五卅运动。安源路矿工人俱乐部还联合萍乡、安源各民众团体,成立青(青岛)沪(上海)案后援会(后改为雪耻会)。6月下旬,安源路矿工人俱乐部派游艺股股长萧劲光为代表,携捐款八百元和慰问信赴上海,慰问和援助上海罢工工人。安源路矿工人俱乐部还呼吁全国人民一致奋起,"向此凶横之英日帝国主义作战,誓必铲此障碍世界和平之怪物,压迫我中国之魔鬼",并表示"弊部率万三千余工人将誓死

[①] 《赣浔援助沪案大游行》,《申报》1925年6月13日。

以待"。①8月6日，赣工农商学联合会在省教育会召开成立大会②，省工会、总商会、工业协会、商帮协会等20多个团体出席会议，选举袁觉苍、姜铁英、邹努、王名德、朱大贞、金士珏、陈灼华、赵醒侬、王镇寰、周以德、涂名镇等11人为执行委员。其中，袁觉苍、姜铁英、邹努、朱大贞、陈灼华、赵醒侬等6人为中共党员或共青团员。经受五卅运动的洗礼和锻炼，江西工人阶级进一步坚定了斗争意志，在政治上日趋成熟。全省工人运动的发展，既使全省工人受到了一次马克思主义启蒙教育，又为党、团组织领导工人运动积累了经验，培养了大批工运积极分子，为江西工人运动的发展准备了重要力量。

二、北伐战争与江西工运的快速发展

江西党团组织成立初期，没有设立专门领导工人运动的机构。北伐前夕，中共中央于1926年2月在北京召开特别会议，要求各级组织积极发展工农运动，为迎接国民革命军北伐做好准备。4月，经中央批准，中共南昌支部升格为中共江西地委，罗石冰任书记。6月13日，江西地委和共青团南昌地委召开党、团联席会议，决定将党、团员派回本县，建立党、团组织和民众团体，就地组织群众配合与支援北伐战争。这些党、团员回乡后，或开办工人夜校，开展工人思想启蒙工作；或在工人中发展党、团员，培养工人运动骨干；或秘密建立工会组织，领导工人开展斗争。8月，中共江西地委进行改组，刘峻山任书记。为迎接北伐军，加强对工农运动的领

---

① 中共萍乡市委《安源路矿工人运动》编纂组编：《安源路矿工人运动》（上），中共党史资料出版社1990年版，第487页。
② 《赣工农商学联会成立》，北京《益世报》1925年8月10日。

导，中共江西地委专门设立农工部，方志敏担任农工部主任，这是江西省级党组织首次设立领导工农运动的专门机构。1926年11月，北伐军占领江西后，工会、农会等群众组织纷纷成立，党组织也随之扩大。1927年1月，经中央批准，中共江西地委升格为中共江西区委，仍以刘峻山为区委书记。江西区委将原先的农工部撤销，分设农委书记和工委书记，任命方志敏为农委书记，工委书记姓名不详。[①] 党的五大以后，根据中央的决定，中共江西区委于1927年5月改为中共江西省委，罗亦农任省委书记，曾延生任工委书记。1927年7月下旬，中共江西省第一次代表大会在南昌召开，选举产生中共江西省第一届委员会，书记汪泽楷，工委主任曾延生，[②] 继续领导江西工人运动。

1926年7月，国共合作进行北伐战争，以推翻受帝国主义支持的北洋军阀的反动统治。7月12日，中共中央号召民众"巩固国民的联合战线，以此推翻国内军阀，推翻世界帝国主义"[③]。7月25日，中华全国总工会号召广大工人"极力的赞助国民革命军，作国民革命军的后盾，使之得到胜利"[④]。江西广大工人在党和工会的组织领导下，积极支援北伐战争。他们或传递情报，或阻断敌人交通、通讯，或协助运输物资、慰劳军队，甚至直接参军参战。江西

---

① 中共江西省委组织部、中共江西省委党史资料征集委员会、江西省档案局编：《中国共产党江西省组织史资料》第一卷（1922—1987），中共党史出版社1999年版，第26页。

② 中共江西省委党史研究室著：《中国共产党江西历史》第一卷（1921—1949），中共党史出版社2021年版，第131页。

③ 中央档案馆编：《中共中央文件选集》第2册，中共中央党校出版社1989年版，第159页。

④ 中国人民解放军政治学院党史教研室编：《中共党史参考资料》第4册，1979年内部出版，第10页。

工人阶级和广大群众的大力支援，使北伐军在江西迅速推进。

1926年7、8月间，北伐军在湘赣边界作战，"各种工人组织破坏队、侦察队、运输队、救护队、慰问队等实行助战，功绩甚著，而尤以铁路工人之破坏队、侦探队为最"[①]。9月初，北伐军由湖南、湖北转向江西作战。国民革命军总司令部命令第二军、第三军自湖南醴陵向赣西进攻，命令第六军和第一军第一师自鄂南、湘东向赣西北进军，截断南浔路；命令第十四军和第二军、第五军各一部攻击赣南。正当北洋军阀部队从萍乡开至醴陵，妄图阻止北伐军进军时，株萍铁路工人与当地农民组成救国敢死团，炸毁湘东大桥，阻断敌人交通和通信。北伐军攻打萍乡时，工人共组织五队破坏队，"峡山口至萍乡为一队，萍乡至安源为二队，安源至芦溪为三队，又至莲花庵为四队，芦溪至袁州为五队"[②]。其中，第一、第二队在萍乡镇署后施放炸弹，镇署爆炸起火，赣军第一师师长唐福山仓皇出逃，所存子弹军需完全未动。工人缴获数百箱子弹以及大量军需品，送给北伐第二军查收；其余各队则在前方与侦探队联络，破坏交通，报告敌方情形。安源路矿工人将萍乡、芦溪和袁州（今江西宜春）等地的电话、电报全部破坏，割断敌人的通讯联系。1000多安源工人组成运输队、铁道队，随北伐军行动。北伐军攻打武昌时，中共湖南省委派安源工人前往参战，挖地道进行爆破，协助北伐军一举占领武昌城。攻打铜鼓县城时，铜鼓县总工会主任赖怀恺等人积极为北伐军当向导。铜鼓上庄数百名造纸工人

[①] 《中国工会运动史料全书》总编辑委员会编：《中国工会运动史料全书·江西卷》，中华书局2000年版，第89页。

[②] 《中国工会运动史料全书》总编辑委员会编：《中国工会运动史料全书·江西卷》，中华书局2000年版，第89页。

冒着生命危险，为北伐军做内应，积极参战。中共吉安特支和吉安总工会领导工人开展地下斗争，设立情报站，派遣工人混入敌军内部，为北伐军打探情报。北伐军攻打吉水时，吉安工人积极帮助北伐军架设浮桥、运输弹药。1926年9月，孙传芳坐镇九江，调兵遣将，妄图阻止北伐军入赣。九江码头工人在共产党员彭江、冯任等的领导下，多次举行罢工，拒绝为孙传芳军队装卸物资；他们砍断电线，破坏敌人军需供应和通信联络。共产党员帅古农、张如龙打入敌人内部做策反工作。北伐军地下工作者汪杨、刘子和等人在码头工人帮助下，化妆成茶役，潜入敌军运送军火物资的"江永"号货轮。10月16日，他们在九江将江永轮引火爆炸，船上大批军火物资被炸毁，使孙传芳部遭受重击。攻打南昌期间，南昌、九江等地的工人积极行动，支援作战。南浔铁路工人举行总罢工，破坏30余丈铁轨，阻断铁路交通。北伐军攻占牛行车站后，他们又立即抢修铁路，恢复南昌至九江的交通。赣江两岸的驳船工人积极运送北伐军渡江，追击敌军。高安工人组织救护队，分赴前线救治伤员，派出30多艘民船，帮助北伐军运送军用物资。北伐军进入南昌城后，南昌工人积极帮助北伐军看管俘虏、修筑工事、运送弹药等。北伐期间，江西广大工人积极参战支前，为北伐军胜利进军做出了重要贡献。

北伐战争推动了战区各省工农运动蓬勃发展。1926年12月，"全国工会会员由北伐前的100万人增加到近200万人，其中，湖南、湖北、江西的发展尤其迅速"[1]。江西工人阶级在积极支援北伐战争的同时，自身也在斗争中得到了锻炼，提高了阶级觉悟和斗争能

---

[1] 中共中央党史研究室著：《中国共产党历史》第一卷（1921—1949）上册，中共党史出版社2011年版，第179页。

力，各种工会组织陆续成立。北伐军进入萍乡后，1926年9月10日，安源成立萍乡煤矿总工会，以代替1925年9月遭到破坏的安源路矿工人俱乐部，恢复工人运动。1927年2月，萍乡县总工会成立，选举兰豫兴为委员长，下辖30多个工会，有会员5000余人，并组织有萍乡县总工会工人纠察队，有枪80多支。与此同时，清江（今樟树市）、樟树、万载、宜春、丰城、奉新、铜鼓、高安等县相继成立县总工会，组织领导工人斗争。1926年10月初，党组织派陈赞贤担任中共赣州特支书记，负责筹建赣州总工会。11月3日，赣州总工会正式成立，陈赞贤任赣州总工会委员长，下辖56个行业工会，有会员1.8万余人。1926年10月上旬，吉安总工会成立，梁一清任委员长。到12月，吉安已经成立了码头、染布、木业、砖瓦等24个工会，有会员4300多人，组成了500多人的工人武装纠察队；此外还建立了商业职员和小商的联合会，有会员2000余人。北伐军攻克九江后，邮电工会、理发工会、油漆工会、浴室工会、码头总工会、店员总工会、产业总工会、洋务总工会，以及各下属单位、行业的基层工会相继成立，九江市共有30多个工会基层组织，并开始筹备成立九江总工会。1926年12月26日，九江总工会成立，彭江任委员长，下辖18个行业工会，还成立了2000余人的工人纠察队。1926年11月24日，南昌市总工会筹备处在席公祠成立，共产党员季恨秋、傅痊痹等5人当选为筹备委员。经过紧张筹备，1927年1月1日，南昌第一次工人代表大会召开，成立了南昌市总工会，下辖73个行业工会，会员4万余人。此外，江西许多县也相继成立了县总工会或筹备处，有的县还在县城以下的圩镇建立了工会分会组织。随着各地工会的陆续成立，建立江西省总工会的条件日益成熟。1927年1月17日，江西省总工会筹备处在南昌成立，委员长萧弩锋，副委员长兼秘书长李筱青，组织部长黄琨，宣传部长宗建屏，经济部长文容盛，此外还成立了一支工人纠察队，总队长张国。省总工会下辖 17 个县总工会、25 个县总工会筹备处，会员 16 万人。[①]

在全省工会组织大发展的基础上，1927 年 2 月 23 日，江西省第一次工人代表大会在南昌召开，出席会议的工人代表共 140 人，另有来宾 30 余人，北伐军总政治部副主任郭沫若到会发表演说。大会通过了《工会组织章程》《统一工会组织案》《宣传教育案》《工人的经济要求案》《工人政治要求案》《改良工人待遇案》《工会经费案》等 11 个决议案，决议率领江西 30 万有组织的工人"打倒一切危害中华民族解放的万恶势力，求得中华民族的完全解放，更进而与世界革命势力联合，求得全世界被压迫人类的完全解放"[②]；大会选举萧弩锋、张国、陈赞贤、沈建华等 9 人为执行委员，以萧弩锋为委员长，李筱青为副委员长，正式成立了江西省总工会。大会号召全省工人在省总工会的领导下"更加严密组织，加紧训练。一方面为工人本身利益而奋斗；一方面与农、商、学、兵一致联合，向那帝国主义军阀反革命派决战，完成国民革命，以达到自身的完全解放！"[③] 这次大会指明了工人斗争的方向，确定了斗争的目标，标志着江西工人运动有了统一的领导和指挥机构，进入了一个新的

---

① 中共江西省委组织部、中共江西省委党史资料征集委员会、江西省档案局编：《中国共产党江西省组织史资料》第一卷（1922—1987），中共党史出版社 1999 年版，第 54 页。
② 《江西省第一次工人代表大会政治报告决议案》（1927 年 2 月），江西省总工会、江西省档案馆编：《江西工人运动史料选编》，江西人民出版社 1986 年版，第 43 页。
③ 《江西省第一次工人代表大会宣言》（1927 年 2 月 23 日），江西省总工会、江西省档案馆编：《江西工人运动史料选编》，江西人民出版社 1986 年版，第 52 页。

阶段。随后，江西全省工会组织得到较快发展，到 1927 年 7 月止，全省有 66 个县成立总工会，占当时 81 个县的 81%，工会会员达 20 多万人。① 工会组织的不断成立，使广大工人有了维护自己利益的组织，从而团结了大批工人共同斗争，推动工人运动的发展。

随着北伐战争的胜利推进和各级工会组织的不断发展壮大，江西广大工人阶级在各级党组织的领导下，开展了规模空前的罢工斗争，在 1926 年底到 1927 年初形成了一个高潮，"而江西之工潮，亦实较其他各省为好也"②。1926 年 11 月，在中共赣州特支和赣州市总工会的领导下，赣州钱业、中药业、洋货业等工人相继举行罢工并取得胜利，多数行业都同资本家签订了劳资集体合同，工人工资普遍增加了 30% 左右，工人政治经济地位得到了提升。赣州工人斗争获得较大发展，其声势和规模仅次于广州，因此获得了"一广州、二赣州"③的称誉。南昌的工人斗争也获得较大发展。据南昌邬永昌机器店工人万和甫回忆，北伐军占领南昌前，工人们做工是一年做到头的，没有什么休息，每天都要做工 12 小时以上，发薪水也没有一定的时间。北伐军进入南昌后，成立了工会，积极为工人争取权利。工人们一个月有两天的休息，不休息就加两天的工钱；每天只做工 8 个小时，每月的工钱都按时发，再也没有人敢打骂工人。要是不法资本家不照规定做事，工会就会出头替工人们讲话。工会还时常召集工人们开会，告诉工人们要努力做工，要团

---

① 《中国工会运动史料全书》总编辑委员会编：《中国工会运动史料全书·江西卷》，中华书局 2000 年版，"前言"第 2 页。
② 刘明逵，唐玉良主编：《中国近代工人阶级和工人运动》第 6 册，中共中央党校出版社 2002 年版，第 244 页。
③ 江西省总工会编：《江西工人运动史》，江西人民出版社 1995 年版，第 101 页。

结。1926年12月25日，南昌铅印工人举行总罢工，向资本家提出了增加工资、不得任意辞退工人和维护工人政治权利等19项要求，在北伐军总政治部和市总工会筹备处的支持下，资本家被迫接受了工人的全部要求。南昌的工人在市总工会的领导下，大力争取经济利益的同时，还提出了"保障工人政治权利"等要求，积极开展政治斗争。工会权力不断增加，劳资间的许多重大事件都必须经过工会批准才能生效，增加了工会在工人中的影响力和威信。

江西工人运动在蓬勃发展的同时，也出现了一些过激行为。如有的地方将小资本家列为斗争对象，打击面过宽；有的提出普遍增加工资30%，南昌洋货店甚至提出三级加薪，每级每月依次增加现洋20元、15元、10元，经济要求过高；罢工频繁，行为激烈，仅南昌从1926年底至1927年初，"计前后罢工者，已不下十余业，所有要求条件大抵强迫承认，甚有将业主捆绑游街者"[①]，引起了部分国民党新军阀的不满。

三、收回九江英租界

1861年3月，英帝国主义者强迫清政府签订《九江租地约》，在九江划定租界，设立领事馆、海关、工部局、法庭、巡捕房等机关，行使管辖权力，进行各种政治、经济和文化等侵略活动。九江人民对英帝国主义在租界的横行霸道早就痛恨在心，时刻准备赶走英帝国主义者，夺回租界。北伐的胜利进军使英帝国主义者感到威胁。为阻止北伐进军，英帝国主义者相继在汉口、广州、万县等地多次进行武装挑衅，制造流血惨案，激起中国人民的极大愤慨，废

[①] 江西省总工会编：《江西工人运动史》，江西人民出版社1995年版，第101—102页。

除不平等条约、收回租界成为当时中国人民的普遍呼声。

1926年11月5日，北伐军攻占九江，九江工人运动蓬勃发展，相继成立了邮电工会、码头总工会、产业总工会、店员总工会及下属的基层工会。九江总工会趁机发动码头工人、铁路工人、邮电工人等提出保障工人权力，增加工资，改善劳动条件的要求，获得不同程度的满足。12月27日，英国人在九江开设的太古、怡和两家航运公司和日本人开设的日清航运公司三个码头的全体工人联合举行罢工，并以码头工会名义派出代表与三家公司接洽，提出增加工资、承认工会等要求。在国民革命军驻九江独立第二师和九江总工会等的调解下，日清公司慑于罢工威力，于1927年1月3日答应了工人的要求，工人复工；太古、怡和两个公司拒绝工人的条件，码头工人继续罢工，大量外商货物无人搬运。其间，工会每天派工人纠察队在沿江一带巡逻，防止英帝国主义者和工贼破坏罢工，同时禁止卖米卖菜给英国人。

1927年1月3日，为庆祝国民政府迁都武汉和北伐胜利，国民党中央军事政治学校宣传队在汉口英租界附近的江汉关前面演讲。英国租界当局调集大批英军水兵登岸寻衅，杀死码头工会会员一人，刺伤十余人，[1]制造了汉口"一三惨案"。英帝国主义者的野蛮暴行引起汉口人民的极大愤怒。刘少奇、李立三立即主持召开湖北全省总工会紧急会议，研究对策。4日，湖北省总工会第一次代表大会发出通电，"誓领导我全省有组织之三十万工人，与英帝国主义奋斗到底"，请求政府自动收回英租界。[2]5日，在刘少奇、李立

---

[1] 《汉口一、三惨案的真相》，上海《时事新报》1927年1月11日。
[2] 中央党史和文献研究院编：《刘少奇年谱》增订本第一卷（1898—1942），中央文献出版社2018年版，第62—63页。

三等的领导下，武汉工人和市民30万人举行了反英示威大会，通电全国，要求"与英帝国主义者决一死战"①。刘少奇在会上发表演说指出："工人革命，有很光荣的历史""现在虽然解除了一部分束缚，但是还有帝国主义者及未打倒的军阀，仍然向我们进攻""我们还是准备我们的头颅、我们的血，往前奋斗"。②会后，广大群众驱逐了英国巡捕，一举占领了汉口英租界。

受武汉人民收回汉口英租界的鼓舞，九江市民也纷纷表示要与帝国主义者决斗，收回九江英租界。九江租界的英国人如临大敌，纷纷退往英国军舰，同时加强租界的警戒。1月6日下午，九江工人纠察队员吴宜山③在怡和码头趸船上巡视，正好碰到水手刘某挑运税务司署英国人行李上船。吴宜山劝说华工刘某不要为英国人搬运行李，以破坏罢工。英国人随即邀集水兵，殴打吴宜山，致使其"当即昏去，受伤甚重"，另有数名工人被打成重伤。惨案发生后，九江工人和市民义愤填膺，数万群众在党组织领导下，高呼"收回英租界！""打倒英帝国主义！"等口号，欲向租界冲击。英国军舰当即鸣炮两声，以威吓九江市民。群众听闻炮声，更加愤怒，形势愈发紧张。国民革命军驻九江独立第二师师长贺耀祖立即率兵至租界维持秩序。九江工人和市民趁机拆除租界四周的铁刺网，撞开租界大门，涌进租界。6日晚，英国人及水兵退往英国军舰，并请求独立第二师进入租界维持治安。经过独立第二师和英国领事交涉，7日下午，独立二师第三团入驻租界内维持治安。

---

① 《武汉三十万人民举行反英示威大会作出重要决议》，上海《时事新报》1927年1月11日。

② 中央党史和文献研究院编：《刘少奇年谱》增订本第一卷（1898—1942），中央文献出版社2018年版，第63页。

③ 吴宜山，一说为"吴直山"。

贺耀祖一面电请国民政府向英国政府严重交涉，一面电告汉口《民国日报》社，呼吁全国各界民众"一致声讨，以达打倒英帝国主义之目的"①。1月8日，贺耀祖与国民革命军总政治部主任邓演达、九江关监督、地方各团体主事，在独立第二师师部开联席会议，决定由九江监督向英领事提出抗议，并组织九江市民对英外交行动委员会，处理租界一切事务。②1月9日，九江民众各团体联合组织的九江市民对英外交行动委员会正式成立，并通电全国，表示要"代表人民，力争外交胜利，维护租界治安"，呼吁全国同胞对九江发生的惨案"群起力争，以彰公理，而保国权"。③九江市民对英外交行动委员会在发表的《宣言》中强调："九江的事件不是仅仅内部的问题，也不是九江一市、江西一省的问题，而是全国的问题。我们对于这个问题，绝不能用一种割肉补疮的方法来救济。我们所要求是一种根本总解决。这个总解决是什么？便是废除中英间一切不平等条约，禁止英兵舰在中国的内河航行权，收回租界"。④1月10日，国民政府外交部派赵畸、周雍能组织九江英租界临时管理委员会，在租界办公视事。

与此同时，中共中央呼吁全国人民声援汉口、九江人民收回英租界。1月12日，中共中央发表宣言，号召全国工人、农民及一切被压迫民众"公开表明对于国民政府的赞助"，"要求撤退英国驻华海军，取消治外法权，收回英国租界，撤退一切帝国主义之驻华的

---

① 《独立第二师政治部电》，汉口《民国日报》1927年1月19日。
② 中共江西省委党史资料征集委员会、中共江西省委党史研究室编：《收回九江英租界专辑》，1989年内部出版，第8页。
③ 《九江市民对英外交行动委员会公电》，《申报》1927年1月11日，第6版。
④ 《九江市民对英外交行动委员会宣言》，汉口《民国日报》1927年1月21日。

军队"。①陈独秀发表文章《谁杀了谁？》，揭露英帝国主义者的谎言，说明汉口和九江两起惨案"都分明是英国兵杀了中国人，而不是中国人杀了英国兵。英国兵在九江杀中国人的时候，英国兵舰还从旁发炮示威，这是何等横暴的事"②。全国总工会也发表宣言，号召人们"一致起来，打倒这个一息仅存的英帝国主义，湔雪我们百数十年来的奇耻大辱"，"收回我们的租界，还要打倒英帝国主义在华的一切霸权"。③苏联政府也发表公报，批评英国集中其海陆军于上海，是要"完成其在长江各地之挑拨，以作其武力压迫国民政府之借口"，明确表示强大的苏联人民和全世界各国的真诚友人都是中国人民的后援，坚决支持中国人民的斗争。④共产国际执委会向全世界工人阶级发出通告，明确表示"不许干涉中国"，号召广大工人阶级组织起来，保卫和支援中国革命，制止派遣军队去反对中国人民，尽力争取承认革命政府和从中国撤军！要建立一切工人组织的统一战线，以制止这次重大危机！⑤之后，共产国际发出通告，指出英国出兵中国"不啻对世界无产阶级公开挑战"，希望世界各国工人"从速联合一致，合力拥护中国革命，协同阻止英国出兵，并须坚持撤退驻军"。⑥国际运输工人委员会向全世界海员水手发出通告，提议"一致拒绝运输军队军械至中国"，要求各国海员反抗

---

① 中央档案馆编：《中共中央文件选集》第3册，中共中央党校出版社1989年版，第11页。
② 独秀：《谁杀了谁？》，中华全国总工会中国工人运动史研究室编：《中国工运史料》1982年第1期（总第18期），工人出版社1982年版，第5页。
③ 广州《民国日报》1927年1月10日。
④ 《苏联政府公报》，汉口《民国日报》1927年2月10日。
⑤ 《共产国际执行委员会关于中国面临帝国主义干涉危机的呼吁书》，《消息日报》第23号，1927年1月23日。
⑥ 《共产国际执行委员会通告》，汉口《民国日报》1927年2月10日。

英国侵略，并特别责成英国海员坚决反对出兵。①

在全国人民的声援下，武汉国民政府外交部长陈友仁同英国政府参赞阿马利于1月15日开始正式进行谈判。为声援谈判，中共中央发表宣言指出："英帝国主义者的阴谋是十分明显的""帝国主义特别是英国干涉中国的危险是没有一刻不恐吓我们的，现在这个危险扩大了"，英帝国主义者"不惜以任何战争的恐怖恢复其在全东方首先在中国所失去的威权"，为此，中共中央号召全国工人、农民及一切被压迫的民众坚持反英斗争，要求国民政府坚持到底，不要对英帝国主义者让步。②在党的领导下，南昌、长沙、武汉、广州、上海等地工人、学生和市民群众纷纷举行游行示威，发表反英宣言，声援国民政府对英谈判。1月13日下午，九江市民一万余人在大校场举行反英示威大会，会后并举行了盛大游行。南昌各界群众成立了"南昌市民反英大同盟援助汉浔惨案委员会"，举行反英示威，并通电全国，主张"根本废除中英间不平等条约，收回英租界，撤销英人在华领事裁判权，撤退英人驻华军警"。③

面对租界已经被中国政府接管的事实，面对中国人民强烈的反英浪潮以及国际无产阶级的强烈谴责，英国政府被迫将九江英租界归还给中国政府。1927年2月20日，中英双方签订了《九江英租界协定》。3月15日，九江英租界正式由中国政府收回管理。收回九江英租界是由九江工人罢工引起的，是在北伐战争取得重大胜利的形势下，在工农运动高涨的基础上，在全国人民乃至国际无产阶

---

① 《共产国际执行委员会通告》，汉口《民国日报》1927年2月10日。
② 中央档案馆编：《中共中央文件选集》第3册，中共中央党校出版社1989年版，第10—11页。
③ 《江西各界人民的反英运动》，汉口《民国日报》1927年1月21日。

级力量的支援下实现的，是在中国共产党领导与推动下江西工人运动取得的重大胜利，也是近代中国人民反帝斗争史上的空前壮举。

第二节　白色恐怖下江西工运的挫折与坚持

一、国民党叛变革命与江西工运局势的恶化

北伐战争在长江流域顺利进军，引起了帝国主义各国的恐慌。英、日等帝国主义国家眼看北洋军阀败局已定，纷纷改变策略，开始拉拢蒋介石，扶植代理人，维护自身在华利益。与此同时，北伐期间工农运动蓬勃高涨，特别是出现的一些"过激行为"，又使部分国民党新军阀坐立不安。蒋介石眼看北伐战争即将在东南各省取得胜利，推翻北洋军阀的统治、建立全国政权已为期不远，因而加紧向帝国主义国家靠拢，寻求支持，以巩固自己的势力，独享革命果实。1926年12月至1927年3月，亲美派政客王正廷，亲日派政客黄郛、张群等以借给蒋介石巨额贷款为诱饵，怂恿蒋反共。同时，国民党右派戴季陶奉蒋的密令到日本，以"国民政府代表"的身份同日本政府谈判；吴铁城也奉蒋命由南昌到日本，向日本外相币原作出"中国人永不反日"[①]的担保；币原认为蒋介石是国民党内的"稳健派"首领，决定同蒋介石合作。这样，蒋介石的反革命面目也日益暴露。

北伐军攻克南昌后，蒋介石决定将国民党中央党部和国民政府迁往武汉，得到了国民党中央的同意。然而，当蒋介石看到中央

---

① 述之：《目前革命右倾的危险》，《向导》周刊第190期，1927年3月6日，第227页。

大权将被国民党左派掌握，很快便改变原定迁都武汉的决定，决议中央党部和国民政府暂驻南昌，此即"迁都之争"。"迁都之争"是蒋介石在北伐战争取得重大胜利的形势下，力图以他所在南昌为中心，控制国民党中央权力、压制国民党左派和共产党人的重大行动，暴露了蒋的反共企图。2月底3月初，他便在南昌公开其反共态度，声言"要制裁左派""制裁共产党"。国民党江西省党部、省政府则密切配合，于是迅速在江西制造一系列流血惨案和反共事件，成为蒋介石发动四一二政变的前奏。①

1926年9月，蒋介石派段锡朋、郑异以中央特派员身份到江西考察党务，实则是为了夺取国民党江西省党部及下属组织的领导权。1927年1月，国民党江西省第三次代表大会在南昌召开，蒋介石玩弄"圈选"的政治手腕，使国民党江西省党部领导权被AB团分子所掌握，共产党员和国民党左派则被排斥在省党部之外。AB团还以国民党江西省党部的名义，派出一大批"特派员"分赴各地，篡夺各市、县党部和群众团体的领导权。他们与反动军阀、豪绅地主互相勾结，肆意破坏工农运动，残害工农运动领袖和积极分子，在江西制造了一连串镇压工人运动的惨案，使江西的政治形势急剧恶化。

虽然国民党江西省党部的权力被国民党右派所把持，但南昌市、九江市党部的权力却为国民党左派和共产党人所掌握。南昌市、九江市党部反对省党部压制民众运动的政策，拥护武汉国民党左派限制蒋介石权力的做法，进而与蒋介石和江西省党部产生矛盾。南昌是江西国民党右派的中心，省党部是右派的大本营。他们在南昌一方面用金钱收买流氓组织纠察队、暗杀队以及示威大会；

---

① 何友良：《江西通史·民国卷》，江西人民出版社2008年版，第123页。

一方面又利用政治力量几次封闭报馆，捣毁市党部，通缉革命民众首领。3月14日，国民党江西省党部下令解散南昌市党部，通缉市执、监委员。3月16日，省党部召集500多人开会，认为"实现中国国民党，必须打倒市党部"①，随即率领与会人员冲进南昌市党部，捣毁市党部、农民协会、工会和《贯彻日报》社等机关团体。

在夺取南昌市党部权力的同时，蒋介石又于3月16日从南昌到达九江，立即召见国民党九江县党部右派头目，策划夺取九江市党部权力的阴谋。3月17日，九江县党部右派头目王若渊、瞿非墨、胡巨人、高伯韩等人组织数百农民涌进城里，举行游行示威。一批地主豪绅、青洪帮和流氓地痞带着凶器，混在农民当中，包围市党部。经市党部常务委员严燕僧、九江团地委书记吴季冰等人出面解释，农民知道受骗，纷纷退出市党部。王若渊眼看阴谋将破产，于是率领流氓打手蜂拥冲进市党部大肆破坏，将礼堂的桌椅、门窗板壁砸烂，文件书籍全被焚毁，市党部被掠夺一空。工人纠察队员奋起抵抗，掩护市党部工作人员撤退。暴徒们还捣毁了九江市农协、市总工会、国民新闻社等机构，杀害市党部人员3人、农协和总工会职员各1人，打伤数人，捕捉职员六七十人，解送蒋介石总司令部，②酿成"三一七惨案"。惨案发生后，中共九江地委紧急调集工人纠察队进行反击。国民革命军第六军政治部也派出军队协助镇压反动分子，工人纠察队逮捕暴乱分子50多人。蒋介石见状立即派出卫队以"保护"为名，强占市党部和市总工会，派军警从工人

---

① 《南昌市代表报告》，中国第二历史档案馆编：《中华民国史档案资料汇编》第4辑（上），江苏古籍出版社1986年版，第407页。
② 《九江代表报告》，中国第二历史档案馆编：《中华民国史档案资料汇编》第4辑（上），江苏古籍出版社1986年版，第408页。

纠察队手中要去暴徒，护送出城，并在九江实行戒严，镇压群众反抗。

江西接连发生打压工农运动的事件，引起共产党员、国民党左派和进步群众的不满，他们纷纷向武汉国民党中央党部和国民政府控诉蒋介石和江西国民党右派的罪行，要求改选省党部和省政府。3月23日，武汉国民党中央电令江西省党部停止职权，听候查办。3月26日，武汉国民党中常会第三次扩大会议决定派刘一峰、李松风、邓鹤鸣、黄实、傅惠忠、方志敏、王枕心、李尚庸等8人为改组委员，负责改组江西省党部，成立正式的省党部。在省党部正式成立前，改组委员代行省党部职权。3月30日，国民党中央政治会议第七次会议决定改组江西省政府，免去李烈钧等人职务，任命朱培德为省政府主席。[①]

改组省政府和省党部的决定大大激励了共产党人、国民党左派和进步群众的革命热情，同时也加剧了他们和国民党右派的矛盾。4月1日，省政府免职改组的消息传到南昌，"真和一颗炸弹一般。革命的民众与反革命的右派决死的斗争，不是一天一天的而是一秒一秒的近了"[②]。4月2日，袁玉冰带领南昌民众一举占领了右派把持的省党部、省政府和省教育厅，解除了省党部纠察队的武装，捕获了AB团首领程天放、罗时实、曾华英、巫启圣、王冠英等人，段锡朋、周利生等逃脱，此即轰动一时的南昌"四二暴动"。"四二暴动"是江西民众在武汉国民党中央支持下有组织地反抗国民党右派的一次重大行动，沉重打击了江西国民党右派的嚣张气焰。4月

[①] 何友良著：《江西通史·民国卷》，第128页。
[②] 中共江西省委党史资料征集委员会编：《袁玉冰专集》（江西党史资料第30辑），中央文献出版社1994年版，第91页。

5日,刘一峰等人到达南昌。同日,朱培德也到达南昌就任省政府主席。

然而,就在江西革命形势有所好转的时候,4月12日,蒋介石在上海发动反革命政变,大肆屠杀共产党人和革命群众,随即又在南京另立国民党中央和国民政府,与武汉国民党中央和国民政府形成对峙。在此背景下,时属武汉革命阵营的国民革命军第三军军长兼江西省政府主席朱培德随即开始在江西"礼送"共产党员及国民党左派出境。5月30日,朱培德首先解散第三军政治部,派人将第三军政治部主任、共产党员朱克靖等全军政工人员共142人遣送至武汉,其中绝大多数都是共产党员。6月5日,南昌卫戍司令部先后查封了江西省总工会、省农民协会、南昌市党部和《贯彻日报》《民国日报》等机构,收缴工农武装,释放"四二暴动"时遭关押的国民党右派。朱培德下令将刘一峰、李松风、王枕心、朱德等22名共产党员和国民党左派人士遣送去武汉。当晚,朱培德张贴布告,限令江西共产党员从速离开赣境,"省内一切农工运动暂时自行停止"。[①]7月15日,汪精卫在武汉宣布"分共",国共合作彻底破裂,大革命失败。

二、赣州惨案

国民党反动派在加紧夺权的同时,对蓬勃发展的工人运动进行严厉打压,各地相继发生了捣毁工会,殴打、关押甚至杀害工会领导人的严重事件。1927年3月7日,永丰县国民党右派头目罗郁芳勾结豪绅宋居仁等,纠集流氓打手二三百人,捣毁了国民党左派

---

① 傅伯言主编:《中国国民党江西省地方组织志》,团结出版社2006年版,第274页。

掌握的县党部及县总工会、农协，殴打并关押工农运动领导人袁振亚、张国俊等30余人。3月19日，抚州的反革命分子纠集暴徒，捣毁临川县党部、县总工会和农民协会。4月，莲花右派头目李成荫纠集反动武装袭击县总工会、农民协会和县党部，占领县城。同月，乐平县国民党右派蔡嘉厚等唆使大批农民进城，打砸理发店、缝纫店和县总工会，捣毁鸣山煤矿工会，制造流血事件。此外，在永修、丰城、万年、贵溪以及其他一些县区，都有工运力量遭受摧残、革命分子受到迫害的事件发生。这其中，赣州总工会委员长陈赞贤被害引起全国震动，暴露了蒋介石镇压工农运动的野心。

陈赞贤

陈赞贤是江西著名的革命领袖。大革命时期，赣州的工人运动在陈赞贤、萧韶、钟友钎等的领导下迅速开展起来，成效显著，"各业工人，都纷纷组织工会，前后成立的有二十九个工会""全体人数在一万人左右"。[①] 各工会共有纠察队员200余人。在此基础上，1926年11月，赣州召开了第一次工人代表大会，由各工会代表选举成立了赣州总工会，陈赞贤任委员长，萧韶、钟友钎分任副委员长。赣州工人运动声势浩大，引起各方关注，也招致了国民党右派的不满。赣州的国民党右派势力相继致电蒋介石，指责工人"罢工

[①] 朱由铿：《赣南工人运动概况》（1927年1月6日），中共江西省委党史资料征集委员会、中共江西省委党史研究室编：《党的创立和第一次国内革命战争时期江西工人运动》（江西党史资料第16辑），1991年内部出版，第211—212页。

捣乱,扰乱秩序,破坏党务,殴辱党员",要求严惩陈赞贤等工会领导人。在得到蒋介石的支持后,以驻赣州的新编第一师党代表倪弼为首的国民党右派,决定以武力镇压工人运动。1927年1月26日,倪弼率兵包围和搜查赣州总工会,妄图逮捕总工会领导人陈赞贤、萧韶等人未果,仅逮捕了总工会文书陈存善、收发赖质文等人,并发出逮捕陈赞贤、萧韶、钟友钎的通缉令。当晚,倪弼还在赣州实行戒严,总工会与外地的联系中断。中共赣州地委当即召开紧急会议,决定陈赞贤率赣州工人代表团前往南昌参加全省第一次工人代表大会,暂避风头。在全省第一次工人代表大会上,陈赞贤当选为江西省总工会副委员长。这时,在新编第一师指使下,赣州又发生杀伤工人十余人的流血事件。陈赞贤放心不下赣州的工人运动,在会议尚未结束时就不顾个人安危回到赣州。3月1日,赣州市总工会召开欢迎大会,陈赞贤在会上慷慨陈词,表示要坚决与反动派作斗争,为工人阶级谋利益。在倪弼的指使下,3月6日晚,新一师反动军官胡启儒以开会为名,将陈赞贤骗到县署。胡启儒、郭巩等人限令陈赞贤立即签字解散赣州总工会。陈赞贤严词斥责道:"我从事工农革命运动,根本没有犯罪,你们欺压民众,破坏革命,才是犯了滔天大罪","头可断,血可流,解散工会的字我不签!"胡启儒、沈洪标等人当即向陈赞贤开枪射击。陈赞贤身中18枪,壮烈牺牲,史称"赣州惨案"。赣州惨案是蒋介石发动四一二反革命政变的先声,陈赞贤是牺牲在蒋介石血腥屠刀下的第一个共产党员、工人领袖。[①]

陈赞贤牺牲后,赣州总工会领导全市工人实行总同盟罢工3天,

[①] 江西省总工会编:《江西工人运动史》,江西人民出版社1995年版,第117页。

以示哀悼和抗议。赣州工人组织了数百人的"请愿代表团",分赴省会南昌和国民政府所在地武汉请愿,要求惩办凶手、改编新一师、恢复工会组织、抚恤烈士家属,等等,得到全国工农群众的广泛支持和声援。3月7日,陈赞贤牺牲的消息即传到南昌,南昌各民众团体立即组织了以方志敏为首的江西各界请愿代表团赴武汉请愿,要求国民政府严厉惩办凶手。江西省总工会立即成立"陈赞贤惨案委员会",号召全省人民共同与反动派做斗争。3月18日,南昌数万工人、农民和学生等为陈赞贤烈士举行追悼大会,会后进行游行示威,谴责国民党反动派镇压工农运动的罪行。3月14日,中华全国总工会通电全国"反对赣州驻军枪杀工人领袖"。通电指出,赣州驻军枪杀陈赞贤"实为国民革命前途莫大危险"①,号召全国同胞一致奋起力争,以救革命危机。全总并致电蒋介石,要求严行查办该案,以释群疑。武汉举行了40万人参加的追悼陈赞贤烈士大会。湖北省总工会分别致电国民党中央和蒋介石,要求"严行究办,以符工农政策"②。3月26日下午,在武汉主持中央农民运动讲习所的毛泽东出席农讲所召开的追悼阳新、赣州死难烈士大会。毛泽东在会上严厉抨击蒋介石的反革命罪行,号召大家共同"向那些反动分子势力进攻,务期达到真正的目的"③。正在武汉领导工人运动的刘少奇号召大家一致起来奋斗,"督促政府及党部肃清一切反动派,并竭力援助江西的革命民众,务必达到国民革命之完全成

---

① 刘明逵,唐玉良主编:《中国近代工人阶级和工人运动》第6册,中共中央党校出版社2002年版,第614页。
② 《湖北省总工会对于赣州工人领袖被杀之激愤》,汉口《民国日报》1927年3月15日。
③ 中共中央文献研究室编:《毛泽东年谱(1893—1949)》(修订本)上卷,中央文献出版社2013年版,第187页。

功"①。北伐军总政治部副主任郭沫若命令新一师师长张与仁："关于惨杀陈赞贤同志的案件，倪弼应负完全责任，听候查明核办。"②郭沫若还撰写《请看今日之蒋介石》一文，指称"蒋介石就是背叛国家、背叛民众、背叛革命的罪魁祸首"，号召大家"打倒他，消灭他，宣布他的死罪"。③在各种压力下，3月16日，国民党二届三中全会决议"由全体会议致电南昌蒋中正同志速将倪弼解往中央查办"④。

3月19日，国民党中央常委扩大会决议停止江西省党部的职权，由国民政府电令江西省政府立即取消对南昌市党部执行委员会之通缉令，释放拘禁人员；训令九江驻军保护市党部、民众团体，严拿凶手与反革命暴徒。3月23日，武汉国民党中央停止江西省党部职权，委派方志敏、邓鹤鸣等人为中央特派员，代行国民党江西省党部职权。面对全国的一片讨伐浪潮，以及共产党员和国民党左派在江西重新掌权的新情况，蒋介石只得答应赣州工人提出的请愿条件，并假惺惺将倪弼"免职查办"，背后却又故意玩弄手段让倪弼等人逃脱惩罚。赣州惨案的发生及处置暴露了蒋介石镇压革命的野心，给江西工人运动蒙上了一层阴影。

---

① 《中国工会运动史料全书》总编辑委员会编：《中国工会运动史料全书·江西卷》，中华书局2000年版，第113页。
② 中国中共党史人物研究会编：《中共党史人物传：精选本3·英烈与模范卷》（上），中共党史出版社2010年版，第473页。
③ 《郭沫若选集》（第2卷），四川人民出版社1982年版，第24页。
④ 《国民党中央执委全体会议决议》（1927年3月16日），中共江西省委党史资料征集委员会、中共江西省委党史研究室编：《党的创立和第一次国内革命战争时期江西工人运动》（江西党史资料第16辑），1991年内部出版，第222页。

三、白色恐怖下江西工运的顿挫

四一二反革命政变后，以汪精卫为首的武汉国民政府也逐渐走上公开反共的道路，朱培德态度日益右倾，开始在江西清除共产党人和进步人士，全省政治气氛日益紧张，形势日益严峻，各地镇压工农运动的事件不断发生。倪弼杀害陈赞贤后，自知后果严重，次日即逃离赣州，后跑到上海向蒋介石请求庇护。在蒋介石帮助下，倪弼等人潜入广东军阀钱大钧部。广东实行"清党"以后，钱大钧奉蒋介石之命，带领国民党军第二十师由广东进入赣州"清党"，并派一连人护送倪弼等人回到赣州，成立"赣南特别清党委员会"，倪弼任主任委员。倪弼到赣州后，再次充当屠杀共产党人和工农群众的刽子手，查封了赣州总工会，收缴了工人纠察队的武装。赣州各县的工会组织也遭到破坏，一大批工会骨干被开除和逮捕。反动资本家和地主豪绅趁机撕毁原来签订的劳资集体合同。1927年5月18日，赣州理发工会主席邵道源惨遭杀害。赣州城里一片白色恐怖，赣南工人运动又一次受到挫折。中共赣州地委对赣州的共产党员分别进行隐蔽和撤退，工人中的共产党员一部分留在城内坚持地下斗争，一部分转移到乡村坚持斗争。同一天，泰和县国民党右派勾结驻军，逮捕了领导工农运动的共产党员翁德阶、康纯等人。与此同时，南丰的反动分子也到处进行反革命宣传，解散了左派掌握的国民党南丰县党部和县总工会，县总工会负责人、共产党员熊开文被迫回到家乡躲避，李光贤被迫离开南丰。6月4日，国民党右派分子纠集土豪劣绅和武装暴徒袭击了铜鼓县党部和县总工会，逮捕共产党员和革命群众，制造反革命事变，全县各地豪绅地主趁机向工农群众反攻。

6月5日，朱培德宣布南昌全城戒严，出动大批军警查封工会、农会、学生会、报社，下令停止工农运动，组织"保管维持委员会"，取代省总工会的工作，释放在南昌"四二暴动"中被拘捕的AB团分子。此后各地对工人运动的镇压更加严厉，暴力流血事件不断发生。6月5日至6日，湖南国民党军队李仲任部到萍乡、安源"清乡"，捣毁县党部、工会、农会等革命团体，中共安源地委书记刘昌炎、委员周怀德，以及萍乡县县长罗运磷等40余人被杀害。国民党右派还策动地主武装围攻安源。中共安源地委任命程昌仁为总指挥，动员和组织工人奋起自卫，激战半个多月，最终击退了敌人的围攻。6月10日，永新县反动分子李乙燃、刘枚皋等带领反动武装80余人，袭击工人纠察队和农民自卫军，缴枪80余支，占领县城，将领导工农运动的共产党员贺敏学等80余人关进监狱。6月12日，景德镇国民党右派勾结地主豪绅，煽动群众械斗，焚毁房屋百余栋，打死打伤近百人，并嫁祸共产党，借口"工农运动过火"，强行收缴工人纠察队的武器。6月13日，新干县国民党右派头目刘作舟等在县城发动反革命政变，杀害了县总工会副委员长黄少山等人。与此同时，朱培德派杨池生、杨如轩军队进入清江（今樟树），查封并捣毁工会、农会等群众团体，开始"清党"。清江县工会、农会等被迫解散，余家永、黄义奇等被杀害。7月初，莲花右派头目李成荫勾结罗定匪军突袭县城，杀害了县总工会执行委员、共产党员朱绳武。同月，国民党反动军官肖作尧率军队进驻奉新，解散奉新工会、农会等革命团体，工会主任、共产党员余激前往九江市躲避，不久因遭叛徒出卖被杀害。宁汉合流后，乐平县长李正芳大肆逮捕共产党员和工会干部，乐平工人运动随之转入低潮。

1927年6月19至28日，吉安总工会委员长梁一清出席全国第四次劳动大会。回吉安后不久，他便主持召开吉安各界讨蒋大会，到会的工农群众和学生达2万多人。但大会开始不久，驻吉安的国民新编第二师右派军队冲入会场，大会被迫中断。为了反击敌人，根据党组织的决定，梁一清随后带领工人纠察队，配合第二师中的左派军队冲入敌营部，逮捕了一批右派官兵，解除他们的武装。7月，吉安县总工会根据党组织的部署，派出工人纠察队配合遂川、万安农民武装，与遂川反动武装展开激战，救出了关在遂川监狱的30余名干部和近百名工农群众。8月初，朱培德急令第三军第八师师长朱世贵进驻吉安镇压工人运动，朱世贵在吉安以召开"治安联防会议"为名，诱捕了梁一清等人，查封工会等团体，并派出"清党军"，在吉安地区各县"厉行清党"，大肆搜捕共产党员和革命群众。8月12日，吉安总工会委员长梁一清和商民协会会长晏燃（店员工人）、人民自卫队队长钟翔卿等人在吉安中山场被杀害。当国民党军警把梁一清押赴刑场时，梁一清昂首挺胸大声怒斥敌人道："革命人民是杀不完的！革命烈火是扑不灭的！"南昌起义部队撤离南昌后，南昌工人运动遭到更加严厉的镇压。8月7日，朱培德在南昌成立"惩共委员会"及检查组30余人，开始大规模搜捕共产党员和工运干部。8月6日后，九江市"党部主席，总工会执行委员长，其他各地劳动组织主脑者70余名，悉被捕"[①]。8月9日，九江总工会委员长彭江等26名党员干部和革命群众被反动派集体枪杀。8月下旬，景德镇工会、农会等革命团体被查封，浮梁县长周钦贤出动大批反动武装，由叛徒范一峰、范一夏带路，逮捕了姚甘霖、王俊、吕林松、陈斌、许崇勋、吴仁浩、余卓如、刘阮等8名共产党员，余金德、余立权、何燮等共产党员被迫避往他乡，邵世平潜回弋阳。

---

① 《张发奎在浔大捕共党》，北京《世界日报》1927年8月11日。

从赣州"三六惨案"到九江"三一七惨案",从上海四一二反革命政变到武汉七一五反革命政变,一大批共产党人、工运干部和革命群众惨遭杀害。据不完全统计,从 1927 年 3 月到 1928 年上半年,被杀害的共产党员和革命群众达 31 万多人,其中共产党员 2.6 万多人。[1] 在不到一年的时间里,党员数量由大革命高潮时期的近 6 万人锐减到 1 万多人。党领导下的工会会员由大革命高潮时的 280 余万人减少到几万人。大革命失败后的一年中,党虽然发动和领导了有 34 万工人参加的 47 次罢工斗争,但只有少数几次取得了胜利,绝大多数归于失败。[2] 江西的共产党组织遭到严重破坏,全省共产党员的人数由 1927 年 7 月的 5100 余人,锐减到 1927 年八九月的 1000 人左右,损失达 80%。与此同时,江西国民党新军阀对工会、农会组织和工农运动进行了疯狂的摧残和镇压,全省各地工会多次遭到国民党新军阀的查封,许多工会领导人和革命群众惨遭杀害。拥有 20 多万会员的江西省总工会和 63 个县总工会全部被封闭,盛极一时的工人运动再次跌入低潮。

国民党反动派的屠杀政策,并没有使共产党人屈服。中共德安县委书记杨超临刑前高声朗诵了就义诗:"满天风雪满天愁,革命何须怕断头?留得子胥豪气在,三年归报楚王仇。"[3] 永丰县总工会秘书、共产党员帅开甲,在南昌就义时也留下了感人至深的诗篇:"民多菜色仕多讧,敢把头颅试剑锋。记取豫章城下血,他年化作

---

[1] 中共中央党史研究室著:《中国共产党历史》第一卷(1921—1949)上册,中共党史出版社 2011 年版,第 232 页。

[2] 中共中央党史研究室著:《中国共产党历史》第一卷(1921—1949)上册,中共党史出版社 2011 年版,第 233 页。

[3] 萧三编:《革命烈士诗抄》,中国青年出版社 1959 年版,第 10 页。

杜鹃红。"[①]江西共产党人坚定的革命信念和视死如归的革命精神，是复兴革命的强大支柱。在大革命失败后最黑暗的岁月里，英勇的江西工人阶级并没有被杀绝、被征服、被吓倒，他们在中国共产党的领导下，又继续投入到武装反抗国民党的反动统治中来。

四、江西工人斗争的坚持

党的领导是工人运动能够发展前进的关键，党对工运的领导一方面是通过在工会组织中设立党团组织，起领导作用；更重要的，是在党的机关中设立专门机构来领导工人运动。大革命失败后，在严重的白色恐怖下，白区江西省委多次被破坏，省委主要领导成员因之频繁变动，工人运动的领导机构时设时撤，不太稳定，从而对工运造成较大负面影响。中共江西省第一次党代会后，1927年9月，刘士奇任省委委员兼任工委主任。同月，刘士奇调中共鄱阳县委书记，工委主任空缺。为加强工农运动，1927年10月，中共中央长江局要求江西省委委员和候补委员中，分别增加两个工农委员。11月，省委机构做了调整，增加南昌市郊区农民王凤飞、南昌市电话局工人彭义先2人为工农委员，从而满足了中央和长江局关于提拔工农分子为省委委员的要求。1927年11月，中央决定加强组织工作，强调大力提拔工农分子进入各级党的领导机构，"将工农分子的新干部替换非无产阶级的知识分子之干部"[②]，1927年12月，中央发出第17号通告，决定加强工委的领导力量，要求"工委必须组

[①] 总政治部宣传部编：《革命先辈战斗诗词选辑》，解放军出版社2013年版，第35页。
[②] 《最近组织问题的重要任务议决案》(1927年11月14日)，中央档案馆编：《中共中央文件选集》第3册，中共中央党校出版社1989年版，第471页。

织，工委主任必须为常务委员之一"[①]。为此，江西省委于同年12月进行改组，王凤飞、彭义先被选为省委常委，彭义先担任省委职工运动委员会书记。1928年6月，中共江西省委遭破坏，王经燕等一批党、团干部被捕牺牲。同月，彭义先在乐平煤矿指导工人斗争时也被捕牺牲，工委书记一职由省委一常委兼任，姓名不详。1928年12月，中共江西省委第二次代表大会秘密召开，选举产生中共江西省第二届执行委员会，南昌铅印工人胡子寿担任职工运动委员会书记。1929年11月，中共江西省委再次遭到破坏，省委书记沈建华、工委书记胡子寿等300余名共产党员、共青团员和革命群众遭到杀害。此后，省委机关一度停止工作。1930年3月，中共江西省委在九江重建，张国庶任省委书记，省委组织部长叶守信兼任工委书记。然而，省委重建后仅两个月，又再次遭破坏，省委书记张国庶、工委书记叶守信等40余人被杀。此后，江西省委在白区未再重建，白区工运的领导机构也未恢复。

大革命失败后，由于反动派的疯狂进攻，各地党团组织屡遭破坏，以致不少地方组织几近解体，工作陷于停顿。江西的工会组织遭到国民党的严重摧残，工人运动跌入低潮，部分工人对于革命前途产生怀疑和恐惧。据江西省委报告："一般工人群众，也在革命失败反映之下，害怕白色恐怖和失业，而不愿意问事，当然不是个个如是，但的确有此种现象。"[②] 国民党为压制工人运动，重新对工会会员进行登记。南昌、九江、吉安、南浔路的工人80%~90%都

[①] 《中央通告第17号——关于党的组织工作》（1927年12月1日），中央档案馆编：《中共中央文件选集》第3册，中共中央党校出版社1989年版，第536页。
[②] 《中共江西省委给中央的报告（第三号）》（1929年6月10日），中央档案馆、江西省档案馆编：《江西革命历史文件汇集（1929年）》（一），中共江西省委办公厅印刷厂1987年印，第249页。

进行了会员登记手续，这些工人有些是在改组派领导之下，有些是在 AB 团和大同盟逼迫之下的进行登记的，国民党的御用工会和黄色工会对他们有较大的影响，而共产党方面对工人几乎没什么影响，工人运动近乎沉寂。在南昌，因为省委机关被破坏，直到 1928 年下半年，"可以说是没有城市工作"，市总工会仅剩下三个同志包办一切工作，而这三人也就是区委的常委。工会名义上还有十几个工人同志，但因为大家都很害怕，也不敢轻举妄动。在工人中，只成立了一个铅印支部，泥木工人中虽然找到一个工人，但他也不敢与党组织发生关系。这种现象的持续发展，不但对江西革命前途有极大的危险，而且对省委正在进行的全省总暴动计划也是极大阻碍。最明显的例子就是万安暴动中，暴动队伍三次进攻万安县城均未成功，缺乏工人充分有效的配合是重要原因。1928 年 2 月，江西省委指出："江西最近数月来，各种群众斗争与暴动完全是农民的，很少工人斗争的表现。"[①]

1927 年 12 月 13 日，中共中央临时政治局常委会通过《江西工作计划》指出："江西的党此后应当极力注意城市工人运动，单纯的农民斗争，即会胜利，也不能成功一个真正的工农苏维埃政权"，要求江西省委在南浔铁路、九江、景德镇、乐平、南昌、吉安、赣州等城市积极开展"增加工资，减少工作时间，恢复'八一'以前的待遇"的斗争，"建立工农苏维埃政府"。[②]为贯彻中央的指示精神，

---

① 《江西全省总暴动的准备工作计划》（1928 年 2 月 9 日），中共江西省委党史资料征集委员会、中共江西省委党史研究室编：《赣南农民武装暴动》（江西党史资料第 4 辑），1987 年内部出版，第 123 页。
② 《江西工作计划》（1927 年 12 月 13 日），中共中央文献研究室、中央档案馆编：《建党以来重要文献选编（1921—1949）》第 4 册，中央文献出版社 2011 版，第 771 页。

配合全省总暴动的进行，江西省委决定普遍发展城市的工人运动，加紧对工人的政治宣传，反对国民党、反对军阀战争、反对国民党改组工会；发动工人的经济斗争，如增加工资、改良待遇，实行八小时工作制度等等；建立健全工会组织和工人武装；发展并健全党的工人支部，推动工人斗争由经济斗争向武装暴动的转变。1928年12月召开的中共江西省第二次代表大会决定"今后党应当将职工运动作为党的第一主要任务，努力建立赤色工会"。[①]

江西省委着力在工人中恢复和发展党员，建立党组织关系，但效果有限。1928年，九江临时县委成立后，相继恢复了瓷业支部、九浔支部等。南浔路的工人组织中，在九江车站联系到三四个同志，涂家埠车站有8个同志。到1929年夏，在南昌、九江和南浔路的工人中，也只有两个工人组织能受党的影响，一个是织袜支部，一个是南昌印刷工人中的铅印支部。另外，在南昌公安局中，有大司务、黄色车夫以及茶房三名同志，但没有成立支部。三个街道支部中，大半是知识分子，一半在国民党机关中任职员，另一半是失业者。此外，还有一个混合支部，有两名瓷业专画工人，一个铅印工人，能按期开会，并开展一定的工作。南昌站铁路支部有同志三个人，一个机务，一个警务，一个车务，不能按期开会。

江西党组织在领导全省暴动的同时，积极贯彻中央的工运政策，领导九江、南昌、吉安、赣州、景德镇等白区工人斗争，这其中，以乐平和景德镇最为突出。乐平的工人斗争在1928年4、5月间有了一个很大的发展。鸣山矿有党员30多人，在工人中形成了坚强的领导核心，可以影响全部的工人，矿工完全在党的领导之

[①] 中共江西省委党史研究室著：《中国共产党江西历史》第一卷（1921—1949），中共党史出版社2021年版，第170页。

下。由于矿工们的工作条件危险，且随时都有被开除的可能，生活艰苦，缺乏保障，因此矿工们斗争都很坚决，也很勇敢，迫切要求组织工会。1928年4月中旬，乐平党组织在群众中扩大宣传，贴出大量标语口号，组织全矿数千名工人进行了一次较大规模的武装游行示威。工农群众尤其是鸣山矿工兴高采烈，沿途高呼口号，并向不识字的群众解释其意义，进行革命宣传。煤矿附近的农民受到革命形势的影响，纷纷要求进攻县城，并同警察发生数次冲突。资本家十分恐慌，于是请来军队，将领导示威的负责人逮捕。矿工们激于义愤，相继停工，并蜂拥到警察局声称要缴枪，迫使警察局释放三名被捕工人。煤矿公司暗地威胁工人不许罢工，并请来靖卫团和反动军队，压制工人斗争，同时授命流氓工贼破坏工会组织和党的组织，并开除十几名工人中的积极分子。经此波折，工人组织遭受严重打击，导致工人中的党员都不能立足，乐平县委书记侥幸逃脱。1928年底，在党组织的领导下，乐平矿工又两次发动斗争，要求发清欠饷，反对取消年关奖金，最终都取得完全的胜利。在斗争中，矿工们还组织了工厂委员会，推出8个代表常驻办公，维护工人权利。党在煤矿垄土工人中建立一个支部，有9名党员，在工人中进行赤色工会的工作，影响很大；另有一名党员打入兄弟会，"竟拜结了一百几十个兄弟，他随时可以号召五百群众"。省委派人到乐平巡视后，"支部更能在群众中起作用，差不多每天都有零碎的斗争，都能取得胜利"。[①]

景德镇是瓷业重镇，有瓷工约10万人，加上其他工人，总计

[①]《中共江西省委关于江西工人运动的一般状况给中央的报告》（1929年6月14日），中央档案馆、江西省档案馆编：《江西革命历史文件汇集（1929年）》（一），中共江西省委办公厅印刷厂1987年印，第264页。

约17万人。[①]他们每天工作12小时以上，生活最为困苦，革命情绪高涨。1928年5月起，各业工人4000余人相继举行7次罢工。广大工人迫切希望共产党去领导他们斗争，于是江西省委从鄱阳调集一批干部去加强对景德镇工人斗争的领导。9月，景德镇爆发了各业工人大罢工，反抗资本家的压迫，打击帮会反动势力，要求提高工人待遇。共有数万工人参加罢工，斗争持续40天，最后获得胜利。经过深入不断的工作，共产党在景德镇工人中建立了坚强的组织，工人受党的影响比较大，"工整会"[②]的登记因遭工人拒绝而未能成功。

为了推动革命形势的发展，1929年春，江西省委积极调整工运策略，努力恢复大革命失败后陷入低潮的工人运动。在领导工人斗争方面，提出以争取胜利为前提发动工人日常生活的经济斗争，抓住各厂、各业工人日常生活中迫切的经济要求，深入到群众中去宣传和煽动，以消灭工人群众的恐怖心理，日益提高其斗争情绪，并使经济斗争和政治斗争联系，增强工人的政治意识。加强对工人自发斗争的领导，指导他们争取斗争胜利的正确策略，纠正工人斗争中的不正确行动与观念，从而扩大党的影响，提高党在无组织群众中的领导力。在工人组织方面，努力建立工人群众的赤色工会，由工人自己开代表大会或群众大会，选举自己的指导机关。工会指导机关不由党组织委派，而是由党组织通过党团指导。注重选用积极

---

① 《中共江西省委关于江西工人运动的一般状况给中央的报告》（1929年6月14日），中央档案馆、江西省档案馆编：《江西革命历史文件汇集（1929年）》（一），中共江西省委办公厅印刷厂1987年印，第262页。
② "工整会"，即"工会整理委员会"，是国民党当局为了清除工会中的共产党员和进步分子，推行反动工运路线，控制与镇压工人运动，强化国民党统治而设立的反动工团组织。

的非党群众做工会干部，以体现无产阶级的民主集中制，增强赤色工会的战斗力。此外，还积极创建合法或半合法的工人团体，如互助会、体育会、互助团等等，组织工厂作坊委员会，以团结更多的工人群众共同斗争。加强工人武装建设，组建工人纠察队，作为武装暴动和自卫的准备力量。加强对职工运动的宣传，积极创办工会机关报和工厂壁报，代表工人发声，驳斥改良主义的欺骗宣传。江西省委对于工运策略的调整，是认真贯彻落实党的六大决议精神的结果，其中的许多做法无疑是正确的，对于推动工运的复兴具有积极意义。

在省委的领导下，南昌、景德镇等地的工人运动逐渐恢复发展。1929年3月，南昌电灯厂工人开展反对资本家减薪的斗争，迫使资方恢复了原来的工资。4月，中共南昌区委在利群印刷所组织铅印工人俱乐部，领导工人进行多次斗争，要求释放被国民党当局逮捕的印刷工友，安排失业工人就业。经过近一个月的斗争，资本家被迫接受工人提出的部分条件。5月，南昌针织工人4000余人在共产党员谢子林等的领导下举行罢工，要求增加工资三成，改良工人待遇。经过与资本家十余次谈判，资方答应提高工资一成。9月，南昌针织工人与资方签订劳资协议15条，厂主提高了工人工资，并承认南昌针织业工会有代表全体工友的权利。群众自发斗争也比较多，如南昌码头工人为反对机房雇佣新工人而发动经济斗争，锯木工人也为增加工资、反对包工而发动斗争。

在景德镇，1929年5月18日，中共浮梁县委发动景德镇1000余名工人举行罢工，抗议县公安局军警查禁工人集会，并发表宣言和通电。当月，景德镇瓷业工人相继举行2次罢工，参加者共2000余人。1929年6月24日，中共浮梁县委再次发动景德镇工人罢工，经过5天的斗争，迫使资方答应了工人提出的条件。到1929年6月，党在几个主要的部门中，都已经以"工人联合会"的名义组织有赤色工会的组织，"共计约达 300 人，有同志约 140 人，发展很快"[①]。这 140 人中，有半数能在群众中活动，有 8 人是工人领袖。赤色工会的领袖是由工人群众自己选举出来的，共产党只是由支部起党团作用来影响群众，但是党在群众中有较强的影响力。工人中间经常说的话就是："共产党来了，我们分头去找，你找着了，你介绍我；我找着了，我介绍你。"[②] 于此可见共产党在工人群众中的影响力较大，对于工人斗争的领导也较有力。

在赣西南，1929 年春，在吉安与赣州之间的赣江交通要道泰和，3000 多名木排工人发动罢工，提出增加工资、改善伙食等要求，罢工工人与警察发生冲突。1929 年 9 月，大庾（今大余）西华山、荡坪、漂塘等矿山工人一万余人，为反抗资本家限额承包钨矿举行大罢工，西华山 3000 余名矿工游行示威至大庾县城，冲击国民党大庾县政府和广其安收矿公司，迫使其宣布取消承包，准许自由买卖钨砂。

随着革命形势的恢复和工人斗争的开展，工人中党的组织建设取得初步成效。到 1929 年 6 月，在江西的中心区域中，景德镇建立有 9 个支部，党员 140 人，工人居多，支部在工人中能较好地发挥领导作用。乐平有党员 20 人，4 个支部，煤矿区工人仅有 2 个支部，党组对工人的领导力稍弱。吉安有 8 个支部，党员 80 多

---

① 《中共江西省委关于江西工人运动的一般状况给中央的报告》（1929 年 6 月 14 日），中央档案馆、江西省档案馆编：《江西革命历史文件汇集（1929 年）》（一），中共江西省委办公厅印刷厂 1987 年印，第 262 页。
② 《中共江西省委关于江西工人运动的一般状况给中央的报告》（1929 年 6 月 14 日），中央档案馆、江西省档案馆编：《江西革命历史文件汇集（1929 年）》（一），中共江西省委办公厅印刷厂 1987 年印，第 263 页。

人，工人较多，码头、米业和染布等主要行业中均建立有工人支部，并且能起到相当的领导作用。九江有4个支部，有党员20余人，其中工人党员10余人，但没有建立工人支部。南昌市有支部5个，其中工人支部3个；有党员40人，其中工人党员15人，但在主要产业和主要工人中尚未有党的活动。总体上，此时全省党员人数约9000人，其中"工人5%，佃农20%，雇农及农村手工业者20%，半自耕农45%，自耕农10%""全省支部总数约五百个，工人支部（包括产业工人支部和城市手工业支部）约三十个，农村支部约三百七十个，知识分子及商人店员及其他自由职业者的混合支部约五十个，兵士及团丁支部约五十个"。[①] 从以上的统计来看，在全省党员中，产业工人仅占5%，即便加上雇农及农村手工业者在内，工人也仅占全省党员人数的25%，工人党员数和工人支部数相对较少，但与大革命失败初期相比，已有一定的恢复。

省委虽然对工运策略作出调整，并加强了对工运的领导，但由于严重的白色恐怖，各地工运发展很不平衡，直到1929年夏，党在许多地方的白色工会和黄色工会中"还未开始做夺取群众的工作，没有工会小组运动"[②]。由于党在工人中的组织领导力较弱，工会组织比较涣散，这样不但无法有效领导全省工人斗争，甚至连工

[①]《中共江西省委五月份组织工作报告》（1929年6月），中央档案馆、江西省档案馆编：《江西革命历史文件汇集（1929年）》（一），中共江西省委办公厅印刷厂1987年印，第288页。
[②]《中共江西省委给中央的报告（第三号）》（1929年6月10日），中央档案馆、江西省档案馆编：《江西革命历史文件汇集（1929年）》（一），中共江西省委办公厅印刷厂1987年印，第252页。

人中的自发斗争省委"亦无法知道"[①]。总体上看,这时期工人运动的成效有限。

第三节 工农联合斗争道路的探索

一、南昌起义中参战支前

大革命的失败说明,中国的工人阶级不可能像西方资产阶级共和国的工人阶级那样,可以通过合法的斗争来争取和维护自身权利,中国不具备这样的制度环境。要实现救国救民的理想,只有暴力革命一条道路。此后,中国共产党采取武装反抗国民党反动派的政策,相继发动了一系列以攻打南昌、长沙、广州等中心城市为目标的武装起义。经受了大革命洗礼的广大工人阶级,以其特有的组织性、革命性和战斗力,积极投身到各地武装斗争之中,在其中发挥了骨干作用,做出了巨大的牺牲和贡献。在此过程中,工人运动逐渐同农民运动和武装斗争相结合,开启了工农联合武装暴动的新革命模式。

1927年7月12日,根据共产国际的指示,中共中央进行改组,由张国焘、李维汉、周恩来、李立三、张太雷组成中央临时常务委员会。7月中旬,中共临时中央派李立三、邓中夏、谭平山、恽代英等赴九江,准备组织中国共产党掌握和影响的国民革命军中的一部分力量,联合张发奎的第二方面军重回广东,以建立新的根据

---

① 《中共江西省委关于江西工人运动的一般状况给中央的报告》(1929年6月14日),中央档案馆、江西省档案馆编:《江西革命历史文件汇集(1929年)》(一),中共江西省委办公厅印刷厂1987年印,第262页。

地，实行土地革命。后因发现张发奎已经倒向汪精卫一边，李立三等人随即向中央提出抛弃依赖张发奎计划，在南昌发动起义。这一提议得到中央的同意。根据中央的决定，7月27日，周恩来到达南昌，组织成立前敌委员会作为起义的领导机关，周恩来任书记。8月1日凌晨，在前委的领导下，贺龙、叶挺、朱德、刘伯承等率领2万余人在南昌发动起义。经过激烈战斗，全歼守敌6000余人，占领南昌城。

南昌城头一声枪响，拉开了中国共产党武装反抗国民党反动派的大幕。南昌起义标志着中国共产党独立领导革命战争、创建人民军队和武装夺取政权的开端。[1]中国革命自此进入土地革命战争时期，革命的性质和任务发生了根本性变化，党领导下的工人运动也由以罢工为主的经济斗争，向以暴动为主的政治斗争转变。在南昌起义准备和发动的过程中，广大工人阶级在党的领导下，积极支援起义军，为争取战斗的胜利做出了重要贡献。起义前夕，全国总工会委员长苏兆征到九江工人中，秘密为起义进行准备工作。7月下旬，党中央命令贺龙的第二十军和叶挺的第二十四师迅速从九江开往南昌，准备发动起义。这引起了国民党反动派的惊慌，他们在阴谋解除贺、叶兵权未得逞后，破坏了通往南昌的山下渡大桥（即涂家埠大桥），企图阻挡贺、叶部队过河。7月26日晚，当起义部队行至山下渡大桥时，无法通行，情况十分紧急。当时，经省民政厅厅长陈资始（共产党员）介绍，南昌工人纠察队队长赵相禄（共产党员），正在涂家埠担任涂家埠公安局局长。一个北伐军副官找到赵相禄说："我们是叶挺、贺龙的部队，有紧急任务要开到南昌去，

---

[1] 《中共中央关于党的百年奋斗重大成就和历史经验的决议》，《人民日报》2021年11月17日。

请你们在今晚设法将桥修好，以便部队通过去。"赵相禄立即召集了100多名铁路工人，告诉他们说：叶挺、贺龙的部队要开往南昌去，需赶紧将桥修好。工人们听说是"铁军"要过河，大家都很高兴，争先恐后地要去修桥。由铁路工人、锯木工人和其他各业工人组成的修桥队伍，克服木材、石料、道钉、工具等缺少的困难，不顾疲劳和饥饿，从晚上9点一直奋战到第二天早上7点左右，终于将桥面修好了，确保了贺龙和叶挺的部队顺利过桥开往南昌。当驮着大炮的马队和部队通过桥面时，工人们兴奋地高呼"欢迎铁军！""打倒蒋介石！"[①]

当起义部队到达牛行车站时，车站搬运工积极帮助搬卸枪支弹药和军用物资。省、市总工会等革命团体组织各界群众在城内到处张贴标语，慰劳部队，欢迎起义军进城。南昌起义爆发前几天，数千南昌工人在南昌皇殿侧（即今八一公园）开大会，工会的同志在台上大声演讲，宣传革命道理。工人们高呼"打倒贪官污吏！""打倒土豪劣绅！""打倒蒋介石！"南昌工人纠察队总队长涂凌云率领队员和西江中学的学生，将正在百花洲开会的国民党江西省党部AB团分子曾华英、罗时实等抓起来，关在纠察队总队部。起义打响后，南昌的工人、农民在党的领导下，武装起来，组织工人纠察队和农民自卫队。他们积极行动，组织了担架队、运输队等，冒着枪林弹雨，帮助起义军救护伤员，打扫战场，看守战俘，搬运枪支弹药等物资。南昌的工人纠察队在大街小巷巡逻，维护革命秩序。纠察队总队长涂凌云还将起义前被国民党反动派关闭的进步报刊《贯彻日报》社重新开封，宣传革命形势。江西大旅社的职工主动

[①] 赵相禄：《抢修山下渡大桥》，中国社会科学院现代革命史研究室编：《南昌起义资料》（内部发行），人民出版社1979年版，第132页。

给起义军做向导，照看伤员，并送伤员到医院里治疗。南昌一平印刷厂的工人，在起义前后日夜赶印各种文件、布告、通告等。广大工农群众还积极巡逻放哨，监视敌人行动，有的还直接参加战斗，并为此献出了宝贵的生命。①

战斗结束后，南昌工人以及各界群众在全城的大街小巷到处张贴宣传标语，庆祝起义的胜利。省、市总工会与农民协会联合组织"江西民众慰劳前敌革命将士委员会"和"慰问队"等，抬着物资热烈慰劳起义军。江西省总工会发出通告，号召"工人们到军队中去，武装起来，扩大起义军的力量，许多工人、学生、机关团体工作人员和其他革命分子响应号召，参加了起义军"②，仅加入到二十五师的就有700多人。南昌一平印刷厂的许多工人争先恐后参加起义军，朱德所领导的南昌市公安局警察和消防队员，整队编入起义部队。江西大旅社工人、理发员也积极报名参加起义军。南昌泥水匠工人纠察队员也随军南征；部分南昌瓷业工人和铁路工人报名参军后，被编入第九军指挥部的基本队伍。

南昌起义后，蒋介石、汪精卫急忙向南昌调兵遣将，围攻起义军。从8月3日到5日，起义军按计划分批撤离南昌。南昌工人、市民组成运输队伍，帮助部队运送军需物品，有的跟随队伍直到广东。南浔铁路工人破坏马回岭至德安间的铁路，炸毁火车头，延缓了敌人驰援南昌的速度，为起义部队撤离南昌赢得时间。当南昌起义的消息传到抚州时，全城各界民众于8月2日集会曾家园，庆祝

---

① 江西省总工会编：《江西工人运动史》，江西人民出版社1995年版，第133页。
② 朱道南：《燎原之火——"八一"起义前后见闻》，中国社会科学院现代革命史研究室编：《南昌起义资料》，人民出版社1979年版，第201页。

起义胜利。中共临川县委根据省委指示召开会议，研究布置响应起义的事宜。他们一方面组织力量在温圳至临川沿线设立茶水站、运输队，指导、接应起义军过境；同时在城内组织工人纠察队加强守卫，发动工人、学生、妇女组织宣传队、茶水站、运输队，为部队筹备物资。8月6日，起义军陆续到达抚州，抚州各界民众集队在大道两旁欢迎起义军进城。当起义军开拔时，工人、农民踊跃报名参加运输队，为部队运送军用物资，有的队员就此报名参军。8月7日，中共临川县委召开全县党团员会议，号召全体党员、团员和工人纠察队、农民自卫军参加起义军。广大工农群众积极响应号召，踊跃报名参军。工农群众踊跃参加武装斗争，随军南征的党团员工农武装及青年学生共达400余人，编入起义军各队伍。[①]

起义军南下至瑞金后，前委在瑞金开会，讨论关于劳动保护的政纲，通过了农工委员会提出的《劳动保护暂行条例》共9条，条例规定产业工人每日8小时工作制，手工业工人每日10小时工作制，因公伤亡的赔偿，疾病死亡的抚恤，失业保险及童工女工的保护，产前产后8个星期休息等，[②]维护工人阶级的利益。

二、秋收起义中的革命先锋

中共中央临时政治局常委会在决定举行南昌起义的同时，还决定在工农运动基础较好的湘、鄂、粤、赣四省发动秋收起义。1927年8月3日，中共中央发布《关于湘鄂粤赣四省农民秋收暴动大

[①] 《抚州人民欢迎起义军》，中国社会科学院现代革命史研究室编：《南昌起义资料》（内部发行），人民出版社1979年版，第323—324页。
[②] 李立三：《八一革命之经过与教训》，沈谦芳等主编：《亲历南昌起义》，江西人民出版社2007年版，第54—55页。

纲》指出："除夺取乡村政权外，于可能的范围应夺取县政权，联合城市工人贫民（小商人）组织革命委员会，使成为当地的革命中心。"[①]8月7日，中共中央在湖北汉口秘密召开紧急会议，会议着重批评了大革命后期党内以陈独秀为代表的右倾机会主义错误，总结了大革命失败的经验教训，确立了实行土地革命和武装起义的方针。会议认为，革命已经到了最严重而向新的方向进展的时期，必须有新的策略去领导劳动群众起来，才能使无产阶级真正获得领导权，以实现工农独裁，完成民权革命，而进入到社会革命。会议认为，职工运动是党的基本工作，应改正以前把它看作部分工作的错误。党必须坚决领导工农群众反对南京和武汉的国民党政府，反对北方军阀政府，反对它们摧残工会或改组工会。为此，决定工会应有秘密的组织，以防反革命的摧残；工人更应当有自卫的秘密组织。要注意武装工人及其暴动巷战等军事训练，即刻准备能响应乡村农民暴动，而推翻反革命的政权；要求工人阶级应时刻准备能领导并参加武装暴动。[②]8月9日，在中共中央临时政治局第一次会议上，决定毛泽东以中央特派员身份到湖南传达八七会议精神，改组省委，领导秋收起义。8月18日，毛泽东出席在长沙市郊沈家大屋召开的中共湖南省委会议，讨论如何贯彻八七会议确定的新策略。在讨论秋收暴动时，毛泽东提出：秋收暴动的发展是要夺取政权、解决农民的土地问题。要发动暴动和夺取政权，没有军事武装单靠

---

① 《中央关于湘鄂赣粤四省农民秋心暴动大纲》（1927年8月3日），《中共中央文件选编》（第3册），中共中央党校出版社1989年版，第241页。
② 《中共中央紧急会议最近职工运动决议案》（1927年8月7日），中华全国总工会编：《中共中央关于工人运动文件选编》（上），档案出版社1985年版，第198页。

农民力量是不行的。"我们党从前的错误,就是忽略了军事,现在应以百分之六十的精力注意军事运动,实行在枪杆子上夺取政权,建设政权。"①与会者主张暴动用共产党的名义来号召。

8月30日,中共湖南省委接到中共安源市委关于湘赣边界工农武装力量情况的报告,立即召开省委常委会议,讨论湖南秋收暴动最后计划。会议决定成立秋收起义党的领导机关,由各军事负责人组成中共湖南省委前敌委员会,以毛泽东为书记;由各暴动地区党的负责人组成行动委员会,易礼容为行动委员会书记。会议指定彭公达去汉口向中央报告湖南暴动计划,毛泽东去湘赣边界统率工农武装,组织前敌委员会,领导秋收暴动。

9月初,毛泽东赶到安源,在安源张家湾召开军事会议,传达中央八七会议精神和湖南省委的暴动计划。会议决定正式成立以毛泽东为书记的中共湖南省委前敌委员会领导起义;组建工农革命军第一军第一师,余洒度任师长,余贲民任副师长,钟文璋任参谋长,下辖三个团:第一团以卢德铭警卫团为骨干,平江工农义勇队一部分和崇阳、通城农民自卫军组成,钟文璋任团长;第二团由安源工人纠察队、安源矿警队,以及萍乡、安福、莲花、醴陵、永新等地农民自卫军组成,王兴亚任团长;第三团由浏阳工农义勇队和警卫团一个营组成,苏先骏任团长。②余洒度还收编了原滇军邱国轩部,编为第四团,邱国轩任团长。③决定全军分三路从修水、铜鼓和安源三地起义,会攻长沙。在全师三个团中,工人占据了很大

---

① 中央党史和文献研究院编:《毛泽东年谱》(第一卷),中央文献出版社2023年版,第207页。

② 中共中央文献研究室编:《毛泽东年谱(1893—1949)》上卷,中央文献出版社2013年版,第213页。

③ 该团起义中途叛变。

安源张公祠——工农革命军第二团集合地

一部分力量。其中,第二团就是以安源工人和矿警队为主力。与南昌起义军主要是由国民革命军组成不同的是,秋收起义部队除了第一团由国民革命军总指挥部警卫团组成外,其余大部分都是工人武装和农民自卫军。党领导下的工人武装开始正式参加起义,标志着工人运动开始同农民运动、武装斗争紧密结合。

为了确保起义成功,安源党组织对安源路矿工人进行了组织整顿、思想动员、军事准备等一系列工作。当时,矿警队有 200 多人和 200 多支枪,是组成第二团起义军的一支重要武装力量。为了牢牢掌握这支工人武装,党组织曾派刘先胜、程昌仁等人加入了矿警队,团结争取了大多数矿警队班、排以上的骨干。但是,在即将举行起义时,以矿警队队长陈鹏为首的几个反动军官密谋叛变革命,企图把矿警队拉到武汉,去投靠程潜的第六军。刘先胜获悉这一情况后,立即向组织上做了汇报。安源党组织命令杨士杰等立即采取措施,9 月 4 日夜就解决了陈鹏等 8 名反动军官,从而掌握了这支武装,为秋收起义作好了准备。

第二团下辖三个营九个连，约2000人。广大安源工人积极参加暴动，"炸弹队、梭标〔镖〕队、看护宣传等队，内均系工人（约有一千二三百人参加）。"① 为了提高军事技能，工人们还进行了紧张的练兵活动。没有步枪，他们就打土枪；土枪不够，就赶制梭镖、大刀、矛子等武器。

起义发动前，根据毛泽东"高高打出共产党的旗子"的指示，驻修水的工农革命军第一军第一师师部决定设计制作军旗。修水的许多缝纫工人积极响应师部号召，不辞辛劳，连夜赶制出100面军旗，分发各部队使用，人民军队正式打出了自己的军旗。9月9日，株萍铁路工人破坏了沿线电报、电话，破坏了长沙至岳阳和长沙至株洲的铁路，切断敌人的交通和通信联系，揭开了秋收起义的序幕。

9月11日零时，驻安源的第二团宣布起义，攻打萍乡县城未克。12日上午，攻打老关车站，取得胜利。12日下午，第二团在当地农军的配合下攻克醴陵县城。13日，因获悉敌军即将包围醴陵县城，第二团立即撤出县城。9月16日，第二团攻占浏阳县城后，陷入敌军重围。因孤军深入，加之团长王兴亚指挥失误，部队被打散，仅120多人突围出来，到浏阳文家市与第一、第三团汇合。

以1300多安源工人及纠察队、矿警队为主体组成的第二团，人数众多，战斗力强，战绩辉煌。当时，安源煤矿有60多名爆破工人被编入第二团爆破队，杨明任党代表兼队长，王耀南任副队长，参加秋收起义。后来，以安源煤矿爆破工人为基础，组成了红军的第一个工兵连。② 第二团在四天之内血战数百里，连克两

---

① 《任弼时报告》（1927年10月4日），《安源路矿工人运动》上册，中共党史出版社1991年版，第632页。
② 王耀南：《我记忆中的第二团爆破队》，中共萍乡市委《安源路矿工人运动》编纂组编：《安源路矿工人运动》（下），中共党史出版社1990年版，第1078页。

座县城，帮助成立了醴陵县革命委员会，以安源工人张明生为县长，恢复工会、农会等组织，宣布没收地主土地的革命纲领。任弼时在给中央的报告中指出："工人参加这次暴动非常热心，并极勇敢，炸弹队，梭标〔镖〕队，看护宣传等队，内均系工人（约有一千二三百人参加）。"① 中共湖南省委书记彭公达在给中央的报告中称："在秋收暴动经过中，湖南的无产阶级——安源工人、铁路工人等的奋斗精神，特别表现的十分坚固和勇敢，确是革命的先锋队。"② 12月15日，中共中央指出："秋暴的事实已告诉我们，攻打萍乡、醴陵、浏阳，血战几百里的领导者和先锋，就是训练有素的安源工人""可以说，秋暴颇具声色，还是安源工人的作用"。③ 邓中夏也指出："中国工人的群众有革命的趋向与可能，而且是革命军中最勇敢的先锋队。"④

三、江西工人与全省总暴动的开展

根据党的八七会议精神，1927年9月，江西省委制定了《秋收暴动计划》和《江西全省秋暴煽动大纲》。省委在《秋收暴动计划》中指出，秋收暴动的意义是进行土地革命，建立乡村农民政权，推翻豪绅地主阶级的统治，肃清乡村的反动势力。省委认为："秋暴

---

① 任弼时：《秋暴前后湖南和安源路矿工人的状况》（1927年10月4日），中共萍乡市委《安源路矿工人运动》编纂组编：《安源路矿工人运动》上，中共党史资料出版社1990年版，第632页。
② 长沙市革命纪念地办公室安源路矿工人运动纪念馆：《安源路矿工人运动史料》，湖南人民出版社1980年版，第55页。
③ 中共中央文献研究室、中央档案馆编：《建党以来重要文献选编（1921—1949）》第4册，中央文献出版社2011版，第786页。
④ 邓中夏：《论工人运动》（1923年12月5日），中国人民解放军政治学院党史教研室编：《中共党史参考资料》第12册，1979年内部出版，第614页。

的主要力量，自然是农民群众，但我们切不可使农民处于孤立的地位与其他群众绝缘"①，农民在组织上与其他群众亲密联络；城市工人虽不及农民数量多，但工人对政治的影响力较大而且迅速，在秋爆的准备中，"应使工农的关系十分密切，农民暴动一开始，工人能即起来一致行动，合力夺取县政，破坏交通的〔通〕信，工人更较易进行"。②省委确定秋收暴动的中心，赣北以星子、赣西以万安、赣东北以鄱阳、赣东以临川为中心。1927年12月，省委又以紧急通告的形式，对各地工人参与武装暴动的方针和策略作了明确指示。省委指出："南昌是反动统治的中心，党应以极大的努力领导城市工人、店员做日常的经济斗争，近郊农民做广大的游击斗争。组织大批的失业工人，并马上爆发驳船工人拆军用浮桥的斗争"；赣北"以南浔路工人为中心，与黄老门、马回岭、德安、涂家埠等地附近的农民，联合国民党军第八师驻德安的部分士兵群众，发动游击战争，掘毁铁路；永修、星子、德安、九江等乡村的农民实行五杀三抗，九江市则应总同盟罢工"；景德镇"应领导广大的失业工人作复业的斗争及在业工人作经济斗争。乐平应使矿工与农民联合一致，发展剧烈的群众斗争"；赣东临川等地应"从反动派手中夺取挨户团的武装，以发动乡村中广大的深入的游击斗争，城内的工人店员亦应同时发展经济斗争，与农民斗争发生密切关系"；赣南地区"由赣州城内屡经斗争的工人店员群众和近郊的农民群众，

---

① 《中共江西省委秋收暴动计划》（1927年9月），中央档案馆、江西省档案馆编：《江西革命历史文件汇集（1927—1928）》，中共江西省委办公厅印刷厂1986年印制，第21页。
② 《中共江西省委秋收暴动计划》（1927年9月），中央档案馆、江西省档案馆编：《江西革命历史文件汇集（1927—1928）》，中共江西省委办公厅印刷厂1986年印制，第21页。

联合三点会武装及朱德部改编后一连人剩下的十余支快枪，共同武装暴动，解决十四军及工兵队，占领赣州"。[①] 此后，湘赣边的修水、铜鼓、萍乡，赣西的万安、东固，赣北的星子、德安和赣东北的鄱阳、弋阳九区等地，都举行了农民武装暴动。1928年2月7日，江西省委进一步制定"江西总暴动"计划，认为"现在江西的工农群众已到了暴动的时候"，决定利用旧历年关地主向农民加紧逼租逼债之机，发动全省总暴动。暴动以"推翻江西反动统治"为总目标，以赣西南为总暴动的发动地，西北、东北两区为重要响应区，南昌、九江及南浔路一带为全省总暴动的终点。决定各县成立工农革命委员会，作为暴动的指挥机关。随后，在党的领导下，江西各地相继爆发了农民武装暴动。以秋收起义为起点，农民暴动逐渐成为党的工作重心，广大工人阶级在党的领导下，积极参与到全省各地暴动之中，为革命作出了积极贡献。

在赣西南地区，江西省委决定以万安为赣西暴动的中心，领导广大农民群众及城市的工人、店员，汇合各乡的工农革命军联合举行武装暴动，夺取城市，占领乡村，以此形成赣西南总暴动的割据局面，并与湘东南的革命势力互相联合，互相策应。1927年9月下旬，省委派曾延生赴万安整顿党的组织，指导武装暴动，在万安罗塘建立中共赣西特委。10月上旬，中共长江局代表余球、江西省委代表汪群、团省委书记吴振鹏，先后赴万安指导暴动工作。与此同时，中共万安县委在罗塘召开会议，决定成立以曾天宇为书记的万安县行动委员会，负责指挥全县武装暴动。11月10日，在中共

[①]《江西省委经济通告》（1927年12月21日），中共江西省委党史资料征集委员会、中共江西省委党史研究室编：《赣南农民武装暴动》（江西党史资料第4辑），1987年内部出版，第74—75页。

赣西特委领导下，万安成立赣西工农革命军第五纵队，杨明德为队长，陈正人为党代表。将万安各地的工农群众编入工农革命军，组成 5 个纵队，共 1.4 万余人。在万安县行动委员会的领导下，兰田、窑头、路田、剡溪等地农民先后举行暴动。到 11 月，工农暴动武装已控制全县大部分地区。广大工人积极响应号召，参加暴动，"而以窑市、百嘉市二处工人，在暴动中最积极勇敢"[①]。从 1927 年 11 月 19 日起，万安工农群众四次攻打万安县城，终于在 1928 年 1 月 9 日胜利攻占县城，并成立了万安县工农兵苏维埃人民委员会，刘光万任主席。县苏维埃政府建立后，立即恢复了县总工会的工作，并且组织了工人纠察队，没收了 3 家反动商店。

在赣西北地区，1927 年 10 月，中共安源临时市委成立后，依据湖南省委"派人下乡去，组织农民开展农民的游击战争"的指示精神，派出共产党员和工人运动骨干到各地农村，协助领导开展武装斗争。12 月 9 日，中共安源市委接到湖南省委总动员令，于 12 月 10 日开始总罢工，同时宣布暴动目标和政纲。12 月 11 日，中共安源市委领导了包括安源、萍乡、芦溪、宣风、湘东、老关、上栗等地在内的萍（乡）安（源）总暴动，发布暴动大纲，组织特务队，作为暴动骨干力量。2000 多安源工人包围矿局总公事房，把矿警局长和职员等 30 余人扣押，并在矿区施放炸弹，张贴标语。国民党反动派急忙调兵镇压，驻军向工人开枪，并逮捕暴动工人。12 月 16 日，中共安源市委书记郭炳昆等 4 人被捕牺牲，萍安总暴动失败。

---

① 张世熙：《万安工农斗争及 1927 年 10 月到 1928 年 3 月大暴动经过情形》，中共江西省委党史资料征集委员会、中共江西省委党史研究室编：《万安暴动》（江西党史资料第 5 辑），1988 年内部出版，第 74 页。

萍安总暴动虽然失败了,但并没有阻止革命前进的步伐,中共安源市委派往各地农村开展斗争的工人骨干,仍继续开展武装斗争。1928年1月,中共上栗区委决定发动暴动,夺取驻上栗的萍乡靖卫队第一分队的枪支。中共安源市委派共产党员谢怀德、赵国城等前往帮助制订暴动计划,青年团安源市委书记左克诚等亦前往参与指挥。[①] 谢怀德曾任安源路矿修理厂工人总代表、工人俱乐部交际股股长、经济委员会委员长,赵国城是安源煤矿电机处司炉工,曾任中共安源路矿第二支部书记,他们都是安源工人运动的骨干分子,都参加过安源路矿工人大罢工和秋收起义,具有丰富的斗争经验。1月16日晚,上栗区委发动暴动,夺取靖卫队步枪50余支,手枪数支。暴动后,上栗区委成立了工农革命军直辖第二团,团长曾赤。他们广泛发动工农斗争,恢复工会、农会,焚毁地契,分配土地,很快形成了以斑竹山为中心的萍北工农武装割据区。

1927年11月,在萍乡排上、东桥一带小西路,安源市委派往该地工作的安源工人张汝全,同刘型等人共同成立了小西区委,刘型任军事委员,张汝全任组织委员;[②] 成立了一个游击队,在刘型、张汝全等领导下开展革命斗争。1928年1月,在萍乡靖卫队当兵的共产党员、原安源工人颜云山、颜雨山、黄云泉等人发动兵变,缴获4支枪带到小西路,也加入了游击队。随后,游击队扩编为游击营,刘型任营长兼党代表。游击营在小西区委领导下,发动群众,组织了攻打大路里、下埠、腊市等战斗。1928年春,因敌人疯狂"清乡",刘型等人率领游击营转移到醴陵,同醴陵南区游击营合编

---

① 萍乡市史志工作办公室著:《中国共产党江西省萍乡市历史》第一卷(1921—1949),中共党史出版社2019年版,第124页。

② 刘型著:《黄洋界保卫战》,湖南人民出版社1988年版,第10页。

为萍醴游击营，游龙任营长，刘型任党代表。①5月下旬，刘型等率领萍醴游击营到井冈山参加革命，编入红三十一团一营。7月份，中共湖南省委从安源新调了35个同志派到平江的暴动区域内工作。湖南省委还致信毛泽东，告知"湘东特委已陆续派大批工人同志与非同志来兄处当兵，望接收"，②先后由安源送了七八十工人到朱毛处当兵。③

1927年6月，铜鼓县党组织领导大庄纸工会会员和农民协会会员400多人，组成工农义勇队，开抵铜鼓石桥街，准备进攻县城，恢复县总工会；9月，铜鼓以工人为骨干，组建了游击大队。7月，修水县总工会委员长、共产党员徐光华在渣津组织了一支以手工业工人和雇农工人为主体的30多人的赤卫队，同反动势力做斗争。1928年7月22日，彭德怀、滕代远领导发动了平江起义，创建了红五军。随后，红五军经常转战于修水、铜鼓、万载、宜丰等县，拨给武器组织工农武装，发动工农群众开展革命斗争，巩固扩大赣西北武装割据区域。8月6日，修水临时县委率领赤卫队和工农群众，配合红五军攻占修水县城，成立中共修水县委，救出被囚禁的革命者300多人。10月，修水县建立了游击第一大队。

在赣东北地区，大革命失败后，方志敏、邵式平、黄道等人从南昌秘密潜回家乡，恢复党组织，宣传、组织工人、农民等，建立农民团，"凡村中的工人、雇农、贫农、中农都可以加入，是农村工农群众统一的联合组织"④。农民革命团实行半军事化管理，团下

---

① 胡华主编：《中共党史人物传》第14卷，陕西人民出版社1984年版，第319页。
② 《安源路矿工人运动》上册，中共党史资料出版社1990年版，第695页。
③ 《安源路矿工人运动》上册，中共党史资料出版社1990年版，第686页。
④ 《方志敏全集》，人民出版社2012年版，第44页。

设排，排下设班，每团至少30人以上。当时，手工业工人大部分参加本村的农民革命团。弋阳磨盘山和横峰楼底蓝家等地的纸工、茶工和煤矿工人相对集中，单独建立革命团。[①]1927年9月，方志敏到鄱阳，听取了江西省委秘书长刘士奇关于中央八七会议精神的传达。回到弋阳后，方志敏立即召开干部会议，传达八七会议精神，并以收集到的20余支枪为基础，组织工农革命武装，准备发动秋收暴动。1927年10月，中共弋阳区委书记方志敏领导磨盘山等地工人和弋阳九区3000余名工人、农民暴动，占据了烈桥、漆工等区的村镇，将土豪劣绅全部赶走，从而揭开了赣东北弋横暴动的序幕。11月中旬，方志敏调任中共横峰区委书记，随即赴横峰楼底蓝家村，领导年关暴动。方志敏把煤矿工人、纸工、茶工等编入农民革命团。12月13日，县城反动官吏到农民革命团开办的小煤矿收捐，引起工人反抗。方志敏获悉后，连夜发出暴动命令，清板桥、葛源等横峰县一半地区的工人、农民六七万人立即起来暴动，捕捉豪绅地主，焚毁字据地契，建立乡村政权。1928年1月2日，方志敏在九区窖头召开弋阳、横峰、贵溪、上饶、铅山五县党员会议，成立中共五县工作委员会，方志敏任书记；建立起义总指挥部，方志敏任总指挥。随后，在中共五县工作委员会和起义总指挥部的领导下，发动弋阳、横峰两县农民革命团举行了大规模的联合武装暴动，暴动区域遍及弋横两县纵横100余里的广大地区。2月，国民党军联合地主武装大举进攻，致使暴动队伍在葛源遭受严重损失。方志敏率领余部转入磨盘山区，开展游击战争，并以暴动中的几十名工农为骨干，组成了赣东北革命根据地第一支正规工农

---

① 江西省总工会上饶地区办事处编：《闽浙赣苏区工人运动史料》，江西人民出版社1989年版，第2—3页。

武装——工农革命军第二军第二师第十四团一营一连,开始创建以磨盘山为中心的弋横根据地。

四、工农联合斗争的形成

中国共产党是马克思主义与中国工人运动相结合的产物。中国共产党成立后,首先就将工人运动列为工作重心,以主要精力投入到工人运动中,很快就领导掀起了第一次工人运动高潮,给反动势力以沉重打击。此后,领导开展工人运动成为党的基本工作,受到全党的高度重视。中国是一个农业大国,占全国人口绝大部分的农民阶级深受各种封建压迫和剥削,生活困苦,同样有着强烈的革命要求。"国民革命是各阶级联合革命"[1],由于中国反动统治力量过于强大,产业工人力量弱小,仅凭工人阶级是无法单独取得革命胜利的,因此工人阶级必须联合广大农民阶级,走工农联盟的道路,才能争取中国革命胜利的前途。但是,到党的三大前,党内除了毛泽东、彭湃等少数几个人以外,几乎没有人关注农民问题。真正将农民运动引入党的工作重心的是毛泽东。1923年6月,党的三大在广州召开,毛泽东在会上提出一个新问题——农民运动,毛泽东指出:"任何革命,农民问题都是最重要的。"[2] 党的三大通过了毛泽东、谭平山起草的《农民问题决议案》,但由于当时中共中央的主要精力放在推进国共合作上,认为农民运动还不是眼前最要紧的任务,所以并没有认真执行这个决议案,但农民问题自此开始引起毛

---

[1] 毛泽东:《在湖南省第一次农工代表大会上的讲话》(1926年12月20日),中国人民解放军政治学院党史教研室编:《中共党史参考资料》第4册,1979年内部出版,第149页。

[2] 逄先知、金冲及主编:《毛泽东传》(一),中央文献出版社2013年版,第111页。

泽东越来越多的关注。

1926年1月召开的国民党二大上，毛泽东参加修改《农民运动决议案》，指出："中国之国民革命，质言之即为农民革命。为要巩固国民革命之基础，亦唯有首在解放农民。"① 会后，毛泽东被任命为国民党中央农民部主办的农民运动讲习所所长，专门培养农民运动骨干人才，领导农民运动。1926年7月9日，国民革命军誓师北伐，沿途得到了广大工农群众的大力支援。9月1日，毛泽东写成《国民革命与农民运动》一文，指出："农民问题乃国民革命的中心问题，农民不起来参加并拥护国民革命，国民革命不会成功。"② 毛泽东批评了党内许多同志只重视城市工作，而忽视农民运动的倾向，号召大家去做农民工作，引导农民组织起来，同地主劣绅斗争；毛泽东还进一步提出要引导农民与城市的工人、学生、中小商人合作，建立起联合战线，引导他们参加反帝反军阀的国民革命运动。1926年11月，毛泽东到上海，就任中共中央农民运动委员会书记，领导全国的农民运动。在毛泽东主持下，中央农委制定了《目前农运计划》，提出："在目前状况之下，农运发展应取集中的原则，全国除粤省外，应集中在湘、鄂、赣、豫四省发展"③，要求各地农运须切实与国民党左派合作。此后，农民运动在党内引起更多的关注。

毛泽东不仅关注农民运动，早在领导安源工人运动时候，就

---

① 逄先知、金冲及主编：《毛泽东传》（一），中央文献出版社2013年版，第117页。
② 逄先知、金冲及主编：《毛泽东传》（一），中央文献出版社2013年版，第120页。
③ 逄先知、金冲及主编：《毛泽东传》（一），中央文献出版社2013年版，第122页。

十分注重工人运动与农民运动的联合开展。安源党组织陆续派出工运骨干到周边农村,帮助农民建立工会,并组织开展斗争,推动湘赣两省的农民运动发展。1923年4月,湖南水口山矿区工人罢工胜利后,毛泽东派工会领导成员、共产党员刘东轩、谢怀德回到他们的家乡湖南衡山县岳北白果乡开辟农运工作。经过一段时间的发动,9月间,衡山白果地区效仿安源工人俱乐部的形式,组织成立了湖南第一个农会——岳北农工会,领导当地农民开展阻止粮棉外运、平粜、抗租等斗争,会员很快发展到万余人。安源工人俱乐部组织宣传队分赴安源一带和萍乡、醴陵、株洲等地农村开展革命宣传,到教师、学生、城镇居民和农民群众中间宣传革命思想,开展革命宣传活动。1925年4月,安源工人将附近的300余户菜农组织起来,成立园艺工会,进行革命斗争。"九月惨案"后,一部分安源工人到外省从事工人运动,一部分到广东参加革命军,其余大部分都返回自己家乡,从事农民运动。汉冶萍总工会代表朱少连向第三次全国劳动大会报告:"最近湖南各县之农民运动,其主持与帮助者,完全是战败的安源路矿工人。湖南农民运动在两个月之间已有高速度的发展(已有组织者二十九县,人数廿余万多),从这点看来,也可说是失败中的胜利。"[1]安源党组织还积极选派部分工人骨干到广州农民运动讲习所学习开展农民运动。第五届学员中,易子义、袁德生、刘官清、谢福初、张明生等都是安源工人。

大革命失败后,工人运动惨遭镇压,被迫转入地下。为了复兴革命,党的八七会议决定要选择"有觉悟的工人到农村间去做农民运动,并可轮流派工人到乡间工作,使工农关系在实际上真正密切

---

[1] 朱少连:《安源路矿工人之奋斗》,中共萍乡市委《安源路矿工人运动》编纂组编:《安源路矿工人运动》(上),中共党史资料出版社1991年版,第574页。

起来"①。1927年8月25日,中央发出第八号通告指出,工人阶级"如遇当地农民土地革命的时候,对反动军阀政府应有破坏的行动,城市工人应即起来罢工或破坏交通,扰乱敌人后方,以响应农民革命"②。

中共中央虽然意识到工农联合斗争的重要性,但在南昌起义后的一段时间内,却有意无意放松了工人运动,工人运动更未能与农民暴动很好地协调配合,共同前进。导致工运被忽视的原因,一方面是由于大革命失败后,党的城市工作和工人运动惨遭镇压,大批党员干部和工运领袖被逮捕、被杀害,在城市开展工人运动面临着巨大的危险。另一方面,随着土地革命战争的推进和农村革命根据地的建立,农民运动和农村工作逐渐占据党的工作重心,不少地方党组织自然而然地将工作重心放到了农民身上,工人运动有意无意被忽视。从江西的情况来看,江西党组织认为"江西是农业区域,应以农民运动为中心,即是说党的职工运动并不是为着工人阶级利益去做职工运动,而是为着农民去做职工运动",其结果就是"农民中心学说在江西盛行一时",③工人运动和农民运动无法有效配合,甚至出现被割裂,或者被对立的情况,客观上阻碍了革命的进行。

毛泽东创造性地执行了中央关于工农联合斗争的政策,秋收

---

① 《中共中央紧急会议最近职工运动决议案》(1927年8月7日),中华全国总工会编:《中共中央关于工人运动文件选编》(上),档案出版社1985年版,第198页。
② 《中央通告第八号——关于职工运动的》(1927年8月25日),中华全国总工会编:《中共中央关于工人运动文件选编》(上),档案出版社1985年版,第202页。
③ 《中共江西省第二次代表大会关于职工运动决议案》(1929年),中央档案馆、江西省档案馆编:《江西革命历史文件汇集(1929年)》(二),中共江西省委办公厅印刷厂1987年印,第322页。

起义部队被称为"工农革命军",部队中不仅有各地的农民自卫军,还有安源路矿的大量工人,真正实现了工人、农民的联合斗争。秋收起义受挫后,中国革命的重心逐渐转入到农村地区。中央特别指示朱德、毛泽东在创建井冈山革命根据地的过程中不要放松领导工人运动,"对于你们所占据的县份和已发生关系的县份,你们应决定单独的工运工作计划和专门的经费,派出有工人运动经验的同志去工作,同时你们须有专门指导职工运动的机关,你们一定要坚决的信赖职工运动在革命中的意义和重要努力去工作"。①1927年底,中共中央更加明确指出,"不仅要把职工运动做成党的经常的基本工作之一,尤其在现时工农暴动夺取政权的阶段中,要站在工人阶级为暴动中心力量的观点上去,更加发动工人的经济斗争,和加紧政治宣传,改进组织工人武装训练工作,一直到工农联合暴动,夺取政权"②。中共中央提出"要站在工人阶级为暴动中心力量"的观点上去发动斗争,实际上也就是在强调工人在暴动中的领导作用,纠正忽视工人运动的错误。

　　毛泽东十分重视井冈山根据地的工人运动,将工人运动的突破口放在恢复工会组织上,逐步健全工人运动的组织机构,配备相应的工作人员。1927年11月,工农革命军攻克湖南茶陵,重建县总工会,谭震林任主席。接着,宁冈、酃县(今炎陵)、永新、莲花、遂川5个县相继成立总工会,组织开展工人运动。湘赣边界各级工会在边界特委和工农兵政府领导下,对工人进行宣传、教育,组织

---

① 　中共中央文献研究室、中央档案馆编:《建党以来重要文献选编(1921—1949)》第5册,中央文献出版社2011版,第236页。
② 　《中共中央致湖南省委信》(1927年12月15日),中共萍乡市委《安源路矿工人运动》编纂组编:《安源路矿工人运动》上,中共党史资料出版社1990年版,第657页。

井冈山红军造币厂旧址

工人学习文化知识，提高工人的阶级觉悟；建立健全工会组织，增加工人工资，保障工人权益；动员工人发展生产，参军参战，支援前线；充分发挥党政机关的助手作用，并在斗争中锻炼出一批工人出身的革命骨干，如谭震林、蒋世良、朱昌偕等。毛泽东在井冈山领导创办了红军被服厂、红军军械处和红军造币厂等，领导广大工人阶级积极参加生产建设，支援革命斗争。1927年12月，为了解决红军被服给养困难，毛泽东指示余贲民召集茅坪、大陇等地裁缝师傅二三十人，利用打土豪得来的布匹，生产被服。1928年1月，在宁冈县桃寮张家祠正式建立被服厂，有工人三四十人。被服厂的开办缓解了红军将士们的穿着问题，支持了井冈山斗争，也为人民军队后来的军需产业发展积累了经验。红军军械处源于袁文才1926年12月创办的枪械修理所。上井冈山后，毛泽东与袁文才商定，从工农革命军中找来几个懂修枪的战士，将袁文才的修械所增加到八九人，并改称为"工农革命军第一师修械所"。井冈山会师后,毛泽东、朱德、陈毅又抽调一批湖南水口山铅锡矿工出身的战士,充实到修械所,并正式改为"军械处",工人增加至20人,军械处规模不断扩大。工人们积极工作,源源不断把修好的枪送往部队,还造出了土炮。秋收起义部队上井冈山之前,王佐曾建立一所有3名工人的造币厂自制银元。1928年5月下旬,湘赣边界工农兵政府成立以后,在王佐的造币厂基础上创办上井造币厂,原材料主要来自于打土豪所得的各种银质器具。为有所区别,造币厂工人师傅在银元上凿了"工"字,边界军民称之为"工字银元"。工字银元在井冈山根据地内外广泛流通,进一步扩大了井冈山革命根据地的政治影响。造币厂有效缓解了根据地的经济困难,对打破国民党军的经济封锁发挥了重要作用,为中央苏区的货币制造积淀了经验。井冈山根据地的工人运动为革命根据地的工运事业探索了宝贵经验。

  工农联合并不是两个阶级简单的合作问题,而是要明确革命的领导者与同盟军的问题。毛泽东指出:"工业无产阶级是我们革命的领导力量"[1];"中国革命如果没有无产阶级的领导,就必然不能胜利","在中国社会的各阶级中,农民是工人阶级的坚固的同盟军"[2]。在马克思主义经典作家的论述中,工人阶级和无产阶级是同义语,是指自己没有生产资料,因而不得不靠出卖劳动力来维持生活的雇佣工人阶级。[3] 工人阶级是我国的领导阶级,是中国共产

---

[1] 毛泽东:《中国社会各阶级的分析》(1925年12月1日),《毛泽东选集》第1卷,人民出版社1991年版,第9页。

[2] 毛泽东:《中国革命和中国共产党》(1939年12月),《毛泽东选集》第2卷,人民出版社1991年版,第645页。

[3] 中华全国总工会研究室编:《新时代 新使命 新作为》,中国工人出版社2017年版,第220页。

党最坚实可靠的阶级基础。工人运动和农民暴动都是党领导革命运动的主要形式，二者不但要相互配合共同发展，更要突出无产阶级在革命中的领导地位，才能充分发挥工人阶级和农民阶级在革命中的各自作用，推动革命朝着正确的方向发展。毛泽东十分重视工人阶级在革命中的领导权问题，并在革命实践中认真加以贯彻落实。1927年11月，工农革命军攻占茶陵县城，建立了革命政权。但团长陈浩不发动群众深入开展革命，仍按旧县府一套办法工作，引起群众不满。毛泽东获悉后，立即写信去茶陵，批评陈浩等人的错误，主张打碎旧的县政权机构，充分发动群众，建立真正代表人民群众利益的工农兵政权。进驻茶陵的工农革命军按照毛泽东的意见，选举成立了湘赣边界第一个红色政权——茶陵县工农兵政府，工人出身的谭震林当选为政府主席。1928年5月，在宁冈茅坪召开湘赣边界各县工农兵第一次代表大会，成立湘赣边界工农兵苏维埃政府，袁文才任主席，下设工农运动委员会。为更好地坚持无产阶级在革命中的领导地位，党的领导机构中普遍增加了工人的成分。1928年11月重新成立的中共红四军前敌委员会的五名委员中，谭震林、宋乔生两人都是工人出身。中共红四军前委还专门设立职工运动委员会，领导开展边界的工人运动。

1928年6—7月在莫斯科召开的中共六大通过的《苏维埃政权的组织问题决议案》强调："苏维埃应和职工会建立正确的关系，使有组织的工人代表能在苏维埃内占主要的地位。"[①] 党的六大决议传到江西后，1928年12月召开的中共江西省第二次代表大会决议"完全接受六次大会职工运动决议案的新路线和方针"，改正

---

① 中共中央党史史研究室、中央党案馆编：《中国共产党第六次全国代表大会档案文献选编》（下），中共党史出版社2015年版，第927页。

以前忽视工人运动不足，加强对工人斗争的领导。同时，加强向广大群众进行政治宣传，"必须使农民了解工人是斗争的领导下的工人，知道农民为斗争的同盟者""农民得有工人领导……工人没有农民的帮助革命也是不能成功的，所以大家必须一致的联合"。[①] 此后，党对工农联盟以及工人阶级在革命中地位和作用的认识日益深刻。1929年6月，党的六届二中全会通过《职工运动决议案》强调要"发展和建立农村工人运动，建立工会组织，领导经济斗争，以建立工人与农民的亲密关系"[②]。11月7日，中共中央在给第五次全国劳动大会的祝词中指出："中国工人阶级革命伟大的同盟军就是几万万的农民群众""革命工会应当号召广大工人群众起来，极力帮助农民的土地革命，建立亲密的农工联合，以完成中国的民主革命"。[③]1930年9月，党的六届三中全会通过的《职工运动决议案》提出要"加紧对于苏维埃区域赤色工会运动的领导和发展，要使工人斗争和农民战争更迅速的汇合起来，要加强无产阶级的领导，而巩固发展为着苏维埃政权胜利的总斗争"[④]。毛泽东更明确指出苏区工人是"革命战争的积极领导者""巩固与发展苏维埃政权

---

① 《中共江西省第二次代表大会关于职工运动决议案》（1929年），中央档案馆、江西省档案馆编：《江西革命历史文件汇集（1929年）》（二），中共江西省委办公厅印刷厂1987年印，第331页。
② 《中共六届二中全会职工运动决议案》（1929年6月），中华全国总工会编：《中共中央关于工人运动文件选编》（上），档案出版社1985年版，第351页。
③ 《中共中央致第五次全国劳动大会的祝词》（1929年11月7日），中华全国总工会编：《中共中央关于工人运动文件选编》（上），档案出版社1985年版，第394页。
④ 《职工运动议决案》（1930年9月），中央档案馆编：《中共中央文件选集》第6册，中共中央党校出版社1989年版，第333页。

的柱石"。[①]从以上的一系列指示、决议中可以看出,建立工农联盟政权、加强工人阶级在革命中领导地位的意图日益明确。1930年10月6—7日,中华全国总工会召开常委扩大会议认为,要使无产阶级能够真正起领导作用,首先是要注意工人的组织,发动工人群众对苏维埃政权的拥护,因此,必须在苏维埃区域立即成立全总执行局,统一并巩固苏维埃区的工会,树立工人阶级在苏维埃政府中的领导。[②]1931年2月,在吉安富田成立了全总苏区执行局,统一领导苏区工人运动,加强了工人在苏区革命中的领导地位。《中华苏维埃共和国宪法大纲》明确规定"中华苏维埃政权所建设的是工人和农民的民主专政的国家",这标志着工农民主专政的正式建立,奠定了人民民主专政的雏形,工人阶级在红色政权中的领导地位得到正式确立。至此,中国共产党从成立初期的单独领导工人运动,到工人运动和农民运动并行开展,再到发动工农联合的武装暴动,建立工农民主专政的红色政权,党对工人阶级在革命战争及红色政权中的地位和作用的认识日益明确。党领导开创了工人运动的新道路,建立了巩固的工农联盟,为党在中央苏区局部执政奠定了坚实的政治基础。

[①] 中共江西省委党史研究室等编:《中央革命根据地历史资料文库·政权系统》(第8卷),中央文献出版社、江西人民出版社2013年版,第1323页。
[②] 《中华全国总工会常委扩大会组织决议案》(1930年10月),中华全国总工会中国职工运动史研究室编:《中国工会历史文献》(3),工人出版社1982年版,第197页、202页。

第四章

苏区工运与治国理政的伟大预演

1931年11月,中华苏维埃共和国临时中央政府宣告成立,中国的工人阶级第一次成为国家的主人,中国共产党开启了治国理政的伟大预演。在党的领导下,工运事业不断发展,苏区工会领导机构不断健全,基层工会组织陆续建立起来,到1934年7月,建立了五大"产业工会",初步形成了省、县、区三级工会组织系统。中央临时政府颁布《劳动法》,为工人阶级的利益提供了法律的保障,极大地激发了工人阶级的革命热情,焕发了工人阶级的"主人翁"意识。在五次反"围剿"战争中,苏区工人争前恐后去当红军;在经济建设中,苏区工人广泛开展合作社运动,组织消费合作社、生产合作社、信用合作社等,为苏区经济注入了活力;在政权建设中,各级工会成为苏维埃政权最主要的群众柱石,大批工人被派遣到苏维埃与红军去做领导工作,参与红色政权的管理。苏区时期,江西成为全国工人运动的大本营,党中央从这里发出指令,对全国工人运动进行指导。在探索中前进,苏区工人运动的经验和教训为新中国工运事业发展进行了伟大预演。

第一节　苏维埃运动的发展与江西工人运动的复兴

一、工人运动与苏维埃政权的创建

1927年，国民党反动派叛变革命，先后发动"四一二""七一五"反革命政变，对共产党人和革命群众挥起屠刀，制造白色恐怖，中国革命命悬一线。国民党反动派同样在赣西南等地进行"清党"，大批共产党人和工运干部、工农群众惨遭杀害，各地的工会组织被查封，整个的职工运动陷于长期的停顿。[①] 但是英雄的工人阶级在党的领导下，坚定信念坚持革命，在土地革命战争中不断释放出工人阶级的力量，在推进苏维埃运动进程中苏区工人发挥了巨大的作用。

1928年12月，湘赣两省敌军发动对井冈山革命根据地的第三次"会剿"。由于敌强我弱，1929年1月，毛泽东、朱德率领红四军主力离开井冈山，准备采取围魏救赵的方式打破敌人的"围剿"。红四军主力游击赣南期间，沿途发动工人参加革命斗争，建立红色政权。1月23日，红四军占领了大庾县城，协助西华山钨矿工人建立了一支由矿工吴朝葵、吴朝仁等领导的工人武装。1930年5月，他们在吴朝葵、吴朝仁等的率领下，参加南康龙回苏区保卫战，协助红军击败了地方反动民团赖天球的进攻，开创了以龙回为中心的小块根据地。1929年4月上旬，红四军在于都桥头工农群众的协助下，一举攻克于都县城，成立了于都县苏维埃政府。于都工运

---

① 《江西省委关于职工运动决议案》（1929年4月1日），《江西工人运动史料选编》，江西人民出版社1986年版，第80页。

干部罗秀堂遵照毛泽东的指示，建立了一支以工人为主体的赤卫队，在创建赣西南革命根据地的斗争中屡建奇功。①1930年4月17日，毛泽东在会昌县城陈家祠接见盘古山钨矿工人代表，要他们以盘古山矿工为主力，成立红军第二十二纵队，委派了政委、纵队长和6位红军战士协助建队，拨给48条枪，100余发子弹。②纵队刚一成立，就在盘古山广大工人配合下，于4月22日夜成功袭击仁凤山靖卫团。

1930年8月23日，红一、红三军团在浏阳永和会师，组成红一方面军，继续执行中央攻打长沙的命令。由于屡次进攻长沙未克，毛泽东、朱德决定从长沙撤围，攻打吉安。1930年9月24日，毛泽东、朱德率领红一方面军来到萍乡安源扩红。此前，中央曾指示毛泽东"安源是无产阶级的大本营，许多工人同志要有很多斗争的经验和党的训练，你们应与湖南省委商量调一部分活动分子到各军中担任政治及党的工作"③。毛泽东在安源出席了有数万工农群众参加的欢迎红军大会，并在会上讲了话，分析革命形势，阐释了红军的性质和任务，号召工农群众踊跃报名参加红军。毛泽东还考察了电厂、修理厂，同工人们交流谈心。随后，1000多工农群众参加红军。其中，有100个矿工挑着100担炸药参军，成立了红军第一个工兵连。④接着，红一方面军挥师向东，准备夺取吉安。为配

---

① 江西省总工会编：《江西工人运动史》，江西人民出版社1995年版，第144页。
② 中央苏区工运史征编协作小组编：《中央革命根据地工人运动史》，改革出版社1989年版，第57页。
③ 中共中央文献研究室、中央档案馆编：《建党以来重要文献选编（1921—1949）》第5册，中央文献出版社2011版，第237页。
④ 中共中央文献研究室编：《毛泽东年谱（1893—1949）》（修订本）上卷，中央文献出版社2013年版，第314—315页。

合红军攻打吉安，赣西南赤色总工会、赣西南赤色雇农工会、赣西南木船工会等积极动员工农群众参军参战，组织了大批担架队、向导队、慰劳队、洗衣队、运输队分赴战场。赣西南木船工会动员民船和船工在泰和县境内赣江上搭起简易便桥，使红军能够顺利过江参加战斗。峡江县总工会委员长边金元带领工人和雇农工会会员参加战斗。吉安秘密工会动员工人在城内街头巷尾张贴标语，做瓦解国民党军队的工作，并成立工人纠察队、向导队、医疗队、粮食处等，帮助红军作战。在赣西南广大工农群众的大力支援下，红军于10月4日顺利攻占赣西重镇吉安，成立江西省苏维埃政府，推动了赣西南革命斗争的发展，为创建中央苏区奠定了基础。

1928年2月，弋横暴动因葛源之战失利而遭到严重挫折，但是觉悟了的工人和农民没有屈服，继续投身武装斗争。4月，几十名工农骨干组成了工农革命军第二军第二师第十四团一营一连，这是赣东北革命根据地第一支正规革命武装。5月，工人群众选派自己的代表，参加了弋阳、横峰相继召开的首次工农兵代表大会，成立了两县苏维埃政府。至此，以磨盘山为中心的工农武装割据局面形成。1929年10月1日，信江第一次工农兵代表大会召开，成立了以方志敏为主席的信江苏维埃政府，工人运动随之进入新的阶段。

1928年7月22日，彭德怀、滕代远领导发动了平江起义，创建了红五军。随后，红五军经常转战于修水、铜鼓、万载、宜丰等县，拨给武器组织工农武装，发动工农群众开展革命斗争，巩固扩大赣西北武装割据区域。11月，红五军主力转入井冈山地区后，红五军一部在湘鄂赣边地区坚持游击战争，1929年4月改称红军湘鄂赣边境支队。经过艰苦斗争，在平江、浏阳、大冶、阳新、修水、铜鼓等县境内，开辟了数块根据地。8月，彭德怀、滕代远率红五军主力返回湘鄂赣边后，10月，湘鄂赣革命委员会成立。中共湘鄂赣边特委于1930年2月中旬决定发动"三一八暴动"。在暴动中，修水一区2000多工农群众在靖林排形平家祠举行示威大会，并当场镇压一名劣绅。铜鼓一区3000多名工农武装在大平段集中，向胆坑、上庄、白沙等地进发，打垮了地主武装竹山六合团，赶走了游杨靖卫团；铜鼓三区5000多工农武装在丰田曾公庙集中，由工人王昭任总指挥，向县城进发，沿途还镇压了一批反动分子，夺回被敌人占领的两个苏区，成立铜鼓四区区委、区苏维埃政府。万载黄茅、朱潭、小源等地2万多工农武装一举占领黄茅镇，俘虏大批敌军，缴枪70余支。1930年6月，湘东北的平江、浏阳，鄂东南的大冶、阳新、通山、崇阳、通城和赣西的修水、铜鼓、万载等地，大都已成为苏区。1930年7月，红三军团和湘鄂赣边特委决定攻打长沙。广大工人阶级积极响应号召，参军参战。修水县总工会组织了200名工人纠察队随军出征，开展支前工作。铜鼓县雇农工会李骏良任总指挥，率领万余工农武装参战支前。修铜宜奉边区书记、纸业工人邓余仿率领1000多工农群众，组成一个纵队，支援红军作战。参战的工农群众组成担架队、运输队等，帮助红军抬伤员、运弹药、挖战壕，为红军作战贡献了积极力量。

1929年5月10日，湘赣边界特委召开第四次执委扩大会议，决定以永新为中心，建立新的革命根据地，由此开启了湘赣革命根据地的建设历程。1930年1月，中共湘赣边和赣西两个特委领导的工农地方武装，合编为红六军（后改称红三军），继续开辟扩大根据地。同年2月，中共湘赣边特委和赣西、赣南特委合并组成赣西南特委，成立了赣西南苏维埃政府，连续组织工农群众开展8次攻打吉安的行动。到1930年秋，湘赣边、赣西、赣南3块区域基本连成一片。

中华苏维埃共和国临时中央政府大礼堂旧址

　　随着各地红军与苏维埃区域的建立和蓬勃发展，中共中央确定以江西的赣西南为苏区的中心区域，决定中共苏区中央局、中华苏维埃临时中央政府设在赣西南苏区。从1930年12月至1931年9月，红军取得了第一、二、三次反"围剿"的胜利，赣南、闽西革命根据地连成一片，以瑞金为中心的中央革命根据地形成。1931年11月，中华苏维埃第一次全国代表大会在瑞金召开，这次大会选举产生了中华苏维埃共和国的最高权力机关中央执行委员会和行政机关人民委员会，宣告成立了中华苏维埃共和国临时中央政府。

二、苏区经济的发展

　　红色政权的建立和根据地的发展，震惊了国民党统治集团，随后对苏区发起多次军事"围剿"，对苏区展开残酷的经济封锁，给根据地军民生活造成了严重困难。苏区广大军民团结在党和苏维埃政府周围，进行了经济战线的伟大斗争，大力发展农业、工业、商业、财政和金融事业，苏区经济得到了振兴和发展。

苏区首先建立的工业就是军事工业。1930年7月，永新鄱阳兵工厂在路江区九陂的一个祠堂里创办。1931年11月，湘赣红军独立一师在赣南缴获敌人一个修械所，获得了一些简易的修械工具，充实了红军独立一师的修械所。为适应作战需要，省军区决定将永新鄱阳兵工厂、莲花修械所、红军独立一师修械所合并，成立湘赣省军区兵工厂，工人由120多人增至300多人。[①]1932年4月，红军攻克漳州，没收了敌人的修械厂，20多名工人也加入了兴国的官田兵工厂，还带来了两台车床，一个三十匹马力的发电机，一个鼓风机，一批汽油和原材料。该兵工厂后发展为中央军委兵工厂，1933年分为两个厂，一个修枪厂，一个造弹厂，各有200多名工人。[②]到1934年1月，据不完全统计，中央苏区有规模较大的军需工厂32座。这些兵工厂有的已能自造步枪、机关枪、手榴弹、迫击炮等。此外，中央苏区还建设了被服厂、织布厂、斗笠厂。单瑞金七堡的中央被服厂，就有工人700多人，其中女工50人，缝纫机100多架。1934年9月，中华织布厂迁至瑞金沙洲坝，已有织布机100多台，工人增加至200多人，还有不少手摇纺机。中央卫生材料厂创办于1931年，办厂初期主要加工药棉、绷带等敷料，同时加工一些中成药、药膏，后发展有酒精车间和制药车间、敷料车间。红军斗笠厂设在长汀城，全厂有工人108人，管理人员3人。[③]

---

① 中共江西省委党史研究室、中共吉安市委党史和地方志研究中心：《湘赣边界革命斗争史》，中共党史出版社2021年版，第257页。
② 吴汉杰：《官田兵工厂》，《星火燎原》，中国人民解放军战士出版社1979年版，第210页。
③ 余伯流、凌步机：《中央苏区史》（下），江西人民出版社2017年版，第845页。

军事工业发展的同时，苏区民用工业也得到了恢复和发展。为了解决食盐不足的困难，苏区政府发动工人群众开展熬硝盐运动。当时中央苏区搞得最出色的地区是于都县的岭背区，该区盐质优良，硝盐厂遍地都是。此外，苏区还发展了纺织厂、造纸厂、冶炼厂、农具厂、烟厂、印刷厂、煤炭厂等等。如宁都县组织了夏布合作社14个，社员300人，股金460元；棉布合作社9个，社员3108人，股金3918元。苏区利用山区生产竹木等自然资源，大力发展造纸工业。生产作坊遍及瑞金、宁都、博生、广昌、永丰等地。"出纸区域，兼及江西省境，计在江西省境者，有太雷、日东、东坡、张池、长宁、镇华等区，共十二区238槽，各区以长宁纸槽最多，有二十四槽，年产9000余担。"[1] 在闽浙皖赣苏区，1930年以后，为了打破敌人的经济封锁，改善群众的生活和增加财政的收入，创办与发展民用工业。1931年10月31日，《中共赣东北省委向中央的报告》中提到："全（赣）东北苏区苏维埃的工厂和群众私人的工厂有三十九个，如瓷厂煤矿纸厂木厂等。"[2] 湘赣省苏维埃政府在永新没收了文竹大岘大土豪加军阀周士冕、周志道家的铁厂，生产的生铁、熟铁供民用和军用。在永新安福边境的杉木垄山区，开办了1个造纸厂。在永新县城办了一个纺织厂，在秋溪办了1个锅炉厂，在白门办了1个陶器厂，在蓑衣岭办了1个石膏厂。这种民用的小型工厂，在边界各县都有。[3]

钨矿开采业是苏区工业的重要部分。1930年4月以后，中央苏

---

[1] 《长汀造纸概况》，《申报》1935年2月8日。
[2] 中共江西省委党史研究室、中共上饶市委党史工作办公室：《闽浙赣苏区史》，中共党史出版社2016年版，第226—227页。
[3] 中共江西省委党史研究室、中共吉安党史和地方志研究中心：《湘赣边界革命斗争史》，中共党史出版社2021年版，第261页。

区所辖的仁凤山、丰田、上坪等矿山被苏维埃政府接管。1932年2月，苏维埃中央政府成立中华苏维埃钨砂公司，辖有国营丰田（铁山垅）和民营仁凤山（盘古山）、上坪三个矿场，后来又开办了国营泰和县小垅矿场。国营丰田矿有矿工5000余人，按军事编制编成大队、中队和小队，工人实行计件工资制。公司还直接管辖有会昌白鹅洗砂场，有专门运输队将开采出来的矿砂挑到白鹅选矿。仁凤山和上坪以及其他地方的矿场，由民窿开采，钨砂公司收购他们的钨砂。① 在党的领导下，工人的生产积极性充分调动起来，钨砂产量连年提高。据不完全统计，中华钨矿公司1932年、1933年钨砂产量分别为648吨、1800吨，到1934年10月共开采钨砂4193吨。这些钨精矿由苏维埃中央政府对外贸易局组织出口到白区，换回大量的现洋和苏区急需物资。在湘鄂赣苏区，阳新县十区、十八区、十九区建立了硫磺矿工厂，武宁县泉家源建立了煤矿工厂，大冶、鄂城也有几处煤矿厂，各县还建立了石灰厂。②

中央苏区的国营商业主要有对外贸易和粮食调剂两大块。为了打破敌人的垄断，发挥政府在对外贸易上的主导作用，促进货物进出口，增加苏区财政收入，中华苏维埃临时中央政府在国民经济人民委员部下设立对外贸易局。对外贸易局自成立后，大力宣传苏维埃的商业、关税等政策，奖励努力办货、守法经营的商人；深入白区调查研究，开辟进货渠道和门路。1933年，中华苏维埃临时中央政府决定在国民经济人民委员部下创设粮食调剂局。该局成立后，

---

① 中共江西省赣州市委党史工作办公室编：《赣南苏区史百讲》，中共党史出版社2013年版，第304页。
② 湖南社会科学院、武汉师范学院历史系、宜春地区史料征集办：《湘鄂赣苏区史稿》，湖南人民出版社1982年版，第178页。

中央苏区所属各省、县纷纷成立分支机构，共同承担起收购、储存、调剂以及出口粮食的任务。

苏区的集体工业主要是各地兴办的生产合作社。据1934年2月不完全统计，中央苏区共有各类生产合作社176个，工人32761人，股金58552元。在闽浙皖赣苏区，苏维埃政府大力提倡发展生产合作社，给各类生产合作社办理低息贷款，促进了合作社事业的发展。1934年1月19日，《红色中华》报道《闽浙赣的经济建设》一文中提到："消费合作社群众共计八三〇〇〇股每股一元，现在共有六十多万现洋在活动。生产合作社，现在共有五十多个，资本是工人集合的。"① 在湘赣苏区，有硝盐、织布、织袜、缝纫、铁、木篾、理发、造纸和草医草药合作社。永新的硝盐合作社办得最广、最多，发动群众挖硝泥、换老土，处处点火，村村冒烟。此外，永新还开办了传统的手工业合作社，如西乡的草鞋、南乡泮中的斗笠、烟阁的草扇、东乡牛田的草席、埠前的蓑衣、棕绳等。②

与此同时，苏维埃政府还十分重视私人经济的发展。"我们对于私人经济，只要不出于政府法律范围之外，不但不加阻止，而且加以保护和提倡。目前私人经济的发展，是国家利益和人民的利益所需要的。"③ 早在1931年11月，中华苏维埃第一次全国代表大会通过《关于经济政策的决议案》，规定"苏维埃政府对于中国资本家的企业及手工业，现尚保存在旧业主手中而不实行国有，但由工

---

① 《闽浙赣的经济建设》，《红色中华》第145期，1934年1月19日。
② 中共江西省委党史研究室、中共吉安党史和地方志研究中心：《湘赣边界革命斗争史》，中共党史出版社2021年版，第262页。
③ 《我们的经济政策》（1934年1月），《毛泽东选集》（第一卷），人民出版社1991年版，第133页。

漫画《工人监督生产委员会》

人监督生产委员会和工厂委员会实行监督生产"①。为了鼓励私人资本的投资，发展根据地经济，中华苏维埃共和国临时中央政府颁布了《工商业投资暂行条例》，规定"私人投资所经营之工商业，苏维埃政府在法律上许可其营业的自由"②。在刘少奇代表全总执行局给湘鄂赣省的信中，也明确指出："苏维埃在目前的阶段上，应该尽可能的利用私人资本发展苏区生产，活泼苏区经济""只要资本家不作反革命的活动，遵守苏维埃的法律（开始就是劳动法），应该允许私人资本的营业自由，某些工厂、作坊、矿山应尽可能的出租或出卖给私人来开办，尽可能的利用商人交通赤白区域的商品流通"。③ 苏维埃政府对于苏区的私营工业实行保护政策，繁荣了苏区经济，遍布中央苏区各地农村的圩场，每逢圩期便人头攒动，农民拿出农副产品到这里互通有无，或换回日用工业品。私营业主在苏

---

① 福建省档案馆：《中华苏维埃共和国法律文件选编》，江西人民出版社1984年版，第239页。
② 《中华苏维埃共和国临时中央政府关于工商业投资暂行条例的决议》，《红色中华》第五期，1932年1月13日。
③ 《全总执行局给湘鄂赣省总信》，江西省档案馆藏，档号：G001-4-090-001。

维埃政府感召下,积极拥护苏维埃政府,被引导到为苏维埃经济服务、为革命战争服务这一中心轨道上来。

随着根据地工业的发展,在苏区产生了第一批产业工人,至1933年,中央苏区已有产业工人2000多名,此外还有数不胜数的手工业者和小生产者,他们都是苏区工人的重要组成部分。工人阶级队伍的不断壮大,为苏区工人运动发展奠定了坚实的阶级基础。

三、工会领导机构的建立

1929年6月,中共六届二中全会《职工运动决议案》中提出:"党与地方的总工会应在雇工多的地方派人开始建立工会组织,特别是在农民斗争发展的区域以及苏维埃区域内,应即刻建立组织,与地方的总工会发生组织关系,在没有地方总工会的地方要与全总发生直接关系。"[1] 根据这个决议的精神,中华全国总工会在1929年9月29日的常委会议上,专门讨论了苏区工会问题,决定要起草一个关于苏区工会工作的大纲。[2] 1930年2月7日,中华全国总

---

[1] 《中共六届二中全会职工运动决议案》(1929年6月),《中央革命根据地历史资料文库·群团系统》(第14册),江西人民出版社2020年版,第90页。

[2] 在此之前,随着各地革命活动的开展,苏区范围的不断扩大,江西各地苏区就已经开始了建立工会组织的尝试。1929年4月,中共江西省委通过了《江西省关于职工运动决议案》,总结了过去对职工运动不够重视的教训,提出要加强对工人斗争的领导,要发动工人建立自己的工会组织,以进一步增强工会的战斗力。(见:《江西省委关于职工运动决议案》(1929年4月1日),《江西工人运动史料选编》,江西人民出版社1986年版,第80—86页。)在赣东北,1929年3月初,中共信江特委成立,即成立了职工委员会,负责筹建工会。同年5月,弋阳县的裁缝工人率先完成了裁缝工会。不久,在各业工会相继组建的基础上,弋阳、横峰两线分别召开了工人代表大会,成了县级总工会。(见:江西省总工会上饶地区办事处编:《闽浙赣苏区工人运动史料》,江西人民出版社1989年版,第6页。)

工会发布《工会章程》对工会组织架构进行了设计,要求工会以代表大会为最高机关,在代表大会闭幕期间,执行委员会为最高指导机关。执行委员会之下分社组织、宣传、青工、女工等部及教育、经济、保管、互济等委员会。①

1930年,赣西南、闽西革命根据地先后形成,建立了苏维埃政权,各级赤色工会组织兴起。1930年2月陂头会议后,赣西南苏维埃区域扩大到35县,其中已有27个县成立了县总工会,其余的县也都建立了基层工会,还辖有西华山矿区工会,赣西南已有40万工会会员。为统一赣西南各级工会的领导,同年9月21日,在吉安富田召开了赣西南第一次工人代表大会,成立赣西南总工会,肖道德任委员长。10月,中共江西省行动委员会成立后,赣西南总工会改为江西省赤色总工会,仍由肖道德任委员长。第二年春,成立赣西南赤色总工会和赣西南赤色雇农工会,罗剃枕和肖来才分别任委员长。由于赣西南和闽西各地工会组织先后成立,在组织上为中央苏区工会领导机构的建立奠定了基础。

1930年底,全国总工会派蔡树藩、陈佑生从上海至中央苏区,筹建全总苏区执行局。翌年初,又派全国五金职工工会委员长梁广至中央苏区。1931年2月,全总苏区执行局在富田正式成立,主任梁广,组织部长陈佑生,社会部长蔡树藩,宣传部长兼秘书长倪志侠。全总苏区执行局的建立使分散在苏区各地工会运动开始有了统一的组织领导,其主要工作是把苏区各行各业的工人组织起来,成立工会开展群众运动,发挥工人阶级的带头、领导作用,实行工农联盟一致对敌,保卫和扩大苏区,苏区工运开始走上了新的发展道

---

① 《工会章程——地方工会章程、产业工会章程、职业工会章程》(1930年2月7日),《江西工人运动史料选编》,江西人民出版社1986年版,第109—111页。

路。1931年11月7日,中华苏维埃第一次全国代表大会在瑞金召开,宣告中华苏维埃共和国临时中央政府成立。在新的局势下,全总苏区执行局的主要任务是,保障工人阶级的利益和权利,领导全苏区工人阶级拥护临时中央政府,巩固苏维埃政权,扩大红军。建立闽赣两省职工联合会是健全中央苏区工会组织的重要一步。

为了实现这个任务,全总苏区执行局决定召开闽赣两省工人代表大会。1932年2月7日,闽赣两省工人代表大会隆重开幕。出席代表250人,一共组织了10个代表团,其中闽西省4个代表团,江西省6个代表团。[①] 中共苏区中央局代表周恩来、临时中央政府代表项英、中共中央局代表顾作霖、军委代表叶剑英、总政代表李卓然、少先队代表王盛荣、中共福建省委代表李明光、中共江西省委代表刘启耀等在会上致词。大会明确指出职工会的10项任务:

苏区闽赣两省
工人代表大会

---

① 《闽赣两省工人代表大会开幕盛况》,《红色中华》第9期,1932年2月10日。

（1）从斗争中建立并改造各级工会成为真正的阶级斗争的民主组织；（2）争取劳动法的实施；（3）职工联合会必须将工人的经济利益与农民土地革命、反对帝国主义和巩固扩大苏维埃区域的利益联系起来；（4）职工会必须积极参加农民的土地革命；（5）职工会必须领导工人群众协助实现苏维埃的一切政策法令，努力增加生产；（6）扩大与建立铁的红军是职工会第一等的任务；（7）职工会必须加强对青工女工的工作，维护他们的特殊利益，以调动和发挥其积极性；（8）职工会必须领导组织合作社特别是生产合作社，努力增加生产以粉碎敌人的经济封锁；（9）加强对工会会员的宣传教育；（10）工会必须注意派得力干部到根据地附近的白区去发展赤色工会的组织，开展反对国民党黄色工会的斗争，使白区工人群众团结起来并声援红军的革命斗争。① 大会选举产生了江西省职工联合会执行委员会、江西雇农工会执行委员会、福建省职工联合会执行委员会、福建雇农工会执行委员会，于2月13日闭幕。这次大会把两省工人运动引向了新的发展阶段，标志着整个中央苏区的工人运动进入了一个历史转折点。此后，江西"全省全县及各业工人斗争纲领在各种工人大会中决定了，劳动法是开始执行了，集体合同劳动合同在七个城市中也普遍订定了，工人生活相当改善了，失业工人的救济如社会保险基金的征收生产合作社的组织也开始了"②。大会以后，苏区的工人运动在全总苏区执行局的领导下，纠正了过去中央苏区职工运动中的错误，发起了拥护全苏大会和临时

---

① 《闽赣两省工人代表工会决议之一——职工会在苏维埃的任务决议案》（1932年3月），《江西工人运动史料选编》，江西人民出版社1986年版，第235—237页。
② 《江西苏区中共省委工作总结报告》（续），《中央革命根据地史料选编》（上册），江西人民出版社1982年版，第466页。

中央政府的群众运动。

与此同时，各地苏区工会系统也陆续建立起来。1931年9月6日，中共湘赣边苏区临时省委提出《湘赣边苏区赤色工会暂行组织法》，为湘赣边苏区的工会系统的发展指明了方向。《组织法》要求，工会组织要通过从下到上的方式来组织，"现在我们办工会要艰苦耐劳的从下而上的去做。首先要把工会最下层的组织弄好，然后再开代表大会，成立正式的工会，具体来说：一开始办工会要找自愿加入工会的工人，有三人以上就可以成立工会小组，有三个工会小组就可以成立工会支部，有三个工会支部，就可以成立工会分会"[①]。1931年10月5日，中共湘赣省委发布《目前湘赣苏区各级工会的改造与几项中心工作》对湘赣苏区工会的主要工作和职能进行设定，其中提出苏区工会要"编制并训练工人纠察队""召集工人群众大会，或代表大会""批评苏维埃政府的工作""积极的帮助红军，派工人到红军中去工作"等日常工作，此外苏区工会还要承担"巩固与扩大苏维埃政权""加强并扩大红军工作""反对国民党军阀进攻苏区和红军""加紧反帝运动的工作"等中心工作[②]，这为湘赣苏区工人运动的发展设置了基本的框架。1931年11月，湘赣苏区已建立了"工会组织的地方有茶陵、永新、莲花、攸县、萍乡、酃县、安福、吉安、分宜、新余、峡江、宜春、遂川十四县"，建立了"全县总工会的有永新、莲花、安源、吉安、萍乡、攸县、茶陵七县""共有二十七个区工会（市镇工会在内），四百多个支部，

---

① 《湘赣边苏区赤色工会暂行组织法——中共湘赣边苏区临时省委提出》（1931年9月6日），《江西工人运动史料选编》，江西人民出版社1986年版，第172页。
② 《目前湘赣苏区各级工会的改造与几项中心工作》（1931年10月5日），《江西工人运动史料选编》，江西人民出版社1986年版，第182—187页。

二千六七百个小组（青工小组在内），共有一万二千多会员，内分成年工人八千三百之谱，青年工人三千七八百上下"。①1932 年 4 月 10 日，在永新召开湘赣省第一次工人代表大会，成立湘赣省职工联合会，选举了执委会，以刘士杰、刘国班、刘其凡、罗正和、尹中贵、杨西林、邱丙林等 7 人组成常委会（9 月增补刘本和、刘俊为常委），刘士杰为委员长。这次大会的召开和湘赣省职工联合会的成立，把湘赣工人运动推向了新的高潮，13 个县正式成立了职工联合会，会员发展到 2.4 万余人。②

1931 年 11 月，赣东北省总工会成立，余汉朝任委员长，李杰三任省总党、团书记。12 月，继省苏维埃政府易名之后，闽浙赣省总工会成立。闽浙赣省从县委至省委都增设了职工部，政府增设了劳动部。随着苏区工业的发展，政府管理的工厂和工人经营的合作社大量增加，工人阶级队伍不断壮大，工会组织的发展进入鼎盛时期。全区共有 2 万余工人，工会会员达 1.8 万余人。③

1930 年 3 月 21 日，湘鄂赣特委发出《关于职工运动的指示》，指示信说明了开展职工运动的重要性，提出了开展工人运动的实际方法，要求在已经开始筹备成立县总工会的县份，如平江、浏阳、万载等处，应速即成立正式县总工会，以主持全县工人运动的工作。在尚未成立筹备处的地方，如铜鼓、宜春、宜丰、修水、通山

---

① 《湘赣省总工会筹备委员会报告》（1931 年 10 月 29 日），《江西工人运动史料选编》，江西人民出版社 1986 年版，第 189 页。
② 江西省总工会编：《江西工人运动史》，江西人民出版社 1995 年版，第 149—150 页。
③ 江西省总工会编：《江西工人运动史》，江西人民出版社 1995 年版，第 146—147 页。

等处，应根据客观环境的需要，开始进行筹备的事宜。①1931年9月，湘鄂赣省第一次工人代表大会在修水上杉召开，正式成立湘鄂赣省赤色总工会，选举陈桂生为委员长。到1932年2月，在省赤色总工会领导下，江西的万载、修水、铜鼓、宜萍等地建立了赤色总工会，瑞昌、武宁等地成立了总工会筹备会。上高、分宜原有部分的组织指定由万载指挥成立上宜工会办事处，樟树方面原有散漫的组织，亦由万载负责派人去整理。整个湘鄂赣省工人人数在6万以上。②

刘少奇

1933年初，中华全国总工会随中共中央由上海迁入中央苏区，原全总苏区执行局撤销，改设全总苏区中央执行局。改组后的全总苏区中央执行局，以刘少奇为委员长，陈云为副委员长兼中共驻全国总工会党团书记和全国总工会社会部部长（即白区工作部部长），王子刚任秘书长兼文化部

陈云

---

① 《湘鄂赣边特委通告第三十号——关于职工运动的指示》，江西省档案馆藏，档号：G001-4-120-557。
② 《湘鄂赣省总给全总报告》（1932年2月16号），江西省档案馆藏，档号：G001-4-122-011。

长，梁广任组织部长，王秀为青工部长，倪志侠为社会经济部长，马文任国家企业部长，从而加强和健全了全总苏区中央执行局的内部组织建设。全总苏区中央执行局成立后，在刘少奇、陈云的领导下，立即与各苏区工会取得联系，或派出得力干部到各苏区去加强工会领导力量，或派干部前去巡视指导工作。中华全国总工会的迁入和全总苏区中央执行局的建立，不仅推动了各苏区工会运动的全面发展，更为党在治国理政伟大预演中注入了工运实践，在中国工运史上具有标志性意义。

四、行业工会组织的建立和完善

1930年7月24日，中央发出第148号通告，要求"地方党部应于所属的产业或职业工厂作坊中迅速建立工会组织并使该工会马上与上级产业工会或全总发生组织上的关系，在农村中的雇工工会，党应该注意使他与上级工会及全总发生组织关系"[①]。江西省苏维埃政府是执行中央号召最早的区域之一，早在1930年10月，江西省苏维埃政府成立之初，江西省赤色总工会就颁布了《职业工会章程》。根据《职业工会章程》，职业总工会下设各职业工会，职业工会下设直属支部（地域不广或工人较集中者）和地区分会（职业工人散布的地区宽广者），直属支部下设小组，地区分会下设店铺支部、作坊支部。[②]1930年12月，全国总工会制定的《对于苏维埃区域工会工作计划大纲》规定要组织六种工会：产业工会、雇农工会、苦力工会（包括肩挑担担的、推车的、抬轿子的、做短工

---

① 《中央通知第一四八号——关于赤色工会运动与建立各级工会间的关系问题》（1930年7月24日），《中共中央关于工人运动文件选编》（中），档案出版社1985年版，第65—66页。
② 《职业工会章程》，江西省档案馆藏，档号：G001-2-011-002。

的、帮闲的等)、运输工会(木船、码头、车夫等运输工人)、店员工会、手工业工会。①1931年3月1日，中共苏区中央局在《关于工会运动与工作路线的通告》中，规定苏区应当按照产业和职业关系来成立工会，每种工会都要有系统的组织。凡是手工业工人都应组织在一个地方手工业工会里，再按照手工业的职业关系来组织分会或支部；店员工会也是一样，也应当单独成立工会。然后由这种工会联合成立地方总工会，以至特区总会。②1931年12月，职工国际部第八次会议通过《中国的革命的职工运动的任务》决议，要求苏区"首先要组织的就是农村工人(雇农)的工会、苦力工会、手艺工人的工会和店员的工会"③。全国总工会迁入苏区以前，各苏区根据中共中央、中共苏区中央局和全国总工会的要求，大多已建立了一些不同业别的地区性工会，但是并没有形成自上而下的组织系统，各地工会工作主要还是依靠地方工会系统进行。

1932年8月，中共苏区中央局在《为苏区职工运动致全体同志信》中，批评苏区工会"直到现在产业系统的组织还不是处在主要地位"④，要求苏区工会要逐渐转变为以产业系统为主要的组织形式。

---

① 《中华全国总工会对于苏维埃区域工会工作计划大纲》(1930年12月)，中华全国总工会中国职工运动史研究室编：《中国工会历史文献》(3)，工人出版社1958年版，第289—292页。
② 《中共苏区中央局通告第十七号——苏区中央局关于工会运动与工作路线的通告》(1931年3月1日)，中共江西省委党史研究室等编：《中央革命根据地历史资料文库·党的系统》(第2册)，中央文献出版社、江西人民出版社2011年版，第1483页。
③ 《中国的革命的职工运动的任务》(1931年12月职工国际执行部第八次会议的决议案)，江西省档案馆藏；档号：G001-4-090-009。
④ 《中央苏区中央局苏区职工运动致全体同志信》(1932年8月22日)，《中央革命根据地历史资料文库·党的系统》(第4册)，中央文献出版社、江西人民出版社2011年版，第2324页。

全总苏区中央执行局（沙洲坝）旧址

全总苏区中央执行局（云石山）旧址

全国总工会迁入苏区后，全总苏区中央执行局即将筹备建立苏维埃全国性产业工会列入重要工作日程。1933年2月，为着准备各产业代表大会的工作起见，决定于2月20日成立雇农工会筹备会，2月15日成立手工业工会店员工会筹备会，2月20日成立苦力运输工会筹备会。①

苏区处于农村，农业经济占据主导地位，产业工人数量不多，雇农和手工业群体是农村工人的主要群体。早在1929年召开的第五次劳动大会就注意到农村工人问题，并通过《农村工人运动工作大纲决议》，其中指出"农村工人最主要的是广大雇工群众，其次是农村中手工业工人和店员""无产阶级在目前革命阶段，欲巩固他对于农村领导地位，只有经过农村无产阶级——雇工，才能建立强固的工农革命同盟"，因此要大力发展农村工会组织。《决议》对如何建立农村工会组织进行了设计，"农村工会组织以农村支部为基础组织，联合一乡或一区视区域大小来规定农村支部和附近市镇各业支部成立农村工会，较大的农场公司，应单独成立工会，然后按耕种的区域或居住的关系来组织支部"。②《决议》还对农村雇工的主要经济要求、主要斗争方式等进行了规定，为乡村工会的建设奠定了基础。1929年中央发出通告第五十九号，指出"农村的党应认定雇农是党在乡村中的无产阶级基础，党的发展应向着雇农贫

---

① 《苏区全总执行局召集产业工人代表会》，《红色中华》第52期，1933年2月13日。
② 《第五次劳动大会农村工人运动工作大纲决议》（1932年1月15日），《江西工人运动史料选编》，江西人民出版社1986年版，第204—206页。

农，要特别着重于雇农及手工业工人"[①]。1930年3月，中央发出通告第七十三号，要求"各级党部应特别注意在农村中，尤其是有斗争的地方，吸收雇农分子入党，改造党的组织，加强党在农村中无产阶级的基础"[②]。1930年全总即指示："建立农村的雇农工会，是与农民联合最主要的关键，是目前的中心工作。"[③]3月25日，《全总通讯》发表《苏维埃区域工会工作大纲》，指出："我们不但要认清雇农是乡村中的无产阶级，要把他们从农民中划分出来，组织雇农的独立的阶级工会，领导他们与富农对抗的阶级斗争。"[④]7月22日，全国组织会议通过《目前政治形势与党的组织任务》，再次指明"农村中的组织最主要的是建立雇农独立的工会，要成立有系统的统一的工会组织，凡是与农村生产有直接联系的工钱劳动者都应加入"[⑤]。1930年9月，中共中央六届三中全会通过《关于职工运动决议案》，明确指出赤色工会的任务"首先就是建立工会的下层

[①] 《中央通告第五十九号——为巩固与发展党的无产阶级基础》（1929年12月2日），中共江西省委党史研究室等编：《中央革命根据地历史资料文库·党的系统》（第1册），中央文献出版社、江西人民出版社2011年版，第677页。

[②] 《中央通告第七十三号——发展产业工人党员加强党的无产阶级基础》（1930年3月22日），中共江西省委党史研究室等编：《中央革命根据地历史资料文库·党的系统》（第1册），中央文献出版社、江西人民出版社2011年版，第752页。

[③] 文虎：《中国职工运动状况（1928—1930）》，中华全国总工会中国工人运动史研究室编：《中国工运史料》第23期，第200页。

[④] 《苏维埃区域工会工作大纲》，《全总通讯》第1期，1930年2月25日。

[⑤] 《目前政治形势与党的组织任务》（1930年7月22日全国组织会议通过），《中央革命根据地历史资料文库·党的系统》（第2册），中央文献出版社、江西人民出版社2011年版，第948页。

组织和群众基础"①，要求"各业工会从下面上从上面下的各级执委，要有独立的工作系统的组织路线，尤其要提倡下层组织，工作作坊里面的工会组织"②"苏维埃区域内的工会组织，必须成为真正群众的组织，更加发展群众对于工会的积极性，吸引广大群众来参加工会工作"。③在决议中，特别重视苏维埃区域的雇农工会问题，指出："雇农工会应该是实现现时无产阶级在资产阶级民权革命和反帝国主义革命之中的领导权的重要工具之一""雇农工会的独立的组织，是苏维埃政权在乡村的支柱"。④这样，在农村中组织雇农工会成为各级党组织的重要任务。雇农工会陆续在各苏区建立起来。在苏区江西省，雇农工会于1930年10月间开始建立。在赣东北苏区，"（1930年）九月间（阴历）即在乐城由特总召集各县雇农代表大会，正式成立东北雇总；各县成立县雇总筹备处。现在，各县开了□□□□雇农代表大会，正式成立县雇总的有弋阳、贵溪、横峰、德兴、上饶五县"⑤。到1931年10月，在湘赣省，莲花、永新、吉安、安福、茶陵五县建立了雇农工会的组织。⑥到1932年9

---

① 《中共中央六届三中全会关于职工运动决议案》（1930年9月），《中共中央关于工人运动文件选编》（中），档案出版社1985年版，第81页。
② 《中共中央六届三中全会关于职工运动决议案》（1930年9月），《中共中央关于工人运动文件选编》（中），档案出版社1985年版，第82页。
③ 《中共中央六届三中全会关于职工运动决议案》（1930年9月），《中共中央关于工人运动文件选编》（中），档案出版社1985年版，第90页。
④ 《中共中央六届三中全会关于职工运动决议案》（1930年9月），《中共中央关于工人运动文件选编》（中），档案出版社1985年版，第91页。
⑤ 《赣东北特区总工会目前工作报告》（1931年4月12日），《江西工人运动史料选编》，江西人民出版社1986年版，第167页。
⑥ 《湘赣省总工会筹备委员会报告》（1931年10月29日），《江西工人运动史料选编》，江西人民出版社1986年版，第189页。

月，湘赣省雇农工会在各县都普遍的建立起来了，而且雇农工会开始占了重要地位。①

当时的雇农工会存在"左"倾错误，对雇农的认识太过狭窄，且认为分了田的雇农不再属于雇农。如《湘赣边苏区赤色工会暂行组织法》对雇农工会的组织进行了规定，要求"雇农工会的成分，必须是革命前被地主富农雇请的长工或短工和现在的雇农。半工半农的贫农，不能参加雇农工会。挑脚、抬轿的苦力工人，须单独组织苦力工会，不准加入雇农工会""雇农工会是产业工会性质的组织，必须从下到上的成为独立的组织系统"。②苏区党的一大通过《苏区工会运动决议案》对此提出了批评，指出"雇农工会的组织与工作，没有成为苏区工会运动中的主要工作，过去在中央苏区存在取消雇农工会的错误（即是分了田的不加入工会）"③。此后，苏区工会开始纠正这些错误。1932年3月，全总苏区执行局颁布《雇农工会章程草案》对雇农工会的组织进行规范和完善，《草案》规定："不论是革命之前或革命以后，凡是在农村中终年的或一年以内，主要是依靠做长工或短工生活来源靠做工度活的雇农均得加入本会为会员（原文如此，引者注）。"雇农的组织主要设在区以下，以各乡为单位组织支部，支部之下可依村组织小组。各乡支部由支部全

---

① 《湘赣苏区职工会的任务决议》(1932年7月19日)，《江西工人运动史料选编》，江西人民出版社1986年版，第397页。
② 《湘赣边苏区赤色工会暂行组织法——中共湘赣边苏区临时省委提出》(1931年9月6日)，《江西工人运动史料选编》，江西人民出版社1986年版，第181页。
③ 《苏区工会运动决议案——中国共产党苏区第一次代表大会通过》(1931年11月1—5日间)，中共江西省委党史研究室等编：《中央革命根据地历史资料文库·党的系统》(第3册)，中央文献出版社、江西人民出版社2011年版，第1859页。

体会员大会推举三人为干事会，再由干事会推举一人为干事长，支部所属各小组，在小组会推举一人为组长。代表会为雇农工会最高机关，代表会选举组织执行委员会，由执行委员会选出委员三人组织常务委员会处理日常事务并推执行委员长一人为执委会及常委会主席。①

1932年3月，闽赣两省工人代表大会作出《雇农问题决议案》，对雇农工会的任务进行规定。其中指出，"在目前雇农工会运动是目前苏维埃区域的中心工作之一，必须加强无产阶级对于贫农的领导与中农的联盟，加紧反富农的斗争，彻底消灭苏区残余的封建势力，巩固苏维埃政权"。为此，"雇农工会应发动贫农中农把富农多余的耕牛耕具，分配给缺乏耕牛耕具的农民耕种""必须加紧领导雇农及参加苏维埃选举运动，以雇农小组的核心作用，指挥贫农团的工作，经常注意苏维埃代表制度的建立，同时要发动雇农贫农中农帮助苏维埃工作，与实现劳动法令及一切苏维埃政策"，等等。对于雇农工会的组织，《决议案》提出，"所有雇农加入贫农团，成立雇农小组，受雇农工会的指挥，对贫农团以核心领导""各级工会负责人，应尽可能的不脱离生产，应建立经常的会议集体指导工作，建立上下级密切联系"。②

随着雇农工会的组织的健全，雇农工会成为领导苏区雇农开展生产，支援苏区革命战争，向地主富农发动斗争的组织力量。正如兴国县龙沙区雇农支部在报告中所指出的，"我们热烈的帮助政府

---

① 《全总苏区执行局雇农工会章程草案》（1932年3月），《江西工人运动史料选编》，江西人民出版社1986年版，第227—228页。
② 《闽赣两省工人代表大会决议之三——雇农问题决议案》（1932年3月），《江西工人运动史料选编》，江西人民出版社1986年版，第227—228页。

推销公债票""会员二十三岁以下的全体加入了少先队,二十三岁以上的加入模范师"。① 万泰工人雇农"把第二期公债券还给政府,不要还本""计退还了三百二十七元五毛"。② 1932 年 4 月 18 日,湘赣省雇农总工会成立。5 月 6 日,湘赣省雇农工会第一次执委会决议案,要求"各县雇农工会,同样的要各县警卫营到白区找耕牛农具补充苏区的缺乏""各级雇农工会应动员所有雇农,领导贫农、中农加紧去进行,特别要发动农民生产竞赛,提高农业生产,发展农村经济"。③ 在省雇农总工会的领导下,发展了阶级斗争,有一部分雇农加入了红军,深入了反富农斗争及查田运动,参加游击队,雇农工会的影响有了相当的扩大。④

1933 年 4 月,中国农业工人工会第一次全国代表大会召开,通过了《中国农业工人工会(雇农工会)章程》,对雇农工会的组织体系进行了规范和完善。章程规定,"本会的基本组织是支部委员会,凡是会员 15 人以上之乡或农场企业,即可成立本会的该乡或该农场企业的支部委员会,由会员大会选举 3 人至 7 人(由工人人数多少来决定)组织之,并由委员会选举一人为主任""凡是 3 个乡村或农场企业支部委员会以上之区,即可成立本会在该区的委员会,由全区会员大会或代表会选举 7 人至 15 人组织之,并由委员会选举 3 人至 5 人组织常务委员会,内举一人为常务委员会主任""凡是三个区委员会以上的县,即可组织本会在该县的委员会,

---

① 《一个雇农工会支部的工作报告》,《苏区工人》第 3 期,1933 年 7 月 15 日。
② 《万泰在经济动员中》,《红色中华》第 75 期,1933 年 5 月 2 日。
③ 《湘赣省雇农工会第一次执委会决议案》(1932 年 5 月 6 日),《江西工人运动史料选编》,江西人民出版社 1986 年版,第 357 页。
④ 《政治决议案——湘赣全省二次雇农代表大会通过》(1932 年 12 月 23 日),《江西工人运动史料选编》,江西人民出版社 1986 年版,第 454 页。

由该县代表会选举15人至21人组织之,并由委员会选举5人至7人组织常务委员会,内举一人为委员会主任""凡是三个县委员会以上之省,即可成立本会在该省的委员会,由该省代表会选举21人至35人组织之,并由委员会选举7人至11人组织常务委员会,内举一人为委员会主任"。[1]大会选举朱地元、黄汉章、肖良德、刘启复、陈云等60人为中央执行委员,林章礼、楚肖义、曾佛祥、张云山等12人为候补委员,朱地元为委员长,李文棠、张念仁为副委员长,以张念仁兼组织部、李文棠兼社会经济部,谢纫椿为文化教育部,肖良德为青工部,钟玉英为女工部。[2]通过《对于苏区农业的工钱工人的经济斗争决议》,对农业工人的工作时间、休假、工资、待遇、社会保险、劳动合同等进行规定。值得注意的是,这些规定相较于之前较为"左"的规定来说,更趋于合理,这体现了苏区雇农工会不断走向成熟。如对于工作时间的规定,没有一刀切地要求八小时,而是规定"成年的农业工人,每月实在工作时间,以八小时为原则……但在工作上有特殊情形时,得延长每日的工作时间至十小时";在社会保险问题上,没有对雇主提出无法承担的要求,"长工有病在半个月以内,雇主除了供给医药外,并照发工资,在半个月以外两个月以内,由雇主供给医药并伙食,工资可停

---

[1] 《中国农业工人工会(雇农工会)章程》(1933年4月),中共江西省委党史研究室等编:《中央革命根据地历史资料文库·群团系统》(第15册),中央文献出版社、江西人民出版社2020年版,第1083—1084页。
[2] 《中国农业工人工会通知(第一号)》,江西省档案馆藏,档号:G001-4-090-070。

止发给"。① 此外，大会还通过了《目前的政治形势与中国农业工人的任务》《关于扩大红军的决议》《关于参加苏维埃与贫农团工作的决议》《关于苏区"查田运动"的决议》《组织互助耕牛站的决议》等，明确了雇农工会所承担的任务与运行机制，为雇农工会的发展奠定了基础。

1933年5月1日，中国店员手艺工人第一次全国代表大会在瑞金开幕，与会代表300余人。大会通过了《中国店员手艺工人工会章程》，对店员手艺工人工会的组织机构进行了规范，规定"凡是会员15人以上之企业、作坊、工厂，即以工厂、作坊为单位，成立本会在该工厂、作坊中的支部委员会，由会员大会选举3至7人组织之，并由委员会推举一人为主任""在乡村中的手艺工人，凡是手艺工人的会员在15人以上的乡，即可成立本会在该乡的支部

二苏大会旧址

---

① 《对于苏区农业的工钱工人的经济斗争决议》（1933年4月），中共江西省委党史研究室等编：《中央革命根据地历史资料文库·群团系统》（第15册），中央文献出版社、江西人民出版社2020年版，第1066、1070页。

二苏大会代表合影

委员会""凡有3个区及市镇委员会以上的县,即可成立本会在该县的委员会""凡有3个县的委员会之省,即可成立本会在该省的委员会"。各级委员会下设秘书处、组织部、社会经济部、文化教育部、青工部、女工部。[①]大会通过《中国店员手艺工人工会在苏区内的组织任务决议案》,明确"店员手艺工人工会,在苏区的组织任务,就是要巩固和扩大工会的组织,团结无数万的店员手艺工人'在斗争中去教育群众,彻底完成资产阶级民主革命的阶段,并使得革命往前发展为社会主义的任务'"[②]。

1933年7月1日,中国纸业工人代表大会在瑞金举行,宣告

[①] 《对于苏区农业的工钱工人的经济斗争决议》(1933年4月),中共江西省委党史研究室等编:《中央革命根据地历史资料文库·群团系统》(第16册),中央文献出版社、江西人民出版社2020年版,第1183—1184页。
[②] 《中国店员手艺工人工会在苏区内的组织任务决议案》(1933年5月24日),中共江西省委党史研究室等编:《中央革命根据地历史资料文库·群团系统》(第16册),中央文献出版社、江西人民出版社2020年版,第1168页。

成立中国纸业工人工会，委员长罗梓铭。1933月9月1日，中国苦力运输工人第一次代表大会在瑞金召开。江西、福建、粤赣、闽浙赣、湘鄂赣等5省271名代表参会。会议制定了苦力运输工人的经济斗争纲领，主要是动员苦力运输工人参军参战，并为发展苏区经济，粉碎敌军的经济封锁，扩大水上运输能力。大会选举产生了中国苦力运输工人工会中央委员会，王选贤为委员长，谢瑞生为副委员长。1934年7月1日，国家企业职工第一次代表大会在瑞金召开，到会代表160人。大会通过了《政治报告》《经济要求》《工厂章程与组织条例》等决议，选出国家企业职工工会临时中央执行委员会，朱荣生为委员长，陈宗昌为副委员长。[①]

从1933年4月开始，到1934年7月，先后召开了中国农业工人、中国店员手艺工人、中国纸业工人、中国苦力运输工人、苏维埃国家企业职工等代表大会，分别建立了五个"产业工会"，并初步形成了省、县、区三级工会组织系统。此外，中央苏区共有62个县成立了职工联合会，中央苏区各级工会组织趋于完善和系统化，工会运动进入全盛时期，到1934年二苏大召开时，据中华全国总工会的统计，苏区工会会员数仅以中央苏区及其附近几个苏区计算，共有22.9万人，其分布：中央苏区110000人，湘赣23000人，湘鄂赣40000人，闽浙赣25000人，闽赣6000人，闽北5000人。根据中央苏区的材料，没有加入工会的工人仅3676人，不足全体工人的5%，即是说95%的工人是加入工会了。一部分地方如兴国加

[①] 江西省总工会编：《江西工人运动史》，江西人民出版社1995年版，第152—153页。

入工会的竟达90%。①

这样在苏区便建立了横的系统（地方工会联合会）和行业工会从中央至乡村的纵的系统。因为在乡村中，会员不多，住得稀散，交通不方便，行业工会很难单独开展工作。为了克服这个困难，在苏区工会实践中加强地方工会联合会的作用，干部由地方工会联合会统一分配出发巡视工作，而各业工会的委员会讨论与解决该业工人的特殊问题，办事与解决共同的问题集中到地方工会联合会。②这样就厘清了各产业工会和工会联合会的关系，苏区工会系统得以顺利地运作。

五、工会组织运作机制的构建

苏区工会建立的目的是为了保障工人群众的利益，这就要求工会必须是"群众斗争的团体"，"群众自己的团体"。③为了使工会真正体现这种广泛群众性的特点，促进工会的民主化建设，中央苏区的党和工会进行了艰辛的探索。苏区工会在初期发展阶段，曾出现过脱离群众的机关主义、命令主义等现象，"工会与工人群众的关系是脱离的现象，工会生活非常缺乏，形成少数人包办的机关，命

---

① 原文如此，见《中华苏维埃共和国中央执行委员会与人民委员会对第二次全国苏维埃代表大会的报告》（1934年1月24—25日），中共江西省委党史研究室等编：《中央革命根据地历史资料文库·政权系统》（第8册），中央文献出版社、江西人民出版社2013年版，第1328页。
② 《中华全国总工会给赤色职工国际报告——中国苏维埃区域工会工作概况》（1934年3月1日），中华全国总工会中国职工运动史研究室编：《中国工会历史文献》（3），工人出版社1982年版，第623页。
③ 《中共苏区中央局关于工会运动与工作路线的通告》（1931年3月1日），《中共中央关于工人运动文件选编》（中），档案出版社1985年版，第123页。

令主义极其浓厚"①。"一切工作方式不是自下而上的群众路线，多是自上而下的命令方式"②。"过去工会不仅没有代表会议，连执行委员会能很好的开会的亦很少"③。如在湘鄂赣省蒲圻县四区五区虽然成立了正式总工会，但是在代表大会中没有产生执行委员会，也没有常务委员的组织，致不能实行民主集中制的办法去执行一切工作。"各工会的机关主义很浓厚，所以下级工会会议只有一百几个也需要二、三人离开生产到工会机关里来，一切工作不能发动群众来参加，工会成为空洞的机关。"④为了建立正确的工会生活，中央苏区各省在组织工会时特别注意通过自下而上的方式发动广大工人来加入工会。主要集中在以下几方面：

密切工会与工人群众的联系。早在1930年2月发布的《苏维埃区域工会工作大纲》中就提出，"所谓工会生活，第一就是实行最高民主精神"，要"多多容纳群众中的活动分子，参加工会工作，由工会执行机关以至代表会议，都要使得大多数工人中积极分子能够参加这机关的组织，来实习执行和讨论工会的政治斗争的各种问题"。⑤1931年3月1日，中共苏区中央局在《关于工会运动与工作路线的通告》中提出，"要使工会成为群众的公众的工会，不仅吸

---

① 《中共苏区工会决议案——苏区党第一次代表大会通过的决议案之四》（1931年11月），《中共中央关于工人运动文件选编》（中），档案出版社1985年版，第131页。
② 《赣东北特区总工会目前工作报告》（1931年4月12日），《江西工人运动史料选编》，江西人民出版社1986年版，第168页。
③ 《全总苏区执行局报告》，《江西工人运动史料选编》，江西人民出版社1986年版，第297页。
④ 《全总苏区执行局报告》，《江西工人运动史料选编》，江西人民出版社1986年版，第298页。
⑤ 《苏维埃区域工会工作大纲》，《全总通讯》第1期，1930年2月25日。

引很多很多群众中最积极的坚决斗争分子来参加工会各级指导机关及工会各种工作；目前在苏维埃区域的工会，应当实行相当民主，各级工会都要建立定期的固定的代表会议"，具体的做法是"各级工会依会员人数，选举五十至一百左右的代表（要按会员人数多少来定），定一个经常开会时期（如地方各业工会每半月一次，地方总工会一个月一次或定每三个月一次等等）"。① 在 1931 年 11 月召开的苏区党的第一次代表大会中再次要求要"从上而下的建立工会的组织系统，健全各级指导机关，工会组织要实行民主化，建立工会定期代表会议，吸引工人群众参加工会一切工作，……反对党和少数人的包办工会，肃清机关主义和命令主义"②。在中央精神的指导下，各级工会都非常注重加强工会与群众的联系。1931 年 9 月 6 日，中共湘赣边苏区临时省委提出《湘赣边苏区赤色工会暂行组织法》，要求"组织工会不要有丝毫的命令强迫的性质，要在工人自愿加入工会的情形底下来开始组织工作，首先还是要工人群众感到工会是帮助他们谋切身利益的团体"③。闽赣两省工人代表大会通过《组织问题决议案》，明确要求"要使职工会民主化群众化，就是要去除包办主义命令主义倾向，就要正确的了解职工会上级机关对下级机关的关系"④。1932 年 4 月 29 日，湘鄂赣省赤色职工联合

---

① 《中共苏区中央局关于工会运动与工作路线的通告》（1931 年 3 月 1 日），《中共中央关于工人运动文件选编》（中），档案出版社 1985 年版，第 123 页。
② 《中共苏区工会决议案——苏区党第一次代表大会通过的决议案之四》（1931 年 11 月），《中共中央关于工人运动文件选编》（中），档案出版社 1985 年版，第 134 页。
③ 《湘赣边苏区赤色工会暂行组织法——中共湘赣边苏区临时省委提出》（1931 年 9 月 6 日），《江西工人运动史料选编》，江西人民出版社 1986 年版，第 173 页。
④ 《闽赣两省工人代表大会决议之二——组织问题决议案》（1932 年 3 月），《江西工人运动史料选编》，江西人民出版社 1986 年版，第 242 页。

会发布《第二次工人代表大会选举细则大纲》,要求"建立经常代表制,在选举运动中,要把各级经常代表制度真正的建立起来,其作用是要废除过去工会表现的命令主义、包办主义,实际的建立工会的民主生活"①。《大纲》对各级代表大会的代表人数进行了规定,明确要求"全省第二次代表大会的选举,是要从支部做起,支部干事须召集全体会议来产生区的代表""每个代表名单,无论是哪个人提出的,都要向工人一一介绍"。②1932年5月10日,湘鄂赣赤色职工联合会发布《湘鄂赣省第二次工人代表大会选举运动工作指南》,再次明确要求在选举运动中加紧改进工会工作,"要坚决反对指派和包办的方式,必须以真正民主制度进行选举"③。对于如何密切同工人群众的关系,陈云在《斗争》上发表《这个巡视的领导方式好不好?》进行了阐述,陈云通过剖析一个很努力工作的巡视员在几次会上的报告,发现他只是由自己在支部会议上提出一大批工作,而没有从工人最高兴的工作做起,缺少具体的办法、把握不住群众的问题。他认为:在工作中一定要提出群众迫切要求解决的问题,这是一个关键,好比锁着的两扇大门,我们要进屋子去,一定要个钥匙来开那把铁锁。这个钥匙就是拿住工人愿意做的那个工作做起,而不是呆板地照我们自己所想的来做。④经过工会的实践和探索,各级工会深刻认识到工会与群众的血肉关系,"工会不只是

---

① 《湘鄂赣省赤色职工联合会第二次工人代表大会选举细则大纲》(1932年4月29日),《江西工人运动史料选编》,江西人民出版社1986年版,第345页。
② 《湘鄂赣省赤色职工联合会第二次工人代表大会选举细则大纲》(1932年4月29日),《江西工人运动史料选编》,江西人民出版社1986年版,第345—346页。
③ 《湘鄂赣省第二次工人代表大会选举运动工作指南》(1932年5月10日),《江西工人运动史料选编》,江西人民出版社1986年版,第371页。
④ 《陈云文选》第1卷,人民出版社1995年版,第24页。

派几个代表到苏维埃负责,不只是把最好的干部送到苏维埃工作,而且要吸引群众去参加苏维埃一切工作,和苏维埃在一块工作。对于苏维埃有各种提议,使苏维埃执行坚决的革命的政策,和完满的解决本地群众的日常问题"①。

制定工会正确的决策制度。为了保证工会能及时处理和解决工人运动中出现的问题,苏区各级工会都要建立健全定期的代表会议制度进行决策。定期召开的代表会议要讨论工会的各种问题,遇有紧急问题则召集临时代表会议来讨论,这样使大多数群众的积极分子来参加工会一切问题的讨论,实现"一切工作的方针,特别是发动斗争,要经过群众的意志来决定,使工会组织的斗争有群众力量的保证"。1930年9月,中共中央六届三中全会通过的《关于职工运动决议案》对工会生活提出要求:"每次斗争之中,工会要有组织地讨论决定进行斗争之中的每一步骤,而且都要会员群众来参加。"② 湘鄂赣省职工会要求:"各级工会,同样要建立健全的指导机关,没有坚强的指导机关,没有真正做实际工作的指导机关,'就不能推动并领导工会整个工作'。"③ 在1932年3月,全总苏区执行局颁布的《雇农工会章程草案》中,明确要求"(雇农工会)组织以民主集中制为原则,凡本会一切重大问题均由会员大会或代表大

---

① 《关于参加苏维埃与贫农团工作的决议——中国第一次农业工人代表大会通过》,江西省档案馆藏,档号:G001-4-090-070。
② 《中共中央六届三中全会关于职工运动决议案》(1930年9月),《中共中央关于工人运动文件选编》(中),档案出版社1985年版,第82页。
③ 《湘鄂赣省赤色职工联合会三个月(五、六、七月)工作计划》(1932年4月25日),《江西工人运动史料选编》,江西人民出版社1986年版,第337—338页。

会决定通过。"①湘赣全省二次雇农代表大会，通过《组织问题决议案》，要求各地雇农工会"建立并健全工会日常工作。经常召集常委会，精密的科学分工与布置和计划工作，定出工作日程，实行工作系统化"②。

构建优良的工作作风。1931年3月1日，中共苏区中央局在《关于工会运动与工作路线的通告》明确要求，"在特区和县的机关供伙食做事的人应减少，……工会支部不要常驻会，办公的人也只一人驻会办公；特别是许多地方不必成立一个工会的就不要成立，免得变成招牌的机关；这样工会的经济必可以节减"③。湘鄂赣省职工联合会要求各级工会"坚决执行工作的个别负责制，发展自我批评与思想斗争，反对主要危险——右倾以及实际工作中的机会主义，对犯了错误的工人干部，应该用解释教育的方式说服他们，不要开始就用组织上的处罚或家长式阎王式的谩骂，更不要用上级机关、个人的威权来吓新的工人干部"④。同时，"省职工会机关尽量节省经费，'实行一个钱不乱用'，'实行机关工作化'（不做省工会工作的不准在省工会吃饭）。全体机关工作人员要读书看报，要参加娱乐，要做清洁卫生工作，实行革命竞赛与参加礼拜六工作，省工会的干事与技术人员及夫子等，要造成有力的干部，并要消灭机

---

① 《全总苏区执行局雇农工会章程草案》（1932年3月），《江西工人运动史料选编》，江西人民出版社1986年版，第227页。
② 《组织问题决议案——湘赣全省二次雇农代表大会通过》（1932年12月24日），《江西工人运动史料选编》，江西人民出版社1986年版，第467页。
③ 《中共苏区中央局关于工会运动与工作路线的通告》（1931年3月1日），《中共中央关于工人运动文件选编》（中），档案出版社1985年版，第123页。
④ 《湘鄂赣省赤色职工联合会三个月（五、六、七月）工作计划》（1932年4月25日），《江西工人运动史料选编》，江西人民出版社1986年版，第332页。

关工作人员的官僚化"①。为了保证工会的作风，中央苏区各省还广泛建立了巡视制度。1932年3月18日，湘赣省职工联合会提出要建立巡视工作制度，委托省总执行委员会起草巡视工作大纲，同时并须省总应（原文如此——引者注）经常聘请巡视员4人至6人，县总至少要2人担任巡视员。②1932年4月30日，湘鄂赣省赤色职工联合会发布《湘鄂赣省赤色职工联合会巡视条例》，对巡视工作进行规范，指出巡视工作是为"加强省职工会对于下级工会的领导，消灭国民党式的机关制度，切实传达省职工会的一切决议和保证这些决议的实行"。要求巡视员"必须是真正工人分子""过去担任过工会负责的，或受过训练的先进工人分子"。巡视员的任务是检阅各县区支部工会的领导，考察他们的领导的方式，"在巡视时，要特别发展下层大多数的工友对于工作'尤其是上级领导的工作'的自我批评，彻底肃清各级工会负责人的命令式、恐怖式的参与"。③在湘赣省，"省、县经常组织巡视团，深入下层巡视和帮助下层工作，健全各指导机关"④。此后，巡视制度成为各级各类工会的必设制度。如1933年10月，湘赣省运输工人第一次代表大会通过的《湘赣省苦力运输工人工会组织任务决议案》中，就明确指出"建立巡视制度是转变工会工作的主要关键，要选择比较好的干部

---

① 《湘鄂赣省赤色职工联合会三个月（五、六、七月）工作计划》（1932年4月25日），《江西工人运动史料选编》，江西人民出版社1986年版，第337页。
② 《湘赣省职工联合会关于职工会组织问题的决议》（1932年3月18日），《江西工人运动史料选编》，江西人民出版社1986年版，第313页。
③ 《湘鄂赣省赤色职工联合会巡视条例》（1932年4月30日），《江西工人运动史料选编》，江西人民出版社1986年版，第348—350页。
④ 《湘赣省职工联合会致全总的信》（1932年4月30日），《江西工人运动史料选编》，江西人民出版社1986年版，第355页。

担任巡视员。各县、会要有固定的巡视员,各区工会要有不脱离生产的巡视员"①。1932 年 11 月 30 日,永新县委第二次代表大会通过《工会工作决议》,提出"从上而下的建立工会的生活,定期召集代表会议,启发工人群众的自我批评,吸引工人群众参加工会一切工作,……反对党和少数人的包办工会,肃清机关主义和命令主义"②。这说明工会组织的作风建设已经深入至苏区基层工会之中。

第二节 苏区工人运动与工农联盟的形成

一、劳动法的制定和实施

苏区时期,随着红色政权的建立,苏区出现了新型的生产关系。为了调整苏区内的劳资关系,维护劳动者的根本利益,建立全新的生产秩序,从而使党所领导的民主革命得到广大劳动群众的支持,一些苏区政府已开始劳动立法的尝试③,并逐步发展,苏区工人运动的制度建设不断走向完善。中共中央和苏维埃中央政府对劳动法的制定与贯彻执行一直非常重视,在《中华苏维埃共和国劳

---

① 《湘赣省苦力运输工人工会组织任务决议案》(1933 年 10 月 13 日),江西省档案馆藏,档号:G001-2-076-007。
② 《工会工作决议——永新全县第二次代表大会通过》(1932 年 11 月 20 日),《江西工人运动史料选编》,江西人民出版社 1986 年版,第 445 页。
③ 随着苏维埃政权的建立,各苏区地方政府都先后制定了一些劳动政策或法规:1929 年 10 月,中共闽西"一大"通过产生的《劳动问题》;1930 年 2 月,闽西永定县第二次工农兵代表大会产生的《劳动保护法》;1930 年 3 月,闽西第一次代表大会制定的《劳动法案》;同月,兴国县第一次工人代表大会通过的《劳动保护法》;1930 年 3 月,信江特区第二次工农兵代表大会通过的《工会临时组织条例》等等。

劳动人民委员部

动法》颁布之前就曾先后制定和颁布了两部劳动法，即：全国苏维埃区域代表大会于 1930 年 5 月通过的《劳动保护法》，共 8 章 42 条；1930 年 9 月，全国苏维埃大会中央准备委员会通过由中共中央提出的准备提交全苏"一大"讨论的《劳动法草案》，共 8 章 63 条。

苏维埃临时中央政府成立后，设立了中央劳动人民委员部，即中央劳动部。临时中央政府副主席项英被任命为中央劳动人民委员（中央劳动部部长）。在参考以上两部劳动法并吸取各革命根据地劳动法经验的基础上，制定了《中华苏维埃共和国劳动法》，于 1931 年 11 月提交第一次全国苏维埃代表大会通过。同年 12 月，中华苏维埃共和国中央执行委员会发布了《关于实施劳动法的决议案》。这部《劳动法》的颁布，是中央苏区的一件大事，它也成了各革命根据地施行时间最长的劳动法。它分为：总则，雇佣的手续，集体合同和劳动合同，工作时间，休息时间，工资，女工、青工及童工，劳动保护，中华全国总工会及其地方的组织，社会保险，解决劳资冲突及违犯劳动法的机关，附则，共 12 章 75 条。这部《劳动法》中心内容是以彻底改善工人阶级的生活状况为目的，宣布实行

8小时工作制，规定最低限度的工资标准，保护青工、女工、童工，实行劳动保护、社会保险和国家的失业津贴，规定工人有监督生产之权，制定用工方法和实行集体合同制，确立工会的法律地位及其职权范围。

《劳动法》的实施提高了工人的政治地位，改善了工人的生活，鼓舞了工人的斗志，调动了工人的生产积极性，促进了苏维埃的经济建设。苏区城市工人的工资与革命前比较，最少的增加了百分之二三十，高的增加了百分之一千四百五十，工人受伤或生病时，仍旧有工钱，还有医药抚恤费。青工女工童工有特殊的优待。对于失业工人也有种种优待和救济，如分配土地和失业救济费。[①] 在工厂、作坊、商店中基本上实行男女同工同酬。国营企业、合作社企业和私人企业的长期工，基本上实行八小时工作制，16岁至18岁的青工工作时间，一般比成年工少。虐待学徒的封建恶习逐渐扫除，学艺年限由3年缩短为2年，学艺期间也有工资。到1932年4月份，在永新城内各业合作社、各县职工学校、兵工厂、石印局都实行八小时工作制，青工六小时，童工四小时，……三年学徒制已有相当的废除。[②] 对工人疾病的医疗、伤残、死亡、丧葬的抚恤等社会保险制度初步确立，办法是国家向企业征收工资总额的5%~20%的保险金。1932年8月，湘赣省总工会报告，各县正在进行订立社会保险金，原决定每乡每月津贴洋1元，区县则以经济力量来决定，现

---

① 《红军读本第二册——劳动法与工人运动》，江西省档案馆藏，档号：G001-6-187-0014。
② 《湘赣省职工联合会致全总的信》（1932年4月30日），《江西工人运动史料选编》，江西人民出版社1986年版，第353页。

萍乡县已实行了两月可收到90多元。[①]到1934年3月，中央苏区共收保险金3万元。在救济失业工人方面，政府和工会领导对失业工人生产自救，重点恢复纸业生产，大半采用组织工人生产合作社的形式，除动员群众集资外，还采用政府投资或商业资本家投一部分等办法解决，纸业失业工人大部分安排就业。政府和工会还给生活有困难的失业工人发放一部分临时救济费，以解决他们生活上的实际困难。

中华苏维埃第一次全国代表大会后，全总苏区执行局掀起拥护一苏大的工人运动，采取发行画报，编印《集体合同与劳动合同》等小册子，积极宣传解释《劳动法》，在中央苏区营造了一个贯彻落实《劳动法》的声势。1932年2月，闽赣两省工人代表大会通过

中华苏维埃共和国第一次全国代表大会旧址

[①]《湘赣省总工会党团报告》（1932年8月29日），《江西工人运动史料选编》，江西人民出版社1986年版，第418页。

的《为维护和实现劳动法的议案》中规定:"争取劳动法规定工人积极所享受的权利是目前两省工人斗争的目标,是两省职工联合会的主要的战斗任务。"决议一再强调"一定要实行集体合同",并委托江西、福建两省职工联合会领导两省苏区工人,根据决议制定各产业地方工人具体的斗争纲领,争取《劳动法》更迅速地实现,用斗争的力量争取工人的利益,并选举工人当检查员、监督《劳动法》的落实。①

随着《劳动法》的实施,工人的生活状况明显改善,社会得到安定,苏维埃政权得到巩固。但在维护工人利益的同时,《劳动法》也暴露出一些"左"的错误倾向。主要表现是:规定了过高的劳动条件,机械地实行八小时工作制,机械地规定休息时间,设置了名目繁多的节假日,如规定"任何工人之工资,不得少于由劳动部所规定的真实的最低工资额,各种工业部门的最低工资额,至少每三个月由劳动部审查一次""所有劳动检查机关和工会所特许的额外工作,工人须得双薪"。②

历史经验证明,在经济落后的苏维埃区域教条式地生搬为大城市大生产所定的劳动法是行不通的。1932年冬,中华全国总工会迁至中央苏区,刘少奇和陈云分别担任中华全国总工会苏区中央执行局委员长、副委员长。他们深入工厂、商店调查研究,并及时发现了问题,感觉到当时通行的《劳动法》的许多条文规定严重脱离了苏区实际,提出了许多切中时弊、实事求是的批评。陈云将自己调

---

① 《闽赣两省工人代表大会决议之四——为拥护和实现劳动法的决议案》(1933年3月),《江西工人运动史料选编》,江西人民出版社1986年版,第252—254页。
② 《中华苏维埃共和国劳动法》(1931年11月),《中央革命根据地史料选编》(下册),江西人民出版社1982年版,第137页。

查所得写成《关于苏区工人的经济斗争》一文，发表在中共中央机关刊物《斗争》第 9 期，文中对"左"倾教条主义进行尖锐批评。陈云认为苏区党在领导工人的经济斗争中，"只看到行业的狭小的经济利益，妨碍了发展苏区经济、巩固苏维埃政权的工人阶级根本利益"①。对于工人群众的经济斗争领导上，是自上而下命令的脱离群众的，对于斗争方式上的领导上，同样存在着不发动群众、命令群众的错误。他分析了产生这种错误的根源在于政治上的工团主义和领导上的官僚主义，因此，他要求"党和工会对经济斗争的领导，必须纠正官僚主义，要重新审查各业集体合同的具体条文，审慎的了解各业的每个商店作坊的经济能力，依照企业的实际情形，规定适当于这个企业的经济要求""党与工会的任务要在每个斗争中去组织与提高群众的斗争的积极性，与阶级觉悟"。②

随后，刘少奇也在《苏区工人》上发表了《停止"强迫介绍"与救济失业工人》《在两条路线斗争中来改订合同》《模范的工人要求纲领》和《改订合同中应注意的几个问题》等重要文章，批评"左"的错误倾向。刘少奇指出："'左'的倾向在社会上、政治上、经济上、人心上会发生严重的影响，必然导致企业倒闭，资本家停业与逃跑，物价飞涨，货物缺乏，市民怨恨，士兵与农民反感。"③ "要根据工人的切身要求，地方的生活程度，雇主的营业情况，以及该项营业的特殊劳动条件等，活泼地运用《劳动法》上规定的条文""提出使企业非倒闭不可的要求，蛮不讲理的要雇主雇

---

① 陈云:《关于苏区工人的经济斗争》,《斗争》第 9 期,1933 年 4 月 25 日。
② 陈云:《关于苏区工人的经济斗争》,《斗争》第 9 期,1933 年 4 月 25 日。
③ 刘少奇:《停止"强迫介绍"与救济失业工人》,《苏区工人》第 2 期,1933 年 6 月 30 日。

佣工会强迫介绍去的工人，企图用强迫介绍来解决工人的事业，过早的消灭私人资本，以及在订立合同时没有必要的逮捕资本家等，这些'左'的错误，是必须纠正的"。①

时任中共中央局宣传部部长张闻天也十分关注苏区工人的经济斗争和苏区的经济发展。他发现因为机械搬用大工业城市的一套，严重脱离苏区实际，执行的结果是师傅带不起徒弟，业主负担不起职工福利，是一种把"资本家吃完了再说"的政策。因此，他连续写了《五一节与劳动法执行的检阅》和《论苏维埃经济发展的前途》两篇重要文章，在《斗争》杂志第 10 期和第 11 期发表，对"左"倾经济政策和劳动政策提出了批评。张闻天还从苏区实际出发，很有见地的提出了修改《劳动法》的主张。他说："《劳动法》本身也应该有很多的修改。这种新的劳动补充法令的订立与旧的《劳动法》的修改，不但不会引起工人的不满意，而且更能够引起工人对于党、工会与苏维埃政府的信仰。《劳动法》的修改与订立不但是为了工农联合的巩固，为了发展苏维埃经济，而且也是为了工人阶级本身生活的改善""我们的党与工会还是需要更活泼的来实现我们的劳动法。我们的集体合同与劳务合同，必须更能适应于雇主的对象，与雇主所处的经济情形，譬如在目前对于获利很高的酒菜店，可以提出较高的要求，而对于无利可图的洋货业，则不能不提出较低的要求"。②

1933 年 3 月 28 日，中央政府人民委员会召开第三十八次例会进行讨论，以一苏大通过的《中华苏维埃共和国劳动法》（下文称

---

① 刘少奇：《在两条路线斗争中来改订合同》，《苏区工人》第 3 期，1933 年 7 月 15 日。

② 张闻天：《五一与劳动法执行的检阅》，《斗争》第 10 期，1933 年 5 月 1 日。

"旧劳动法")"条文有些地方不合于现在苏区的实际环境"为由，为了"增进工人的利益，巩固工人与农民的联盟，发展苏维埃的经济"，决定开始对其进行修改，并于 4 月组成了劳动法起草委员会。陈云、刘少奇、张闻天、项英等都参与了修改工作。在广泛吸收各地工农群众意见的基础上，起草委员会用 5 个月的时间拟定了新的劳动法草案，经中央执行委员会审查修订，于同年 10 月 15 日重新颁布了经修改后的《劳动法》(下文称"新劳动法")。同时宣布："新劳动法公布以后，在一九三一年十二月一日所公布的劳动法宣告无效，其他关于劳动问题的一切法令，如与新劳动法的规定相冲突者，亦失其效力。"[①]

新劳动法分：总则，雇佣及取得劳动力的手续，工作时间，休假时间，工资，妇女及未成年人的劳动，学徒，保证与津贴，劳动保护，社会保险，集体合同，劳动合同，职工会联合会及其在企业机关商店中的组织，管理规则，解决争执及处理违犯劳动法案件的机关，共 15 章 121 条。同时颁布的还有《中华苏维埃共和国违反劳动法令惩罚条例》，共 10 条。与 1931 年 12 月 1 日颁布的《劳动法》相比，这部《劳动法》有了巨大的不同和改进。首先，总则规定："本《劳动法》，对于一切雇佣工人均适用之""对于雇佣辅助劳动力的中农、贫农、小船主、小手工业者及手工业的生产合作社，得到工人与职工会的同意，得免除受本法某些条文的拘束"。[②]

[①] 《中华苏维埃共和国中央执行委员会关于重新颁布劳动法的决议》(1933 年 10 月 15 日)，《中央革命根据地历史资料文库·政权系统》(第 7 册)，中央文献出版社、江西人民出版社 2013 年版，第 1055 页。
[②] 《中华苏维埃共和国劳动法》，中共江西省委党史研究室等编：《中央革命根据地历史资料文库·政权系统》(第 7 册)，中央文献出版社、江西人民出版社 2013 年版，第 1056 页。

其适用范围与旧劳动法相比更广泛了。其次，对《劳动法》所规定的时间之外的工时，新劳动法提出："超过法定时间的劳动以外的工作（即额外工作），按照一般原则禁止之。但在工作上有必要时，经过工人与职工会的同意及当地劳动部的批准得作额外工作""如有特别紧急的事情发生（如预防公众灾害，消灭工程上的障碍等）必须进行的额外工作，不及得到职工会与劳动部的同意时，应在第二天通知劳动检查员备案"。① 这样既不会损害工人的利益，又有利生产，而且也尊重了工人和工会的意见。再次，在劳动保护方面，纠正一些过高的不合理的要求，例如"由工厂出费建筑工人寄宿舍，无代价分给工人及其家属"等均取消。最后，对劳动合同，规定了"在订立劳动合同以前，对于被雇人得有一相当试验时期"。对于无期限合同，可以根据具体情况，以及雇主的要求，允许解除合同，而且明确了解除合同的具体要求和条款。②

新劳动法既着眼于巩固苏维埃政权、工农联盟，发展苏区经济，促进工农业生产，又注意了改善工人自身的生活待遇，修改和调整了原劳动法中某些过高的要求和过"左"的政策，增加了较多变通性和灵活性的条文，作出了比较切合苏区实际的政策规定。在新劳动法的修订过程中，很多苏区已开始纠正旧劳动法中的不合理规定。在1933年5月召开的中国店员手艺青工第一次代表会上，提出要"估计各个企业中不同的情形，活泼运用劳动法上的条文，

---

① 《中华苏维埃共和国劳动法》，中共江西省委党史研究室等编：《中央革命根据地历史资料文库·政权系统》（第7册），中央文献出版社、江西人民出版社2013年版，第1059页。
② 《中华苏维埃共和国劳动法》，中共江西省委党史研究室等编：《中央革命根据地历史资料文库·政权系统》（第7册），中央文献出版社、江西人民出版社2013年版，第1071页。

来更加实现青年群众的要求和利益""对于雇用辅助劳动的中农、贫农、小手工业者和对富农、资本家、店东，应采取不同的策略。因此，在过去的经济斗争中，提出了过高的超过企业能力的要求，结果使企业倒闭，是不正确的"。①对学徒问题，指出"必须迅速纠正各地工会在保护学徒利益的工作中，所犯的那些过'左'的错误，过高地增加学徒的工资，反对'师傅'与强迫地向雇主介绍学徒等"②。中共永新县委作出《关于检查工会工作的决定》，要求各级工会"按照中央新的劳动法审查和翻新劳动合同"③。虽然新劳动法没有完全摆脱"左"的影响，但它是在听取广大工农群众的意见，借鉴了正反两方面的经验，从当时的历史环境出发制定的，修改和废除了许多过"左"的条文，为进一步肃清王明"左"的影响，纠正"左"倾错误所造成的危害扫除了障碍。新劳动法的全面实施，不仅提高了工人的地位，保护了工人利益，更重要的是促进了苏区经济发展，工农业、商业等方面都有了新的转机。新劳动法在中央苏区的工运史上具有重要的意义，它是苏区工运曲折发展的结果，又为苏区工运的健康发展提供了更加坚实的制度保障，标志着苏区工运不断走向成熟。

---

① 《中国店员手艺青工第一次代表会的决议》（1933年5月），中共江西省委党史研究室等编：《中央革命根据地历史资料文库·群团系统》（第16册），中央文献出版社、江西人民出版社2020年版，第1145页。

② 《中国店员手艺青工第一次代表会的决议》（1933年5月），中共江西省委党史研究室等编：《中央革命根据地历史资料文库·群团系统》（第16册），中央文献出版社、江西人民出版社2020年版，第1146页。

③ 《关于检查工会工作的决定》（1933年6月26日），江西省档案馆藏，档号：G001-2-230-009。

二、对苏区工人成分认识的深化

在中央苏区各级工会组织的恢复、发展与完善的过程中，围绕工会会员成分的问题，正确的思想与错误思想开展了争论。这场争论从1929年底持续到1933年5月，中华全国总工会迁入中央苏区以后，才逐渐纠正了指导思想上对工会会员成分问题上所犯下的错误。

1930年2月15日，《全总通讯》第一期刊登了《苏维埃区域工会工作大纲》，指出"凡是自己没有生产工具被雇于人而依赖自己的劳力所卖得的工钱而生活者，才算是真正的工人"①。《大纲》规定，只有没有生产工具，仅依靠自己的劳动力换取工钱才算是真正的工人，凡是有学徒、助手或者生产工具的就不是工人，就不能参加工会。此规定被各苏区所奉行。从此，在各苏区独立劳动者和私营企业主成为被打击的对象，常常被拒斥于工会组织之外。1930年，江西省第二次赤色工会代表大会通过决议，就明确要求"开除老板及独立劳动者会籍"②。1931年9月6日，《湘赣边苏区赤色工会暂行组织法》规定："我们应该坚决的反对店东、老板、独立劳动者、工头、手工业者、以及流氓加入工会。只有真正的以出卖劳动力，受人剥削而得到生活的工人，才得加入工会。"③1931年11月，苏区第一次党代会，通过《苏区工会运动决议案》，明确规定："凡是自做自卖，以及沿门卖工，中间不经过资本家的剥削的，是属于独立劳动者（如裁缝、剃头、木匠、泥匠、篾匠中之一部分的个人劳

---

① 《苏维埃区域工会工作大纲》，《全总通讯》第1期，1930年2月25日。
② 《江西省第二次代表大会决案》，江西省档案馆藏，档号：G001-2-011-001。
③ 《湘赣百年苏区赤色工会暂行组织法——中共湘赣边苏区临时省委提出》（1931年9月6日），《江西工人运动史料选编》，江西人民出版社1986年版，第172页。

动的）不是工人，不能加入工会。只有在资本家的工厂、老板的作坊、工场中卖劳动力换工钱的才算工人。"①这种认识在中华苏维埃第一次全国代表大会上，上升为国家法律的规定，会议通过的《劳动法》明确规定："独立劳动者，也是沿门卖工，靠工钱来维持生活的，但他不是工人，也不能享受劳动法所规定的一切权利和利益，只有卖劳动力赚工钱受资本家剥削的工人，才算真正工钱劳动者。才有权力享受劳动法所规定的一切权利。"②1932年1月，全总苏区执行局发出《关于独立劳动者问题的通知》，认为独立劳动者，虽不是剥削人的剥削者，但他也不是被剥削者，所以没有反抗资本主义剥削斗争的情绪，他与阶级工人不同，因此就不能加入阶级工会，要求各级工会必须详细考审，坚决的洗刷非阶级分子，建立真正的阶级工会。③因此，大批雇农、苦力、雇员等独立劳动者被工会拒之门外。2月召开的闽赣两省工人代表大会，重申了这一政策。从1931年春起，从全总到苏区各级工会，一致认为"独立劳动者"不是工人，是小资产阶级，在"驱逐独立劳动者出工会"的口号下，展开了一场洗刷独立劳动者的运动。④中央苏区经过两

---

① 《苏区工会运动决议案——中国共产党苏区第一次代表大会通过》（1931年11月）《中央革命根据地历史资料文库·党的系统》（第3册），中央文献出版社、江西人民出版社2011年版，第1860页。
② 项英：《劳动法的报告》（1931年11月），《江西工人运动史料选编》，江西人民出版社1986年版，第193页。
③ 《全总苏区执行局关于独立劳动者问题的通知》（1932年1月6日），《江西工人运动史料选编》，江西人民出版社1986年版，第203页。
④ 如在湘鄂赣省赤色职工联合会主办的《工人斗争》上刊登了《怎样叫做阶级工会》一文，就明确指出"沿门卖工或自做买卖中间没有受着剥削的，是独立劳动者（等于手工业者），不能加入工会，已经加入的要洗刷出去"。（参见：《怎样叫做阶级工会》，《工人斗争》第3期，1932年5月12日，江西省档案馆馆藏，档号：G001-5-089-001。）

次洗刷，工会会员减去大半，如万泰县洗刷独立劳动者1100人后，仅余会员762人，兴国县被洗刷者也占会员的三分之一。湘赣苏区经过3次洗刷，沿门卖工的手艺工人洗刷一空，以致"工会组织大大的缩小了，只剩下三分之一的青工和雇农，成年的手艺工人都开除了"[1]。将独立劳动者排斥在工人之外的这种做法给苏区的工运带来了不利的影响，"许多沿门卖工的都不愿带徒弟，脱了师的学徒也不愿带徒弟，因为'怕自己变成独立劳动者'，于是乡村中工会中事实上就十分之九是青工学徒"[2]。

为了纠正这种错误，1932年4月12日，刘少奇在《红旗周报》上发表了《苏区阶级工会会员成分》一文，指出凡属"以出卖自己劳动力为生活的主要来源的工人、职员、雇农、苦力，都是阶级工会的会员成分，都应加入工会，不管他出卖劳动力的形式怎样，或者还有很少的自己的工具，作为他出卖劳动力的必需的条件"。刘少奇列举了乡村独立劳动者的几种情形，并进行了分析：一是裁缝、木匠、篾匠等。他认为有许多是以出卖自己的劳动力为生活的主要来源的工人，是无产阶级的成分，是应该加入工会的。二是一部分手艺人。他们具有"工头式"的特征，又剥削很多学徒，或者经常向人包工的"半工头"，在目前是不允许他们加入工会的。三是那些有自己的作坊，有自己的工具，同时又利用自己的作坊或工具来剥削伙计的人，是不能加入工会的。但是有些洋车夫是自己从车房租一辆车，自己拉半天再转给别人拉，又有些码头工人、小

---

[1] 《湘赣苏区职工会的任务决议》（1932年7月19日），《江西工人运动史料选编》，江西人民出版社1986年版，第398页。
[2] 《中共湘赣省委关于与敌斗争教训、工会工作等问题的报告（节选）》（1932年4月11日），《江西工人运动史料选编》，江西人民出版社1986年版，第320页。

车夫仅仅在自己病了或有事抽空时才把自己的"扁担"和小车租给别人，这种人还是不能把他们屏之于工会之外。四是乡村带徒弟的"师傅"。对于反抗苏维埃政府条例剥削徒弟的"师父"，是不能加入工会的。但是如果师傅没有剥削徒弟，那么工会就不能把这部分人驱逐出工会。五是家庭工人。对于直接做工的则应加入工会，联络他们一致向工厂作坊主作斗争。对中间剥削的不能加入工会。六是季候工人、临时工人。工会应派人到这些地方去召集工人大会，选举他们的领导机关，讨论他们的劳动条件，并帮助他们进行工作。七是独立生产的小手工业者，不聘请工人，有自己的工具和原料，用自己的劳动力生产商品，或作"订货"，主要的以出卖商品或"定货"来维持生活。他们应该组织在手工业者联合会里面。通过具体分析，刘少奇主张，一切以剥削别人为生的剥削者，不能让他们加入任何组织，一切被雇请的工人等，都应加入阶级工会。一切不雇请工人的独立从事生产的小手工业者、家庭工业者，则应该加入手工业者联合会，判别一个劳动者是否属于阶级工会的会员成分，应当以"他的收入，生活的来源是否主要的从出卖自己的劳动力得来"作为标准。[①] 这就是说，散在乡村中的裁缝、木匠、剃头匠、小车夫、挑脚、抬轿的苦力、泥水匠、篾匠以及家庭工人、家庭手工工人、季候工人、临时工人、小手工业者，都是以出卖自己的劳动力为生活的主要来源的工人都是工人阶级的成分，是应该加入工会的。

在 8 月间，刘少奇为中华全国总工会起草了《为工会会员问题给各苏区工会信》，明确指出：凡是承认工会章程以出卖自己的

[①] 中央文献研究院、中华全国总工会编：《刘少奇论工人运动》，中央文献出版社 1988 年版，第 125—127 页。

劳动力为生活资料的唯一来源（无产阶级）或主要来源（半无产阶级）之工人、雇农、雇员、苦力等，不论他的年龄、性别、籍贯、宗教信仰、政治见解如何，均可加入工会为会员，并且可以不要考察其出卖劳动力的形式、把劳动力卖给什么人、领取劳动力的代价是什么，以及有自己很少的工具作为出卖劳动力的必需条件。要求各地苏区工会在一切工会的刊物上、会议上讨论这封信，按照上述标准整顿工会组织。①刘少奇的文章发表后，受到了广泛的关注，也有人对此提出了反对意见。在《红旗周报》第44期，署名"锹"的同志发表文章，认为"农民和手工业者是小资产阶级，他们有自己的生产工具，他们中间有一部分是剥削雇佣工人的。他们在资本主义制度之下是居于两大斗争的阶级之间，不停的向这两大阶级分化的。他们的前途是有一部分变成了无产阶级，另一部分则变成大资产阶级""分了土地的雇农很快的就有一部分（而且是不小的一部分），走进了资产阶级的营垒中去""一切的职员都是资本家压迫工人的工具之一"，也就是说农民、手工业者、职员等是不能加入工会的。对此，刘少奇进行了驳斥，认为在这个阶段中，农民小手工业者及城乡贫民还是革命的主要动力之一。无产阶级是要组织和领导他们来积极参加革命斗争。一般的是工人阶级里面的一部分，一个阶层，除开极少数的管理人员外，应吸收加入工会。剥削学徒的师父是不能加入工会的，工会是要组织学徒和剥削他们的师父斗争的。"每年出卖一百八十工"的人是可以加入工会的，但这不能作为加入工会的唯一条件。有一小块土地的工人、雇农苦力，只要他常年为工钱而劳动，工钱是他生活资料的主要来源，是要吸收他

---

① 刘少奇：《为工会会员问题给各苏区工会信》，《红旗周报》第52期，1932年11月15日。

们加入工会的。分了土地以后的雇农,没有"走进了资产阶级的营垒中去",土地问题的解决并没有减低组织雇农工会的重要性。[①] 刘少奇为苏区工会成员成分问题提出的正确观点,纠正了中央苏区各级工会清洗独立劳动者的"左"倾错误,指出了领导工人运动不能离开中国革命的现实状况这样一个基本道理,使工人运动沿着正确的轨道前进。

在刘少奇的影响下,1932年3、4月间,全总改变了对独立劳动者的态度,提出了对独立劳动者区别对待,认为自己有工具而天天到人家卖工的手艺工人可以加入工会。1932年8月22日,中共苏区中央局发出"为苏区职工运动致全体同志信",指出"将农村中沿门卖工的手艺工人认为所谓'独立劳动者',排斥出职工会外"是错误的,应该"组织沿门卖工的手艺工人于职工会之内"。[②] 在这前后,各苏区陆续纠正了对"独立劳动者"的过"左"态度,承认其为苏区工人的一部分。1932年4月,湘赣省职工联合会在致全总的信中明确指出:"准许单有自己的工具天天到人家做工的手艺工人加入工会。"[③] 同年8月,全总进一步明确了放宽入会资格的政策。认为"凡是承认工会的章程,以出卖自己的劳动力为生活资料的唯一来源(无产阶级)或主要来源(半无产阶级)之工人、雇农、雇员、苦力等,不论他的年龄、性别和籍贯及宗教的信仰和政

[①] 中央文献研究院、中华全国总工会编:《刘少奇论工人运动》,中央文献出版社1988年版,第149页。
[②] 《中央苏区中央局苏区职工运动致全体同志信》(1932年8月22日),中共江西省委党史研究室等编:《中央革命根据地历史资料文库·党的系统》(第4册),中央文献出版社、江西人民出版社2011年版,第2323页。
[③] 《湘赣省职工联合会致全总的信》(1932年4月30日),《江西工人运动史料选编》,江西人民出版社1986年版,第354页。

治见解如何，均可加入工会为会员。加入工会，而且不要管他出卖劳动力的形式怎样，他把劳动力卖给什么人，他领取劳动力的代价是什么，或是他还有自己很少的工具作为出卖劳动力的必需条件"；在扩大会员问题上，一方面要避免"和尚、道士、老板、工头、富农、AB团混入工会"，另一方面也要避免"将大批的雇农、苦力、雇员、手艺工人等屏之于工会之外"。① 11月，中共湘赣省委二全大会通过的《湘赣省职工运动决议案》中，指出"转变了过去对独立劳动分析的错误，吸收了手工业工人加入工会，建立了手工业者联合会的组织"②。这表明独立劳动者的问题在湘赣省已经得到基本的纠正。1933年5月，中国店员手艺工人第一次代表大会通过《中国店员手艺工会在苏区内的组织任务决议案》，明确规定："在一切的苏区，要把沿门卖工的手艺工人吸收到工会中来""大会严格指斥驱逐沿门卖工的手艺工人出工会的错误决定，及将这些手艺工人当成所谓独立劳动者"。③ 这标志着对独立劳动者的"左"倾错误得到了最终的纠正。

此后，独立劳动者也被当做苏区工人的一部分，他们的生活境遇得到了改善。在《江西省苏报告》中，特别关注沿门卖工者的工资待遇，在关于独立劳动者的偏见被纠正后，在江西各县的沿门卖工者工资得到了增加，其中公略县"农村沿门卖工的工资增加了三

---

① 《为工会资格问题给各苏区工会信——一九三二年九月一日全总常委通过》，《红旗周报》1932年11月15日，第52期。
② 《湘赣省职工运动决议案》（1932年11月13日），《江西工人运动史料选编》，江西人民出版社1986年版，第430页。
③ 《中国店员手艺工人工会在苏区内的组织任务决议案》（1933年5月24日），中共江西省委党史研究室等编：《中央革命根据地历史资料文库·群团系统》（第16册），中央文献出版社、江西人民出版社2020年版，第1168—1169页。

分之一",兴国县"农村沿门卖工的工资增加了三分之一"。①

三、参加民主选举

一苏大会后,苏维埃中央执行委员会第一次全体会议正式通过并颁布了《中华苏维埃共和国选举细则》及《中华苏维埃共和国选举委员会的工作细则》等选举法令,中央苏区民主选举逐步走向规范化、制度化。从1931年11月到1933年10月的两年时间中,中央苏区各级苏维埃政府开展了三次民主选举运动,而每一次选举都得到了同一级工会的支持,工人群众认真选拔有威信、有能力、热情为人民办事的优秀工人当代表。历次选举由于工会在选举中发挥了"柱石"作用,保证了各级红色政权都有一定数量的工人参加管理。

第一次选举运动是1931年11月中央政府成立后到1932年5月。为了保证工人在选举中的代表权,1932年1月28日,中央执行委员会发出第八号训令规定:乡苏维埃代表选举中,贫农中农独立劳动者等每50人得选举正式代表1人,工人苦力雇农每13人得选举正式代表1人。县直辖市苏维埃代表选举中,城市贫民和所辖郊区之贫农中农独立劳动者等每400人得选举正式代表1人,工人苦力雇农每20人得选举正式代表1人。省直辖市苏维埃代表选举中,城市贫民和郊区之贫农中农独立劳动者等每80人得选举正式代表1人,工人苦力雇农每100人得选举正式代表1人。县、省苏维埃代

---

① 《江西省苏报告》,《中央革命根据地史料选编》下册,江西人民出版社1982年版,第244—245页。

表大会的代表成分中工人苦力雇农应占 25%。①

江西省苏是这次选举运动中的重点区域。1932 年 1 月,江西省苏维埃工农兵代表大会召开之前,省工会联合会发出了《江西省工联通告(第二号)——参加苏维埃选举运动》的通告,要求各级工会加紧苏维埃运动中无产阶级领导,要多提意见贡献苏维埃,特别是关于工人要求与劳动法实施问题,使全苏大会所颁布的劳动法能很迅速地执行,为此要加强工会在贫农团、劳动妇女代表会的工作,要发动工人在贫农团及劳动妇女代表会议中起领导作用,提出工会所讨论的主张;各级工会提出当地工人对苏维埃代表的要求和意见(如失业救济、分配土地、劳动法实行、失业保险、经济政策、苏维埃建设等);鼓动工人在选举运动中,注意选民调查登记反富农及地主斗争,选举真实代表工人利益的代表参加苏维埃。②陈毅对江西省的选举运动提出批评,认为选举没有充分地发动群众参与其中,因此要求江西省将选举运动与群众最关切的问题联系起来。"对城市工人群众更要提出省选联系到他本身问题,如参加省选实行失业救济,参加省选实行八小时工作制,工人群众选举自己的积极代表到省苏大会,在省选中密切工农的联盟,建立工人阶级对省选的领导作用。"③为此,1932 年 2 月 17 日,中央政府向江西

---

① 《中华苏维埃共和国中央执行委员会训令第八号——关于变更和补充居民与苏维埃代表的比例标准》(1932 年 1 月 28 日),韩延龙、常兆儒:《中国新民主主义革命时期根据地法制文献选编》(第一卷),中国社会科学出版社 1981 年版,第 151—152 页。
② 《江西省工联通告(第二号)——参加苏维埃选举运动》(1932 年 7 月 4 日),《江西工人运动史料选编》,江西人民出版社 1986 年版,第 388 页。
③ 陈毅:《江西全省选举运动中的各地的错误及如何纠正》,《红色中华》第 7 期,1932 年 1 月 27 日。

省苏发出指示信,要求"将广大群众发动起来,热烈的参加选举运动,很积极的选举他们最好的分子来苏维埃当代表,这样才能达到各级苏维埃真正改造,达到坚强而有工作能力的苏维埃政府的建立"[①]。江西省各级工会按照中央政府的精神,认真组织工人参加选举活动,保证了省苏维埃代表大会的胜利召开,顺利产生了以工人阶级领导的红色政权。

第二次选举运动从1932年9月起到1932年底结束。这次选举运动的目的是"为了要加强苏维埃政府对革命战争的领导,消除在苏维埃工作一切错误和缺点""从改选中洗刷出去非阶级的异己分子及一切对革命战争工作消极怠工的分子,驱逐贪污腐化官僚等分子出苏维埃,吸引积极的新的干部,建立坚强而有工作能力的苏维埃政府,去实际执行领导革命战争的任务和工作"。[②] 因此,此次选举注重"吸引工人中积极分子参加乡代表会区县执行委员会,以加强各级苏维埃中的工人成分"[③]。这次选举运动着眼于提高工人阶级在苏维埃政府及执行委员会中的参与人数的比重,第二次选举运动比第一次参加的人数更多,部分地方达到了选民的90%以上。同时,大批工农先进分子被选举到了苏维埃,构筑了苏维埃大厦的强固的基础。尤其是工人成分的加多与加强,形成了苏维埃中无产

---

① 《选举运动与合作社——中央政府指示江西省苏的一封信》,《红色中华》第10期,1932年2月17日。
② 《关于继续改造地方苏维埃政府问题》,《红色中华》第35期,1932年9月27日。
③ 《关于继续改造地方苏维埃政府问题》,《红色中华》第35期,1932年9月27日。

阶级的骨干，建立了乡苏与市苏的经常代表会议制度。① 但是在这次选举中许多地方"将选举运动与目前战争的紧急任务分割起来，不是为了选举放弃一切战争动员工作，就是忙于战争动员工作，将改选运动停搁"②，对于吸引工人积极分子使之当选，许多地方还做得不够，工人当选的数量质量虽有所增加，但仍未达到应有的程度。

为迎接第二次中华苏维埃工农兵代表大会的召开，1933 年 9、10 月间，中央苏区开展了第三次选举运动。这次选举的方针是，"一方面剥夺一切剥削分子的选举权，另一方面吸引尽可能多数的工人农民及贫民分子"③。为了实现这一要求，1933 年 8 月 9 日，中央临时政府颁布《苏维埃暂行选举法》，规定"一切被雇佣的劳动者及其家属，与一切自食其力的人及其家属（如：工人，雇员，贫农，中农独立劳动者，城市贫民等）"都享受选举权和被选举权，"工人须以生产或以职业与产业的组织为单位开选举大会"。同日，中华苏维埃共和国中央执行委员会颁布第二十二号训令强调，"苏维埃选举是工农民主专政实施的重要关节，这次选举更负着伟大的历史任务，各级政府必须依照本训令的全部指示及苏维埃暂行选举法的规定，切实进行这次选举，务使这次选举得到完全的胜利，要拿了这次选举的完全胜利，去粉碎帝国主义国民党的五次'围剿'，开

---

① 《中华苏维埃共和国中央执行委员会训令第二十二号——关于此次选举运动的指示》（1933 年 8 月 9 日），韩延龙、常兆儒：《中国新民主主义革命时期根据地法制文献选编》（第一卷），中国社会科学出版社 1981 年版，第 171 页。
② 《中央执行委员会决议——关于各级选举运动的检查》，《红色中华》第 43 期，1932 年 12 月 5 日。
③ 《中央政府执行委员会训令》，《选举运动》第 1 期，1933 年 8 月 25 日，江西省档案馆藏，档号：G001-5-036-001。

展苏维埃运动于中国的领土"①。"为了保证无产阶级在苏维埃政权中的领导骨干，采用了工人及其家属十二名选举代表一人，农民及贫农五十人选举代表一人的办法，拿了这样的成分去组织市乡代表会议"，这样便在苏维埃政权的组织上保证了工人与农民的联盟，并使工人占着领导的地位。②同时，为了保证多数的选民参加选举，并使工人能够选举他们真正的代表进苏维埃，规定每个乡苏或市苏，分成几个选举单位进行选举。即农民以村为单位进行选举，工人则单独为一单位进行选举。③为加强对选举运动的指导，建立联系制度，全总执行局决定全体工作人员参加清水乡④的选举，并派专人去指导清水乡等五乡工会的选举，各村各组的选民会议也派人去参加报告选举运动的意义，直接帮助他们选举运动中的工作。⑤在第三次选举运动中，工会会员参加选举的达80%，许多城市达90%，有些工厂达100%。选出的苏维埃代表中，工人成分大大增加，省苏代表工人占35%~50%，兴国县905名代表中，工人

---

① 《中央政府执行委员会训令》，《选举运动》第1期，1933年8月25日，江西省档案馆藏，档号：G001-5-036-001；韩延龙、常兆儒：《中国新民主主义革命时期根据地法制文献选编》（第一卷），中国社会科学出版社1981年版，第173页。
② 《中华苏维埃共和国中央执行委员会与人民委员会对第二次全国苏维埃代表大会的报告》（1934年1月24—25日），中共江西省委党史研究室等编：《中央革命根据地历史资料文库·政权系统》（第8册），中央文献出版社、江西人民出版社2013年版，第1318页。
③ 《中华苏维埃共和国中央执行委员会与人民委员会对第二次全国苏维埃代表大会的报告》（1934年1月24—25日），中共江西省委党史研究室等编：《中央革命根据地历史资料文库·政权系统》（第8册），中央文献出版社、江西人民出版社2013年版，第1318页。
④ 清水乡，时为全总中央执行局驻地。
⑤ 《选举运动中的革命工人》，《红色中华》第123期，1933年11月2日。

占 42%。最后在选举的代表中工人成分大大增加了。兴国全县的代表总数为 9009 人，其中工人 2509 人。[①] 瑞金县武阳区武阳乡到会选民 1800 多名，会场分 6 个，其中便有一个工人的选举会场，选出了正式代表 40 名，候补代表 9 名，其中工人 11 人。[②]

四、参与苏维埃政权建设

工会作为一个群众性的组织，在苏区拥有很高的政治地位。早在 1930 年，苏区工会组织刚出现的时候，共产国际东方部就要求党在领导工会工作中，"应当用各种方法帮助巩固苏维埃区域的国家机关及红军，要在工人积极分子中挑选优秀分子去作领导和指挥工作"[③]。中共中央政治局在关于苏区工作计划中即指出："工会要

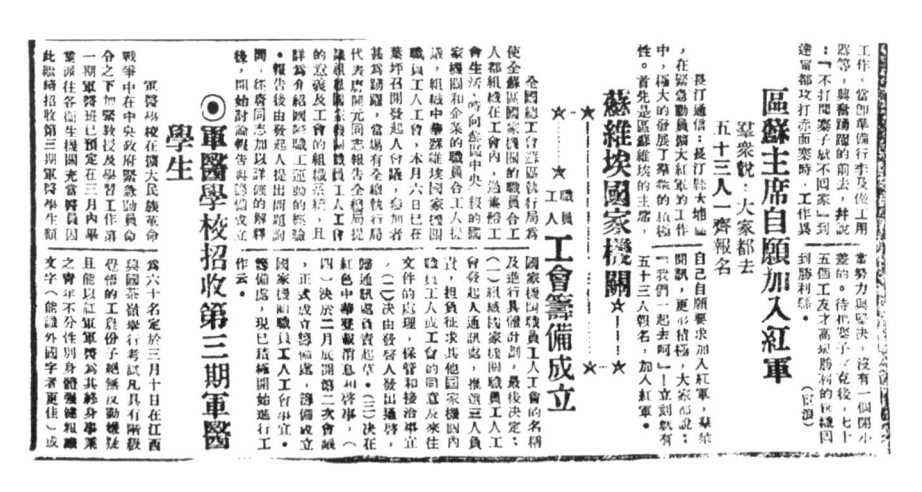

1932 年《红色中华》报道苏维埃国家机关职员工人工会筹备成立

[①] 《今年选举的初步总结》，《红色中华》第 139 期，1934 年 1 月 1 日。
[②] 《武阳选举大会盛况》，《红色中华》第 126 期，1933 年 11 月 17 日。
[③] 《中国共产党在职工运动中的任务——共产国际东方部提纲草案》（1930 年 8 月），中共江西省委党史研究室等编：《中央革命根据地历史资料文库·群团系统》（第 14 册），中央文献出版社、江西人民出版社 2020 年版，第 220 页。

成为城镇苏维埃政权的柱石，要成为工农劳动群众拥护苏维埃政权反抗帝国主义国民党军阀进攻运动的领导者，要成为输送工人干部到红军中去的枢纽。同时，这些工会会员更要成为各城镇的赤色警卫队的骨干。"① 在苏区工会建设之初，将优秀的工人输送到苏维埃中去已经成为各级工会的重要任务。如在1930年8月召开的寻乌县委第二次扩大会议上作出的《职工运动决议案》就明确要求"引进大量的工人积极分子充实苏维埃，使之处于领导地位"②。1931年1月21日，中共苏区中央局发出通告第三号，对苏维埃与工会的关系问题进行规定，指出"苏维埃政权下的各种工农群众组织目前斗争的总目标是谋苏维埃革命之发展与巩固""凡关于行政上一切问题均应交苏维埃政府处理，工会及其他革命团体则在赞助地位帮助政府执行"。③1931年12月，职工国际执行部第八次会议作出《中国的革命的职工运动的任务》决议案，强调："职工会要成为工农民主专政之最重要的群众支柱，工会要利用发展着的工人为自己直接经济利益而斗争的基础上，引导工人群众参加苏维埃国家和红军的建设，要造成直接执行无产阶级领导权的无产阶级先锋与广大的劳动群众之间的联系。"④1931年12月21日，中共中央作出《苏区赤色工会的任务和目前的工作决议》，提出："赤色工会是巩固苏维

---

① 《中央政治局关于苏维埃区域目前工作计划》（1930年10月24日），《中共中央文件选集》第六册，中央党校出版社1989年版，第452页。
② 《中国共产党寻乌县委会第二次扩大会决议案之二——职工运动决议案》，江西省档案馆藏，档号：G001-3-133-001。
③ 《中共苏区中央局通告第三号——苏维埃与工会的关系问题》（1931年1月21日），中共江西省委党史研究室等编：《中央革命根据地历史资料文库·党的系统》（第2册），中央文献出版社、江西人民出版社2011年版，第1345页。
④ 《中国的革命的职工运动的任务》（1931年12月职工国际执行部第八次会议的决议案），江西省档案馆藏，档号：G001-4-090-009。

埃最重要的柱石，应积极的提出优秀分子到苏维埃红军中作领导工作，征调工人到红军中去，彻底实行无产阶级的领导权，从各方面帮助苏维埃国家机关的巩固。"①也就是说，苏维埃政权与工会组织是一种共生关系。在苏区工人运动发展过程中，苏区工人一方面积极参与苏维埃政权的实际领导工作，另一方面发挥工会组织对苏维埃政权的监督作用，保证苏维埃政权的正常运行。②

1932年2月，闽赣两省工人代表大会作出的《职工会在苏维埃的任务决议案》，明确规定各级工会要"拥护和巩固苏维埃政权，扩大苏维埃区域，吸收积极分子参加苏维埃与红军的领导，使工会成为苏维埃的柱石，准备由现时民主革命转变为社会主义革命的前提"③。在《组织问题决议案》中，详细提出了职工会应领导工人帮助苏维埃推行一切法令政策，协助苏维埃开展选举运动，提拔优秀工人参加苏维埃的领导工作，使苏维埃成为强有力的真正工农政

---

① 《中央关于苏区赤色工会的任务和目前的工作决议》（1931年12月21日），中共江西省委党史研究室等编：《中央革命根据地历史资料文库·党的系统》（第3册），中央文献出版社、江西人民出版社2011年版，第1933页。
② 在苏区工运中，工会与苏维埃政府的关系是一个重大问题，起初存在着很多不正确的认识。有人认为工会与苏维埃是对立的，甚至认为工会比政府要大些，有管理政府的权限。有人认为工会是政府底下的附属组织，政府可以对工会下命令，政府可以不经过工会的允许随便调动工会负责人，以至于认为工会与政府是"斜"的关系，即政府是工会的上级。到1932年左右，工会与苏维埃政府的关系基本得以理清，各级工会都认识到工会是一个阶级的组织，是领导工人群众斗争的组织，苏维埃是工农民主专政的政权形式。政府在组织上不能命令工会，但是可以命令某个工人的工作，工会不能直接管理政府，但是可以监督政府，也即政府和工会是"横"的关系。（参见：《建立工会与苏维埃的正确关系》，《工人斗争》第三期，1932年5月12日，江西省档案馆藏，档号：G001-5-089-001。）
③ 《闽赣两省工人代表工会决议之一——职工在苏维埃的任务决议案》（1933年3月），《江西工人运动史料选编》，江西人民出版社1986年版，第232页。

权。在国有企业的职工会，应积极帮助苏维埃工业的发展，提高生产强度应实行革命竞赛，增加生产的新方式，提出积极分子到国有企业的领导地位中去。①在《雇农问题决议案》中，提出要"发动雇农贫农中农帮助苏维埃的农村经济建设，如掘井修河，改良灌溉制度，修理通道桥梁，举办农村文化教育，提高农民的文化程度"②。为此，全总苏区执行局领导苏区工人开展了为时两个月的"拥护全苏大会和临时中央政府"的群众运动，并举办短期训练班，挑选工会工作人员和工人积极分子接受训练，以适应红色政权建设的需要。如此，在党的指导下，苏区着力将各级工会打造成苏维埃政权最主要的群众柱石，吸收广大的工人群众去参加苏维埃国家与红军的建设，派遣大批干部和积极工人到苏维埃与红军中去做领导工作。培养和提拔干部到苏维埃政权中去成为各级工会的重要任务之一。如湘赣苏区职工会提出，"在国有企业工厂中，职工会要积极帮助苏维埃工业的发展和巩固，鼓励共产党员和积极工人组织生产模范队。如革命竞赛、实行生产的新方式，鼓励工人提高生产程度，积极去参加国有企业的管理，首先在国有企业中××××实现劳动法，改善工人生活"③。1933年4月，店员手艺工人代表大会要求，"必须加强工人阶级在苏维埃政府中的领导。大会决定在中央苏区派送160个积极工人，湘鄂赣派送50个，湘赣派送40个，赣东北派送40个到苏维埃中央政府各部担任工作""店员手艺工人

---

① 《闽赣两省工人代表工会决议之二——组织问题决议案》（1933年3月），《江西工人运动史料选编》，江西人民出版社1986年版，第239页。
② 《雇农问题决议案》（1932年3月），《江西工人运动史料选编》，江西人民出版社1986年版，第251页。
③ 《湘赣苏区职工会的任务决议》（1932年7月19日），江西人民出版社1986年版，第402页。

的各级组织，应该派遣自己的干部，到地方苏维埃政府做领导工作，并同苏维埃政府中贪污腐化的、消极怠工的官僚主义与阶级异己分子作斗争，把这些分子从苏维埃政府中洗刷出去"。①

1933年以来，苏区各级工会输送近1万名工人干部到苏维埃、红军、群众团体去工作。在各级苏维埃政府机关的负责人中，工人干部占了1/3至1/2。各级苏维埃主席多数是工人、雇农、苦力，红军长官中工人占了50%以上。如湘鄂赣苏区，1933年时，全省干部中"工人占了半数，整个工农干部占了百分之九十五以上"②。在湘赣苏区，1931年10月的一个统计，全苏区县委一级的干部共146人，其中产业工人3人，手工业工人28人，苦力工人3人，店员工人3人，雇农10人。③到1933年春，"省县两级政府中工人干部占十分之三"，25名省委执行委员会中，有工人15人，但区乡两级比较少，有些乡中甚至没有工人干部，说明工人干部在中上层政权中占有很大的分量。④这样工会干部的流动性很大，许多积极工人被选到工会工作，但不到几个月又调到上级委员会或苏维埃、红

---

① 《中国店员手艺工人第一次代表大会关于洛浦同志政治报告的决议》（1933年5月22日），中共江西省委党史研究室等编：《中央革命根据地历史资料文库·群团系统》（第16册），中央文献出版社、江西人民出版社2020年版，第1162页。
② 《张金楼在湘鄂赣全省党团积极分子会上关于组织工作的报告》（1933年11月28日），《湘鄂赣革命根据地文献资料》第3辑，人民出版社1985年版，第127页。
③ 何友良著：《苏区制度、社会和民众研究》，社会科学文献出版社2012年版，第303页。
④ 《中共湘赣省委报告》（1933年2月1日），《湘赣革命根据地史料选编》下册，江西人民出版社1982年版，第283—284页。

军中去工作了。①可见在苏区政权中，大量的工人参与其中，从而获得话语权和决策权，为苏维埃政权的建设贡献力量。

各级工会为了给红色政权输送素质较好的骨干，用最大的努力来开办各种培训班，开办补习学校，用竞争的办法来奖励干部学习，造就人才，以适应苏维埃政权建设的需要。1929年12月，中央发出第五十九号通告，要求"加紧党内有系统的教育训练工作，特别是造就工人的干部"，为此"各级党部（尤其是上海、香港、顺直、满洲、福建、江西等地）应有计划的开办训练班"。②1933年3月13日，临时中央政府与中共中央局、全总苏区中央执行局合办的马克思共产主义学校（苏维埃中央党校）在瑞金县（今瑞金市）洋溪村正式开学。该校共设三个班，一个班培训苏区与白区工作人员，学员80人；一个班培训党、团、工会干部，学员50人；一个班培训高级领导干部，学员40人。主要学科有马克思列宁主义基本原理、党的建设、苏维埃建设、工人运动、历史地理和自然科学。其中的工人运动史课，由陈云、刘少奇兼教。5月10日，刘少奇到校讲授《职工运动史》，至7月，共讲课12次，解答问题2次。③各级工会因地制宜，按照实际需要举办不同内容的训练班，培训干部。中央农业工人工会成立后，为了开展赤色区域周围的白

---

① 《中华全国总工会给赤色职工国际报告——中国苏维埃区域工会工作概况》（1934年3月1日），中华全国总工会中国职工运动史研究室编：《中国工会历史文献》（3），工人出版社1982年版，第626页。
② 《中央通告第五十九号——为巩固与发展党的无产阶级基础》（1929年12月2日），中共江西省委党史研究室等编：《中央革命根据地历史资料文库·党的系统》（第6册），中央文献出版社、江西人民出版社2011年版，第678页。
③ 中共中央党史和文献研究院编：《刘少奇年谱（增订本）》（上卷），中央文献出版社2018年版，第147页。

区工作，举办了白区工作训练班，培训了大批干部派到边区去工作。苏区工会培训的工运骨干数以万计输送到党政军部门工作。

苏区时期，部分政府人员中存在着一些腐败现象，危害着红色政权，影响着政府和人民的关系。在苏维埃政权的建设过程中，苏区工会发挥监督职能，工人群众对苏维埃政府的工作可以提出批评和建议，成为苏维埃政权的重要助手，保证苏维埃政权的正常运转。在各级工会发展过程中，监督政府始终被视为工会的一项重要的职责和任务。中共苏区中央局在《关于工会运动与工作路线的通告》中指出，"工会应领导广大工人群众来拥护苏维埃，赞助政府一切法令的实现，要成为苏维埃主要的群众基础"[1]。在《湘赣边苏区赤色工会暂行组织法》中，指出"苏维埃的工作人员，有腐化、官僚化、消极、怠工，及其他违反工农群众利益的行为，苏维埃的工作，不能执行代表大会或群众大会决议和决定，以及工作上表现错误和缺点时，工会以及工人代表都有权利直接向苏维埃提出批评或抗议，或在苏维埃代表大会上上诉，并有提议改造苏维埃政府，处罚工作人员的权限"[2]。崇义县总工会青工部要求青工"组织'轻骑队'经常去监督政府工作，反对其'腐化'、'浪漫'、'怠工'的不好现象，并积极帮助苏维埃各种法令新经济政策的实现，以及参加改造运动，建立无产阶级的领导基础"[3]。永新县总工会第二次代

---

[1] 《中共苏区中央局关于工会运动与工作路线的通告》（1931年3月1日），中共江西省委党史研究室等编：《中央革命根据地历史资料文库·群团系统》（第14册），中央文献出版社、江西人民出版社2020年版，第320页。
[2] 《湘赣边苏区赤色工会暂行组织法——中共湘赣边苏区临时省委提出》（1931年9月6日），《江西工人运动史料选编》，江西人民出版社1986年版，第180页。
[3] 《崇义县总工会、青工部关于青工目前工作决议案——第二次青工代表大会通过》（1932年3月29日），《江西工人运动史料选编》，江西人民出版社1986年版，第319页。

表大会通过决议,要求"苏维埃的工作不能执行代表大会或群众大会决议或决定,以及工作上表现错误和缺点时,工会以及工人代表有权直接向苏维埃提出抗议和批评,并可提议改造苏维埃政府及处罚工作人员"①。湘赣全省二次雇农代表大会通过《组织问题决议案》,要求"雇农工会应经常讨论苏维埃文件,坚决执行苏维埃一切法令,经常检查和批评苏维埃,实现一切法令和绝对保障雇农土地利益"②。因此,监督苏维埃政府成为各级工会的重要工作之一,各级工会经常向苏维埃政府反映侵犯工农利益的现象。瑞金县工会向瑞金县苏维埃政府写信反映,指出"对于我们在进行工会工作中所遇见的苏维埃政府负责者,违反群众利益的举动不得不提起县苏的严重注意",其中就指出黄柏区苏维埃政府拒绝生产合作社工人订立集体合同的要求等问题。③ 1932年11月1日,《苏区工人》刊发《加强苏维埃政府中无产阶级的领导权》一文,认为苏维埃政府的官僚化贪污腐化现象的发生,是因为苏维埃政府忽视无产阶级领导权造成的结果。因此,要"选举和提拔积极工人干部到苏维埃政府去负责,建立并健全苏维埃政权的劳动部工作,加强苏维埃政府无产阶级——工人阶级领导权"④。

1931年底至1932年,各级苏维埃政府都设立了工农检查委员

---

① 《工会工作决议——永新全县第二次代表大会通过》(1932年11月20日),《江西工人运动史料选编》,江西人民出版社1986年版,第445页。
② 《组织问题决议案——湘赣全省二次雇农代表大会通过》(1932年12月24日),《江西工人运动史料选编》,江西人民出版社1986年版,第468页。
③ 《参加苏维埃建设:为拥护无产阶级的利益给瑞金县苏维埃政府的一封信》,《苏区工人》第9期,1932年10月1日。
④ 郭南熏:《加强苏维埃政府中无产阶级的领导权》,《苏区工人》第11期,1932年11月1日。

会，由同一级工会输送骨干担任委员和通讯员①，监督国家工作人员履行职责。1933年4月至5月间，刘少奇亲自主持召开的农业工人与店员手艺工人代表大会，对继续加强苏维埃政权建设作出了决议，提出的要求是：农业工会要选派积极、勇敢、忠实的会员给同级政府的工农检查部任委员，要发动会员去参加审判官僚分子的工作，要求会员勇敢的控告一切机关中的官僚主义、消极怠工分子，还要求各基层工会选拔70名干部由全总执行局转给中央政府去工作。②工人参加工农检查委员会领导下的各种群众团体，在监督政府工作，遏制腐败的斗争中发挥了重要的作用。如中央工农检查部"发现瑞金县苏财政部长有重大的贪污嫌疑"，但由于该县"财政部的全体工作人员互相包庇"，一度使工农检查部的查处工作"受到最大的障碍"。后来，"少共和工会即组织一个轻骑队进行工作"，配合工农检查部对瑞金县财政部的账目进行核对检查，终于查实该县财政部长蓝文勋等人的犯罪事实。③又如中央印刷厂会计杨其兹贪污案也是在工人参与的轻骑队的调查下破获的，"开始查了很久查不出来"，后来发动了工会与少共的轻骑队，特别是该厂的轻骑队与全体工友参加了审查委员会，就发觉他的付账与清算的数目不对。④此外，工人群众还参与群众法庭对贪腐人员进行公开审判。

---

① 根据《工农检查部的组织条例》，各级工农检查机关的工作人员是由"坚决的有阶级觉悟的在革命斗争中有经验的工人雇农贫农，及其他最革命分子组织而成"，可见工人在其中占据重要的地位，甚至是领导地位。（参见：《中央革命根据地史料选编》下册，江西人民出版社1982年版，第164页。）
② 《关于帮助与参加工农检查工作的决议——中国农业工人第一次代表大会通过》，江西省档案馆藏，档号：G001-4-090-070。
③ 《开展广泛的反贪污斗争》，《红色中华》第134期，1933年12月11日。
④ 《中央工农检查委员会公布》，《红色中华》第134期，1934年2月22日。

中央工农检查部为教育群众起见，于 1933 年 4 月 16 日召集中央政府各机关、各工厂工人及工作人员，组织同志审判会，对国家银行出纳科职员袁雨山、刘道彬贪污案进行审判。① 中央工农检查委员会在检举、查处 "于都事件"② 中，也召集了 "两个群众审判会"，一个是公审 "县财政部副部长假借公家的名义私运谷米，以及军事部部员老杨贪污公债做生意"，第二个群众审判会是审判 "县主席熊仙璧贪污公款做生意"。这两个群众审判会的召开，使于都县的反腐败斗争 "在群众中的影响扩大起来了"，并推动 "于都事件" 的查处深入到 "城市与合作社的检举中"。③

此外，苏区工会还领导工人参与腐败整治工作。1933 年 3 月底，在刘少奇的带领下，全总机关除留下坚持正常工作的人外其余的分成 4 个组分头对苏区各级工会、厂矿企业进行检查。这时，苏维埃中央政府正在根据地内大力开展对消极怠工、贪污浪费、官僚主义等的群众检举运动。刘少奇带领全总机关干部对瑞金部分直属企业进行检查。查出中央政府印刷厂副厂长范束林有军阀作风经常

---

① 《贪污腐化分子滚出去》，《红色中华》第 75 期，1933 年 5 月 2 日。
② "于都事件" 是指 1934 年苏维埃时期查处的共产党县级政权第一个集体腐败案。当时，于都县县委书记刘洪清与城市工农检察委员会主席刘福元、城市党总支书记余当文、贫农团主任易林合伙与他人开酒店。后因亏损，刘福元等人又合伙贩卖食盐。因获得暴利，已调军区任职的前任县委书记李国盛、区妇委原书记曾发元等人也入股经营。在他们的影响下，于都党政干部经商、贪污挪用之风盛行。其中，作为第二届中央执行委员会委员的县苏维埃主席熊仙璧，利用职权，强借公款经商，牟取私利；县委组织部部长高兴赞挪用保险金做私人生意；县互济会主任、县合作社主任等都以组织互济会或合作社名义入股经商。另外，县苏维埃政府军事部部长刘仕祥勾结科员李其采等人造假账冒领动员费；少共县委书记腾琼、县政府总务长、县政府财政部副部长、城市区委书记、多个乡主席等贪污公款和群众的捐款或捐物。
③ 项英：《于都检查的情形与经过》，《红色中华》第 168 期，1934 年 3 月 29 日。

打罚工人，任人为亲巧立名目自印票据自己填报金额多达1700多元，偷印苏维埃公债券1500元已卖出去一半多。最终范束林被推上了审判台受到严处。刘少奇组织的这次工矿企业大检查，共查出中央造币厂、军委印刷所、钨矿公司及省县企业贪污浪费案20多起，有效遏制了苏区工矿企业的贪污浪费之风。①

正如一苏大通过的《中华苏维埃共和国宪法大纲》规定的，"中国苏维埃政权所建设的是工人和农民的民主专政的国家。苏维埃全部政权是属于工人、农民、红军士兵及一切劳苦民众的"②，在苏区工运的实践中，通过《劳动法》保障了工人和农民的劳动权利，提高了工农的劳动待遇，改善了工农的生活境遇，为工农联盟的巩固创造了坚实的基础。特别是随着《劳动法》的不断完善，改变了众多不适应苏区社会的过"左"政策，进一步巩固了工农联盟。随着对工人成分认识的不断加深，原来排除在工人群体之外的"独立劳动者"和分了田的雇农也被允许加入工会，这些人中有相当多的兼具农民的身份，这就扩大了工农联盟的基础。苏区工农在工会的组织下共同参与苏维埃政权。在苏区的制度框架下，工农共同参与民主选举从而进入政权管理国家，共同奋战在生产一线为苏维埃政权建设做贡献，从而将工农联盟提升到新的境界和水平。

---

① 李桂芳：《刘少奇在中央苏区时期的经济建设思想及实践》，《中国井冈山干部学院学报》第2卷第3期，2009年5月。
② 《中华苏维埃共和国宪法大纲》（1931年11月），中共江西省委党史研究室等编：《中央革命根据地历史资料文库·政权系统》（第6册），中央文献出版社、江西人民出版社2011年版，第110页。

第三节　苏区工人运动与革命战争的推进

一、支持扩红运动与红军工人师组建

苏区时期，面临着国民党的"围剿"，党和苏维埃政府大力开展扩大红军运动，组织动员苏区的青壮年男子参加红军，壮大革命武装力量，与敌人进行革命战争，以粉碎国民党军对中央苏区的军事"围剿"。苏区工人在工会的组织和领导下，积极参与扩红运动，投身于反"围剿"战争，为捍卫苏维埃政权作出了巨大的贡献。

1930年10月31日，中共中央向赣西南特委发出指示信，要求赣西南党开展"扩大与巩固红军运动，大批输送工人、雇工及贫民到红军中去""赣西南有大量的手工业工人，党应在工人群众中、雇工及贫农中农群众中，群众团体中作广大的鼓动，号召到红军中

反"围剿"中的红军部队

去的运动与实行志愿兵运动"。① 因此，各苏区从建立工会伊始，就将工会工作与捍卫苏维埃政权的军事工作紧密相连。如在《湘赣边苏区赤色工会暂行组织法》中就明确规定要"积极的帮助红军，派工人到红军中去工作，补充红军的干部及战斗员，发动群众慰劳红军，有必要时，配合红军作战"②。

在第二次反"围剿"前夕，1931年3月，中共中央作出《苏维埃区域红五月运动的工作议决案》，要求"苏区的党与工农劳动群众在红五月中，应动员最广大的群众参加革命战争，反抗帝国主义国民党军阀的进攻，冲破敌人'围剿'"。③ 在第三次反"围剿"中，中共湘赣省委发出《目前湘赣苏区各级工会的改造与几项中心工作》的指示，要求各县总工会应介绍忠实勇敢的工人130名到湘东南苏府转介绍到红军去，其中萍乡26名，攸县26名，莲花30名，永新14名，安福8名，吉安12名。④ 湘赣苏区各级工会响应省委号召，积极动员、组织广大工人参加纠察队、赤卫队、少先队。当时全省共组织了71000多名工人群众，拿起梭镖、大刀配合红军作战。在反"围剿"战争紧张时刻，各级工会组织还领导了工人担架队、侦察队、慰劳队、洗衣队、歌舞队等支援前线，为红军服务。

---

① 《中央给长江局并赣西南特委的信》（1930年10月31日），《中央革命根据地历史资料文库·党的系统》（第2册），中央文献出版社、江西人民出版社2011年版，第1219页。
② 《湘赣边苏区赤色工会暂行组织法——中共湘赣边苏区临时省委提出》（1931年9月6日），《江西工人运动史料选编》，江西人民出版社1986年版，第179页。
③ 《苏维埃区域红五月运动的工作议决案》（1931年3月21日中央常委会通过），中共江西省委党史研究室等编：《中央革命根据地历史资料文库·党的系统》（第16册），中央文献出版社、江西人民出版社2011年版，第1529页。
④ 《目前湘赣苏区各级工会的改造与几项中心工作》（1931年10月5日），《江西工人运动史料选编》，江西人民出版社1986年版，第186页。

工人还自动组织起来，利用休假日，帮助红军家属做事、耕田，使红军战士在前线安心打仗。

第三次反"围剿"之后，工人在保卫根据地、进行土地革命中的作用得到进一步的重视。中央苏区党的第一次代表大会通过《苏区工会运动决议案》，指出："应当在雇农、工人和苦力中经常作广大宣传鼓动工作，鼓励他们不断的自愿加入红军，强固红军的无产阶级成分。"[①] 1932 年 2 月，闽赣两省工人代表大会召开，通过了《扩大与拥护红军问题决议案》，强调了扩红是"苏维埃运动的实际任务"，要求"工人应以保障群众所得的胜利与实行目前的斗争任务，以身作则的来领导广大农民与劳苦群众加入红军，热烈的拥护红军"[②]。与此同时，全总苏区执行局作出《扩大红军工作决议》，要求"江西、福建两省职工会九月起至十二月止扩大红军六千名，其分配的比例：江西三千八百名，福建二千二百名"。[③] 会后，江西、福建两省职工联合会对扩红工作展开竞赛，定期举行评比。在扩红竞赛中，从省、县职工会到乡工会支部，都把这项工作摆在首位。兴国县开展扩红竞赛仅 10 天，就有 372 名工人报名参军。数日内，赣县征调 50 名工人当兵，瑞金县 60 名工人奔赴前线，江西省工联 2 名委员入伍。在江西省形成了持续参加红军的热潮，胜利县打铁工人去当红军，由师傅给了 3 个月平均工资，因此激发大批工人的

---

① 《苏区工会运动决议案——中国共产党苏区第一次代表大会通过》，中共江西省委党史研究室等编：《中央革命根据地历史资料文库·党的系统》（第 3 册），中央文献出版社、江西人民出版社 2011 年版，第 1861 页。
② 《闽赣两省工人代表大会决议之五——扩大与用户红军问题决议案》（1932 年 3 月），《江西工人运动史料选编》，江西人民出版社 1986 年版，第 255—257 页。
③ 《全总苏区执行局扩大红军工作决议》，《苏区工人》第 9 期，1932 年 10 月 1 日。

积极性，20多名工人自动踊跃去当红军。①

在苏区中央局的号令以及全总苏区执行局的指导下，各苏区工会动员工人踊跃参加红军。在湘赣苏区，1932年5月6日，湘赣省职工联合会发起两个月工作竞赛，在两个月内全省要做到有650~800名工人去当红军。②1932年6月28日，江西省第一次青工代表大会通过《青工斗争与青工任务的决议》，"号召全江西的青工，在最近一、二个月完全加入参战组织，不使一个青工站在参战组织之外"，同时组织革命竞赛活动，争取"兴国一百名，瑞金一百名，会昌八十名，胜利六十名，于都五十名，宁都六十名""石城十名，寻乌二十名，安远二十名，乐安十名，南广十名"参加红军。③1932年8月22日，要求"瑞金、会昌、胜利三县竞赛扩大红军数目，瑞金180名，会昌120名，胜利100名。兴国、于都、赣县三县竞赛扩大红军数目，兴国200名，于都150名，赣县120名。公略、万泰、永丰三县竞赛扩大红军数目，公略180名，万泰100名，永丰50名。宁都、石城、南广、乐安四县竞赛扩大红军数目，宁都200名，南广80名，乐安100名，石城50名。寻乌、安远、信康三县竞赛扩大红军数目，安远80名，寻乌80名，信康60名"④。1932年10月20日，江西省职工联会、雇农工会发出《通告》（第七号），要求各

---

① 《胜利县工人踊跃当红军》，《苏区工人》第8期，1932年9月10日。
② 《湘赣省职工联合会两个月工作竞赛条约——第一次执委会议通过》（1932年5月6日），《江西工人运动史料选编》，江西人民出版社1986年版，第361页。
③ 《江西全省第一次青工代表大会决议案——青工斗争及青工任务的决议》（1932年6月28日），《江西工人运动史料选编》，江西人民出版社1986年版，第386—387页。
④ 《江西省职工联合会提出各县职工联合会革命竞赛条约草案》，《苏区工人》第7期，1932年8月25日。

级工会雇农工会积极的努力的加紧扩大红军工作，坚决的执行优待红军条例，百倍的努力完成并超过9、10两月竞赛的数目，在11月、12月两个月不疲倦的继续扩大红军一倍，坚决的完成并实现执行局9、10、11、12四个月规定江西扩大红军的决议。[①] 如此，在苏区江西省形成了当红军的热潮。1932年8月25日，《苏区工人》刊登《江西省职工联合会提出各县职工联合会革命竞赛条约草案》，对竞赛的单位、内容、目的、组织领导等方面进行了规定，特别提出"各县职工会9月1日必须派代表到中心县开会订立革命竞赛合同，到11月1日各中心县职工会，召集邻县工会代表，总结两个月革命竞赛的成果，对工作成绩优秀者特别奖励"[②]。11月14日，在宁都举行了总结大会，充分肯定了竞赛取得的巨大成绩。在竞赛中，职工会动员2351名工人参加红军，超过竞赛计划25%。[③] 兴国县在1932年9月20日至9月30日10天内就动员了1400余人到红军中去。[④]

在湘鄂赣苏区，在1932年4月25日制定的《湘鄂赣省赤色职工联合会三个月（五、六、七月）工作计划》中要求，在三个月内向军队输送新兵，其中鄂东120名，鄂南40名，万载80名，宜萍40名，修水60名，铜鼓15名，浏阳40名，修宜铜奉边10名，平

---

① 《通告（第七号）》（1932年10月20日），《江西党史资料》（14），1990年内部出版，第117页。
② 《江西省职工联合会提出各县职工联合会革命竞赛条约草案》，《苏区工人》第7期，1932年8月25日。
③ 《江西各县职工会九十两月更竞赛的总结》，《苏区工人》第13期，1932年12月5日。
④ 《江西兴国县九月廿至九月卅日十天内动员一千四百余人到红军中去》，《苏区工人》第10期，1932年10月16日。

江 30 名。① 在闽浙皖赣苏区，对工人进行广泛的动员，"工会输送工人到红军中去的，有一千八百名，都是自动的报名，工会介绍前去"②。1933 年 1 月，闽浙赣省总工会作出《关于组织无产阶级团的决议》，很快第一批无产阶级团的招募工作完成，共招募到 409 名工人，多数地区都超额完成了任务。1933 年 3 月 23 日，闽浙赣省总工会又开始布置第二批无产阶级团的招募工作。③ 此后，赣东北苏区又掀起一次扩红高潮，并将大批工人农民组成的地方武装补入部队，编成红军第十军和闽北独立师，成为巩固和发展闽浙皖赣苏区的坚强柱石。

1933 年春，中共中央局提出"创造一百万铁的红军"的号召，整个苏区掀起前所未有的扩红热潮。同年 4 月 1 日和 5 月 1 日，全总苏区执行局在瑞金召开了中国农业工人第一次代表大会和中国店员手工艺工人第一次代表大会，由刘少奇和陈云提议各级工会积极参加工人师的创建工作。④ 在"一切为了前线的胜利"这个口号的感召下，苏区工会积极投身于"工人师"的创建活动中，中央苏区工人很快形成了参加红军的热潮。兴国上社、崇贤二区自全总执行局提出创造"工人师"的号召后，在县工联的领导下，在不到 10 天

---

① 《湘鄂赣省赤色职工联合会三个月（五、六、七月）工作计划》（1932 年 4 月 25 日），《江西工人运动史料选编》，江西人民出版社 1986 年版，第 333 页。
② 《中共赣东北省委代表涂振农向中央的报告（节录）》（1932 年 11 月 20 日），江西省总工会上饶地区办事处编：《闽浙赣苏区工人运动史料》，江西人民出版社 1989 年版，第 143 页。
③ 《闽浙赣省总工会关于第一批无产阶级团的工作总结和第二批无产阶级团的工作布置》（1933 年 3 月 23 日），《江西工人运动史料选编》，江西人民出版社 1986 年版，第 510 页。
④ 《江西省委通讯》第 2 期，1933 年 6 月 6 日。

时间内，上社区动员了125名，崇贤区动员了174名。① 乐安县工会第二次各区委员长联席会议决议，要鼓动工人自愿到工人师去，"限6月25号集中460名到县苏来并要求县苏召集群众大会转送瑞金，其余7月底完成数目"②。1933年4月，中国农业工人工会第一次全国代表大会通过《关于扩大红军的决议》，决定"创造中国工农红军的农业工人师，征调1500个会员，和4500个贫农与可靠的中农（每一个会员至少带领三个农民）去参加红军的工人师"，并要求在6月底完成这一任务。③5月到7月中旬，除一些县正在动员的数字未统计外，加入工人师共有4018人。此后，各级工会加紧了动员工作，7月底，加入工人师的工人群众约有12600多人，大大超过预计8000人的计划。

1933年8月1日，在中革军委发布《关于决定八一为中国工农红军成立纪念日的命令》后的首个"八一建军节"当天，中革军委在瑞金南郊竹马岗隆重举行由中华全国总工会苏区中央执行局主持筹建的中国工农红军中央警卫师（红军工人师）成立大会，作为对这一光荣节日的庆祝。全师12800多名指战员，编为3个正规团、1个补充团。全师受中革军委直接指挥，负责保卫赤色首都。全总苏区中央执行局的代表在成立大会上致祝词。《红色中华》1933年8月1日第二版刊发了《中国工农红军中央警卫师（工人师）成立宣言》，《宣言》表示："我们工人师全体指挥员战斗员在全总执行

---

① 《在伟大工人师战线上两个光荣模范区》，《红色中华》第98期，1933年8月1日。
② 《乐安县工会第二次各区委员长联系会议的决议案》（1933年5月20日），江西省档案馆藏，档号：G001-4-113-159。
③ 《关于扩大红军的决议——中国第一次农业工人代表大会通过》，江西省档案馆藏，档号：G001-4-090-070。

局的号召和领导之下，自愿来当红军的，我们坚定的在中国共产党与全总执行局领导之下，完全接受苏维埃中央政府与中央革命军事委员会所给我们的光荣任务，并绝对服从其命令与指挥。""我们都能了解我们是工农劳苦群众革命的武装力量，是苏维埃的军事柱石，我们下定了坚牢的决心，从今天起，以无产阶级坚决性顽强性和自己的热血头颅，同全国红军兄弟们一致的为工农阶级及一切被压迫被剥削的劳苦群众的彻底解放与利益，去同帝国主义国民党进行决死的残酷的战争，彻底推翻国民党在全中国的统治，创造苏维埃的新中国。"红军工人师的组建，既体现了工人阶级对于革命事业的无限忠诚与热爱，也体现了工人阶级为保卫革命果实不畏牺牲的英雄气概和坚信革命必胜的信心。

1933年9月，蒋介石调集五十万大军向中央苏区进行第五次"围剿"。为此，党中央在1933年8月初，提出了今后4个月的扩红计划，要求全总执行局深入开展扩红突击运动，为"创造一百万铁的红军"再作贡献。8月上旬，全总苏区中央执行局立即下达了扩红任务，部署各地职工会千方百计动员1500名会员加入红军，每个加入红军的会员要带领一个农民参军。继而又组织了8、9两个月扩红竞赛。1933年9月1日，中国店员手艺工人工会湘赣省委员会发出紧急通知，呼吁"全省苏区工人加入赤少队，扩大赤少队模范师。永新更要用大的力量动员工人领导广大劳苦群众加入第二个模范师，创造新的游击队，发展游击战争建立新的苏区"[①]。1933年9月2日，湘赣省店员手艺工人工会作出决议，要求"加紧政治宣传鼓动工作，广泛的深入政治动员，发动自己的会员加入红军

---

① 《目前政治形势与湘赣店员手艺工会的紧急任务》（1933年9月1日），《江西工人运动史料选编》，江西人民出版社1986年版，第579页。

十七师去","各级店员手艺工会,必须有计划的有组织的动员自己的会员及干部,领导劳苦群众加入工人营,坚决执行省职工会二次扩大会关于扩大红军工作的决议"。① 同时,湘赣省职工联合会执行委员会制定 9、10、11 三个月工作计划,指出"至少要领导三个农民,迅速将工人营成为工人团"②。通过积极的动员,在各苏区形成了参军的热潮。粤赣省在 1933 年最后 3 个月扩红 1.5 万名,工人占 20%,其中盘古山和铁山垅参军的矿工有 1700 名。赣县在扩红竞赛中荣获中共中央政治局、中华苏维埃临时中央政府赠给的锦旗。"瑞金只在最近短短的半个月中间,在扩大红军的运动中,全县有工人 277 名加入红军,……由于干部以身作则,带头领导的作用,带领着整个支部全体的会员(除老弱外)精壮勇敢的都如潮水般的涌进红军去"。③1934 年 5 月,广昌战役失利,苏区的北大门丢失,时局已经到了万分紧要的关头。此时,江西省工会联合会、中国苦力运输工人工会、中国店员和手艺工人工会江西省委员会联合发出《武装起来!到红军中去!》的号召:"各业工会最好的干部要以身作则的领导大批工友到红军去,加强红军中无产阶级的骨干""团结广大贫苦农民以自己的血和肉来捍卫苏维埃政权,直到最后一个人,最后一滴血,最后一口气"。④

---

① 《湘赣省店员手艺工人工会关于扩大红军的决议》(1933 年 9 月 2 日),《江西工人运动史料选编》,江西人民出版社 1986 年版,第 581 页。
② 《湘赣省职工联合会执行委员会关于九、十、十一三个月工作计划》(1933 年 9 月 11 日),《江西工人运动史料选编》,江西人民出版社 1986 年版,第 594 页。
③ 《瑞金工人如潮水般涌进红军》,《苏区工人》第 17 期,1934 年 5 月 5 日。
④ 《武装起来!到红军中去!》,江西省档案馆藏,档号:G001-2-011-003。

二、苏区工人群众积极支前

1930年12月，中华全国总工会发布《对于苏维埃区域工会工作计划大纲》，要求"苏区赤色工会更要作拥护苏维埃政权的运动，反对内外敌人的进攻，从各方面帮助红军和苏维埃政府，积极领导参加革命战争，使苏区工农革命的群众运动与国民党统治下区域内革命无产阶级和农民运动有很好的配合，冲破敌人围攻红军的战线"[1]。第一次反"围剿"战争前夕，江西省苏维埃政府连续发出《紧急通告》和《紧急通令》，对地方革命武装和革命团体如何配合红军作战问题进行部署。赣西南赤色总工会按照上级要求，积极发动工人奔赴前线，支援战斗。有的组织担架队，到火线上抢救伤员，有的组织运输队，运送军需物资上前线，有的直接参战。

在第三次反"围剿"中，中共湘赣省委提出，"号召群众举行扩大并拥护红军的工作，硬要做到红军所到地就有饭吃、有草鞋穿等工作"[2]。为了粉碎敌人的"围剿"，湘鄂赣苏区广大工人积极响应省委、省总号召，组织了各种为红军服务的战勤队伍，奔赴前线为红军服务。作战时，则组织担架队抢救、护送伤员，在星期六下午和星期天，组织工人帮助红军家属种田、做工、打柴。[3] 南丰县长陂工人带动农民群众，组织了90人的担架队、38人的破坏队、60人的运输队、32人的向导队、15人的救护队、50人的洗衣

---

[1] 中华全国总工会中国职工运动史研究室编：《中国工会历史文献》(3)，工人出版社1982年版，第288页。

[2] 《目前湘赣苏区各级工会的改造与几项中心工作》(1931年10月5日)，《江西工人运动史料选编》，江西人民出版社1986年版，第186页。

[3] 江西省总工会编：《江西工人运动史》，江西人民出版社1995年版，第197—198页。

队、30人的慰劳队投入战斗，配合红军取得了第三次反"围剿"的胜利。在闽浙皖赣苏区，广大工人积极参加慰劳红军、优待红军家属、节衣缩食支援战争等方面的工作。为了保障战争经费，广大工人一方面努力生产，一方面节约每个铜板，带头捐钱。单是兵工厂和被服厂有时一个月就捐银洋几百元和大米数担。①

1932年3月7日，全总苏区执行局向各级工会发出指示信，要求各级工会领导农民帮助苏维埃政府彻底没收地主财产供给前方红军作战，领导雇农及苦力工会号召农民搜集粮食集中给政府供给红军，实行节省运动节省开支以供给红军。②1932年3月8日，苏区中央局发出《给苏区各级党部的指示信》，要求"党首先要领导政府和邮务工人做整顿和发展赤色邮政的工作，要使邮政的递送，一定要按照规定的时间送到，邮政工会要监督自己工人为这一工作努力，并且要更加快""党要发动群众每一乡都组织起运输队，为红军运送粮食、军用子弹及一切必需品到粮站，到交通站，到军事机关以及到前线上去。党应领导职工会，发动自己的运输群众，特别是船工与苦力加入到运输船与运输队去领导这一工作"。③第四次反"围剿"中，宁都等县工人积极为红军提供后勤支持，"我们军团经理处在宁都邀集贵业工友赶制军服月余之久，诸工友没有半点疲倦，而且非常努力，早晚掺作，使在短期内完全解决了我们冬天迫

---

① 《闽赣两省工人代表大会决议之五——扩大与用户红军问题决议案》(1932年3月)，《江西工人运动史料选编》，江西人民出版社1986年版，第255—257页。
② 《全总苏区执行局为发展革命战争致你工会信》，江西省档案馆藏，档号：G001-4-0080015。
③ 《中央局给苏区各级党部的指示信——关于动员群众参加革命战争执行后方工作的问题》(1932年3月8日)，《中央革命根据地历史资料文库·党的系统》(第6册)，中央文献出版社、江西人民出版社2013年版，第2091—2092页。

中华苏维埃共和国革命战争公债券伍角 　　中华苏维埃共和国经济建设公债券伍圆

切急需之冬衣诸问题，这是非常感激的"①。

第四、第五次反"围剿"中，苏区工会组织工人通过购买战争公债、发起节省运动等方式，为反"围剿"战争筹措战费。1933年4月召开的中国农业工人第一次代表大会通过《关于帮助革命战争经费的决议》，要求"组织会员退还第二期公债票给政府，不要政府还本""扩大节省运动，节省经济帮助红军"。② 中央印刷局工人"认清在目前革命战争猛烈开展时，应以一切牺牲服从战争利益，所以决定将所增加的一小时的工资共大洋十九元七角七分完全帮助红军经费"。③ 二期公债发行后，"兴国全县工人雇农争先购买，特别是城市工人自动的拿出四个月的二三个月的工资购买第二期公债票；而且青工学徒亦同样的拿二三月的工资来，推销的数七百五十元外还向苏维埃政府买了八百余元。款项十一月廿号以前一齐送到了县工联集中，乡区的工人雇农买的款项亦在十一月廿号已集中了

---

① 《三军团给宁都缝业工友的一封信》，《苏区工人》第15期，1933年1月15日。
② 《关于帮助革命战争经费的决议》，江西省档案馆藏，档号：G001-4-090-070。
③ 《以每日一点钟的工资帮助红军作战经费》，《苏区工人》第12期，1932年11月15日。

县工联有半数以上,其余的款项在十一月卅日以前完全集中交县工联"①。在南广县,"省工联分配的数目已十一月廿五日送到了省工联,同时帮助各地苏维埃的推销很多,充分表现着,工人购买公债的踊跃和参加革命战争的热情"②。会昌县预定推销公债票90000元,最终完成98000元。③于都县总共推销公债31000元,已经收公债现洋27263.233元,……尤其是城市工人的踊跃,全县超过中央政府所规定的数量。④

在战争动员下,中央革命军事委员会被服厂全体工友除日间做两点钟义务劳动外,星期日不休息,并加做夜工不要工资,以帮助战争外,另有工友肖克学、女工李项英自动将全部工资捐出帮助战费。中央政府印刷局工友,前有几次节省经费并将星期日所得工资捐助战费,最近又有工友将星期日所得工资计有大洋二元四角余帮助战费。⑤在第五次反"围剿"中,"博生城市工会缝业支部工人大会上,不到一分钟,全体工人很热烈的节省谷子两千斤,一担一担开到政府,转送给前方红军。兴国城市刊木支部大会,市工联的同志报告怎样来拥护中央政府三升米的号召⑥后,支部主任就

---

① 《买公债!兴国县:工人拿三个月工资来买超预定推销数一倍》,《苏区工人》第14期,1932年12月20日。
② 《买公债南广县:超过预定数》,《苏区工人》第14期,1932年12月20日。
③ 《中央苏区会昌县两个月冲锋工作报告》(10月20至12月20),江西省档案馆藏,档号:G001-4-051-037。
④ 《中央苏区全省各县革命竞赛工作报告之十二——于都县委七、八、九三个月工作总结》(1933年2月8日),江西省档案馆藏,档号:G001-4-052-004。
⑤ 《国家企业工友积极接上经费帮助战费》,《苏区工人》第14期,1932年12月20日。
⑥ 1934年4月19日,中央人民委员会和粮食部联合发出"节省三升米捐助红军"的号召。

热烈的自己提出节省五十斤谷子,全体工友大家也不愿意落后跟着节省几十斤,接连不断的响应者,最少也节省了五斤,一共节省了四百五十斤谷子""于都城市工会国家企业工人支部的一个会议上,讨论响应节省三升米的号召时,大家都热烈的发言,不但节省了六升米,特别是郭瑞林同志,首先带头自动节省三升米,还要节省三块钱,大家都热烈的继续着打冲锋,一下子就节省米六斗,及一百二十元五角钱,拿来帮助战费"。①

为了让前线红军战士安心,苏区工会组织了慰劳红军、优待红军家属活动。几十万双的草鞋布鞋由工会会员及其家属制好送给红军,食品、肉类、军用品等,经常募集送给红军。优待红军家属,为红军家属作礼拜六,差不多都实行了,在业工人大多数每月拿出四天工资来帮助红军家属,乡村工人义务为红军家属耕田至少每月四天,多的每月十二天。兴国县 1934 年 1 月一个月,工会会员为帮助红军做的义务有 24918 工,做了送给红军的草鞋 8470 双,又捐钱 1918 吊 240 文。②"兴国船筏工人在县苦运工会领导下,提高了为红军为国家运输的劳动热忱。动员了七十多个竹筏及十分之八以上的工人参加这次半个月以上的义务劳动。"③

三、苏区工人积极投身反"围剿"战争

早在 1929 年,中央就要求各地将发展工人运动同反对军阀战争联系起来。中央给江西省委发出指示信,要求"在反军阀战争的

---

① 《节省战线上的动员》,《苏区工人》第 17 期,1934 年 5 月 5 日。
② 《中华全国总工会给赤色职工国际报告——中国苏维埃区域工会工作概况》(1934 年 3 月 1 日),中华全国总工会中国职工运动史研究室编:《中国工会历史文献》(3),工人出版社 1982 年版,第 636 页。
③ 《努力节约帮助战争》,《苏区工人》第 17 期,1934 年 5 月 5 日。

行动中，应当是发动群众斗争，建立群众的组织"，为此"赣西特委应当以极大地努力，来发展赣西天河煤矿的矿工、吉安城市的丝业工人、码头工人"。[①]1930年9月，在《中共中央六届三中全会关于职工运动决议案》中，明确提出，"赤色工会的总任务是：——加紧发动和领导广大群众的斗争，组织工人阶级的力量，加强反对军阀国民党帝国主义的斗争，拥护苏维埃和红军，以及反对军阀混战和赞助革命战争"[②]。由此，将苏区的工人运动与捍卫苏维埃政权的反"围剿"战争联系起来。从1929年下半年开始，苏区各级工会就把"必须经常动员工人中得力健全分子去当红军、补充红军"当作自己的首要任务。

在第一次反"围剿"中，吉安总工会领导工人纠察队不断骚扰与牵制吉安县城的敌人，并在赤菇岭至张家渡一带严防敌人横渡赣江，帮助红军歼灭进犯的敌军。兴国县总工会委员长徐先楷指挥新编第一师，在赣县的江口、茅店一带，阻击牵制由赣州北上投入"围剿"的敌军第六十师。莲花县总工会领导工人纠察队和太恒、梅州的少先队员，痛击"围剿"红军的国民党蒋光鼐部队和蔡廷锴师的部队，缴枪40余支、子弹40余箱、驴马20余匹。永丰县200余名工人纠察队员改编为红色警卫营，配合红军进行第一次反"围剿"，之后又配合红军在兴国县良村歼敌五十四师。[③]为了更好地配合红军作战，闽浙赣总工会委员长余汉潮兼任省苏劳动部长

---

① 《中央给江西省委的指示信》（1929年11月13日），中共江西省委党史研究室等编：《中央革命根据地历史资料文库·党的系统》（第1册），中央文献出版社、江西人民出版社2011年版，第672页。
② 《中共中央六届三中全会关于职工运动决议案》（1930年9月），《中共中央关于工人运动文件选编》（中），档案出版社1985年版，第81页。
③ 《中央革命根据地工人运动史》，改革出版社1989年版，第359页。

与地雷部长，工会会员普遍实行了半军事化。"由工人组成（或参加）的武装组织有工人赤卫队、红色游击队、水上游击队"，几乎都能单独作战。与此同时，"各业工会还充分利用手工作坊，制造各种土武器，如木工造松树炮、篾工造竹筒炮、铁工造铁雷、石工造石雷、窑工造罐雷等"。① 广昌县总工会为工人纠察队配备了机枪和10多支步枪，在第二、第三次反"围剿"时期，配合县里的游击队和赤卫队，攻打地方反动靖卫团，削弱敌人侵犯革命根据地的力量。信康县工会职工在黄泥排编入游击队，不断袭击地方反动武装，1931年5月，活捉联保主任林九章。

　　第三次反"围剿"战争后，各地苏区除了参加运动式的扩红工作之外，还积极地创造各种组织同军队直接联系，将工人输送到红军队伍中去。在湘鄂赣苏区，省总决定在各县成立工人教导队，专门训练工人干部介绍到红十六军，同时各县介绍新兵每月均有数目的规定。② 闽赣两省工人大会通过决议，要求各级工会加紧发动工人建立健全的城市工人赤卫队，在乡村的加入一般的赤卫队，施行广泛的经常的军事训练，锻炼工人的作战技术，学习和参加游击战争，检阅战争中的经验和教训，使每个工人都能灵活的使用枪支武器，一夺得敌人武器即能运用起来，一到红军就能成为善战的红军战斗员。③ 在闽赣两省工人代表大会前后，苏区工人积极地加入红军，在开幕时赣县征调工人50名参加红军，代表大会的代表有18

---

① 余金炉：《闽浙赣苏区工人运动片段》，《回忆闽浙皖赣苏区》，江西人民出版社1983年版，第375—376页。
② 《湘鄂赣省总工会给全国总工会报告》（1933年2月16日），《回忆闽浙皖赣苏区》江西人民出版社1983年版，第220页。
③ 《闽赣两省工人代表大会决议之五——扩大与用户红军问题决议案》（1932年3月），《江西工人运动史料选编》，江西人民出版社1986年版，第257页。

人参加红军。瑞金一县在一个月左右有 63 名参加红军。江西工联会亦有 2 名委员参加红军。①

随着苏区工运的发展，苏区工人更加充分认识到自己的利益与反"围剿"革命战争的关系，越来越多的苏区工人投身于反"围剿"战争中。1932 年 10 月，《苏区工人》刊登了一篇《一个当红军的工人的通讯》，其中指出："我觉得要保障我自己已经得到的利益，必须勇敢的参加革命战争，粉碎帝国主义国民党四次'围剿'，来保障苏维埃政权"，在红军队伍中"觉得生活上非常之好，每日都有政治军事课上，饮食、休息、上课都有时间的规定"。②由此可见，苏区工人参与反"围剿"战争的高度自觉，也反映了苏区工人在红军队伍中的崭新精神面貌。工人师成立后，成为反"围剿"战争中的一支劲旅，在招洒战斗中"我们一团人控制敌人一个纵队的三师兵力"，在上固战斗中"当敌人集中他三师兵力向我们阵地猛攻，最激烈时，我们六十八团某某连，一个反击，敌人打塌，缴到敌人的枪支驳壳军用品很多"。③在第五次反"围剿"战争期间，从全总执行局到基层工会，都派出最优秀的领导骨干，到前线去指挥和参加战斗。刘少奇在《苏区工人》上连续发表《庆祝伟大的五一劳动节》《在粉碎敌人五次"围剿"中边区的工会工作》《每个工会会员加入赤少队去》等文章，号召工人努力生产、参军参战，为"保卫苏区""保卫苏维埃政权"而斗争。到 1934 年 1 月，根据中央苏区公略、万太、龙冈、兴国、胜利、西江、于都、寻乌、上

---

① 《全总苏区执行局报告》（1932 年 3 月 17 日），《江西工人运动史料选编》，江西人民出版社 1986 年版，第 299 页。
② 《一个当红军的工人的通讯》，《苏区工人》第 9 期，1932 年 10 月 1 日。
③ 光洲：《不可战胜的工人师》，《江西工人运动史料选编》，江西人民出版社 1986 年版，第 476 页。

杭、宁化、长汀、新泉12县的统计，工会会员70580人，在红军及游击队服务的19960人，等于会员的28%。[①]1934年4月，中国店员手艺工人工会第二任委员长罗梓铭被派到广昌县担任战地委员会主任，指挥军民抗击敌人进犯广昌。原粤赣省会昌县工联主任邓学林被派到门岭战地委员会，领导各游击大队配合红军二十二师开展游击战争。全总苏区中央执行局委员长刘少奇也服从革命战争的需要，在1934年7月中旬到福建担任省委书记职务，指挥闽西军民抵抗敌人的进攻。

1934年3、4月间，蒋介石集中了11个师的兵力进犯广昌。广昌工人全力以赴投入战斗，配合红军阻击敌人的进攻。4月初，广昌县城全体工人举行总同盟罢工，而后加入赤少队，与城郊群众一道修筑堡垒。4月下旬，一场激烈的反"围剿"战争在广昌城乡展开，工人赤卫队和工人纠察队队员手持长矛、大刀、鸟枪，勇敢地同敌人搏斗，配合红军打退敌人一次又一次进攻，两天消灭敌军900多人。1934年5月中旬，中央苏区南部的会昌县工人在粤赣省工联领导下，举行了一次声势浩大的反对国民党反动派屠杀门岭群众的示威游行，高呼"收复门岭，保卫广昌"的战斗口号。这次游行示威活动鼓舞广大工人踊跃地参军参战和组织游击队，积极投入保卫会昌的战斗。门岭县被敌人侵占后，门岭工人积极组织游击队，经常深入敌占区骚扰敌人，牵制敌人向会昌县进攻。会昌县工联主任李裕寿领导第三游击中队，经常巧妙地克敌制胜，缴获粮食

---

① 《中华苏维埃共和国中央执行委员会与人民委员会对第二次全国苏维埃代表大会的报告》（1934年1月24—25日），中共江西省委党史研究室等编：《中央革命根据地历史资料文库·政权系统》（第8册），中央文献出版社、江西人民出版社2011年版，第1328页。

百余担、耕牛 10 多头、光洋 600 元。在一次战斗中，工人出身的侦察员吴瑞山准确掌握敌情后，使游击队出其不意袭击敌人，消灭敌军 200 余人，缴获轻重机枪 15 挺、步枪 300 余支。

苏区工人是国家的主人，这决定了苏区工人必然成为反"围剿"战争的主力。苏区工人参与反"围剿"战争是在工会的组织和领导下进行的，工会通过扩红运动将苏区工人组织成反"围剿"战争的武装力量，没有直接参加战争的工人为反"围剿"战争提供后勤和物资支持，在反"围剿"战场的苏区工人奋勇杀敌，为捍卫苏维埃政权作出了巨大的贡献。

第四节　建设苏维埃政权的柱石

一、广泛开展合作社运动

国民党政府对中央苏区进行军事"围剿"的同时，还实行经济封锁，企图扼杀新生的苏维埃政权。为此，中华苏维埃临时中央政府着眼于从经济建设去巩固工人和农民的联盟，去巩固工农民主政权，合作社运动就是在这一背景下开展的。中央苏区的合作社经济，最先出现在赣西南的东固苏区，即 1928 年 10 月由东固区革命委员会拨款和群众集资建立的东固消费合作社。1929 年 10 月，该社扩大股金，成立东固消费合作总社，下设东固、南垄两个分社。东固的这一经验，到 1931 年在赣西南苏区普遍推广。

1930 年春至 1932 年春，随着赣西南和闽西革命根据地的形成和扩大，党和苏维埃政府鼓励和支持工农群众自发组织起来，创办了一批早期的小型合作社，解决根据地建设上的一些困难。1930 年上半年，中共赣西南特委为了帮助红军解决军需物资供应的困难，

东固消费合作总社旧址

推出了"办理合作社""办理贫民工厂"的政策,得到了赣西南手工业工人的热烈支持。东固根据地办了头一个贫民工厂,紧接着就是永新、兴国两县的手工业工人把自己的缝衣机、打袜机等生产工具集中起来,成立小规模的生产合作社。宁都县的缝衣工人也随之成立合作社。这些为数不多、规模不大的合作社,主要是为红军加工缝制军装鞋帽,空隙时间也为群众服务。

1930年11月,中共中央发出《关于苏维埃区域目前工作计划》,要求"实行合作社""在苏维埃政府赞助之下,必须吸引广大贫农和工人自愿的参加",首先要组织贩卖合作社和消费合作社。①1931年春,寻乌县城范凤鸣等10多名工人组成的缝衣合作社,

---

① 《中央政治局关于苏维埃区域目前工作计划》(1930年10月24日),中共江西省委党史研究室等编:《中央革命根据地历史资料文库·党的系统》(第2册),中央文献出版社、江西人民出版社2011年版,第1181页。

日夜为红军缝军装、子弹袋、米袋，全力为前线服务。有铁矿资源的地方，成立了一些铁器生产合作社，专为地方赤卫队制造武器，农忙时生产和修理农具用具。当时，合作社的领导和管理还没有摆上工会组织的议事日程，各个合作社都没有统一的条文制约，无论是资金来源、经营方式、分配方法、管理章程，都是由各地各社自己决定。无疑，合作社办得有好有坏，社与社之间存在差距，也有的被看成是"不合法"的。比如兴国县有一个刨烟合作社，是靠打土豪得到的钱办起来的，县苏维埃政府察觉此社筹款来历不明，合作社又办得不好，就将这个合作社改为国营商店。后经全总苏区执行局的反对才恢复原状。总的来说，早期的合作社对支持红军开创革命根据地，对开发苏区经济起到了积极的作用，也为合作社运动的发展奠定了基础。

1931年11月，苏维埃中央政府成立以后，对合作社经济的发展予以高度重视。在一苏大会通过的《关于经济政策的决议案》中明确指出："为着整个苏维埃贸易和保障劳苦人民的利益及改良劳动群众必须品的供给，苏维埃政府必须极力帮助合作社的组织与发展。苏维埃对于合作社，应该以财政的协助与税的豁免，应将一部分没收的房屋和商店交给合作社使用。"[1]1932年以来，国民党反动派对苏区实行严密经济封锁，"企图建立纵深260里的封锁网""来破坏苏区的经济生活"。与此同时，苏区"左"的经济政策导致工人运动发生偏差，许多私营工商业陷于瘫痪，越来越多的工人遭受失业痛苦。1932年2月，全总苏区执行局主持召开的闽赣两省工人代表大会，讨论了工人参加经济建设，组织与发展合作社的问题，作出了《失业与合作社问题决议案》，指出苏区党组织要求职工会

---

[1] 《革命根据地经济史料选编》上册，江西人民出版社1982年版，第83—88页。

要重视工人的切实利益,"须以最大的努力进行失业救济""并进行合作社运动,发展苏维埃经济""求得失业问题的相当解决"。[①]要求职工会领导组织生产合作社、消费合作社、购买合作社与信用合作社,雇农工会根据农民的志愿领导雇农、组织贫农及中农,组织犁牛站及耕种协社。职工会要经过合作社,取得农民的进一步的领导和对于独立劳动者联系,以共同发展苏维埃经济。还建议政府对合作社要给以支持和优惠,发给信用贷款,减轻或免除税率。[②]1932年2月17日,中央政府向江西省苏发出指示信,指出"政府所办的,只能叫国家商店和工厂。现最主要的是帮助群众发展合作社运动,而不是政府举办商店工厂""如若群众接办而资本不够时,政府可暂时借一部分资本,然后由合作社逐渐归还"。[③]这为苏区合作社的发展指明了方向。

中华苏维埃临时中央政府在同年4月12日,公布了《关于合作社暂行组织条例的决议》,明确指出:"合作社组织为发展苏维埃经济的一个主要方式",组织消费合作社、生产合作社、信用合作社等三种合作社。要求"消费,生产,信用合作社之社员不仅兼股东,并且是该社的直接消费者,生产者,借贷者""每个社员其入股之数目不能超过10股,每股金额不能超过5元"。[④]这个条例颁

[①] 《失业与合作社问题决议案》(1932年3月),《江西工人运动史料选编》,江西人民出版社1986年版,第259页。

[②] 《失业与合作社问题决议案》(1932年3月),《江西工人运动史料选编》,江西人民出版社1986年版,第260—261页。

[③] 《选举运动与合作社——中央政府指示江西省苏的一封信》(1932年2月17日),《红色中华》第10期,1932年2月17日。

[④] 《中华苏维埃临时中央政府关于合作社暂行组织条例的决议》(1932年4月12日),中共江西省委党史研究室等编:《中央革命根据地历史资料文库·政权系统》(第6册),中央文献出版社、江西人民出版社2013年版,第233页。

布后，中央苏区的各类合作社组织，开始走上了规范化发展的道路。苏区广大手工业工人和农业工人在工会领导下，积极行动起来组织各种类型的合作社，恢复与发展手工业生产和农业生产，城乡经济日趋繁荣活跃。

1932年4月27日，湘赣全省第一次工人代表大会通过《生产合作社简章》对合作社进行规范，其中要求"凡工人、失业工人、学徒、手工业者都得约集组织各种合作社""生产合作社最好按产业或职业组织之""凡在合作社做工的社员，按照劳动时间及熟练程度由合作社给以工资，工资应有高低，并可按生产力之多少，或按件发给工资"。对于合作社的管理问题，规定合作社的最高权力机关为社员大会，设置管理委员会，管理一切社务。同时，要求"各生产合作社得兼办消费合作社，贩卖各种必需品，并将该业合作社的生产品推销出去，特别要注意与白区交换生产品，流通与白区的商品关系"。[①]5月5日，湘赣省职工联合会发出号召，要在两个月内"各县组织二个至十个的生产合作社，如手工业各业合作社，造纸、石灰、铁矿、煤矿等生产合作社"[②]。9月10日，《苏区工人》发表社论，强调要"转变目前还属狭隘范围的合作社为广大群众的组织，建立合作社的系统组织，协助和领导合作社的工农工作，加强合作社的作用"[③]。1932年9月30日，湘鄂赣省赤色职工联合会向工人发出号召，"要冲破敌人的经济封锁，抵制资本家与富农的剥削与对生产的怠工，和奸商的操纵市场，高抬时价。要使

---

① 《生产合作社简章——湘赣全省一次工人代表大会通过》(1932年4月27日)，《江西工人运动史料选编》，江西人民出版社1986年版，第342—343页。
② 《湘赣省职工联合会连个月工作竞赛条约——第一次执委会议通过》(1932年5月6日)，《江西工人运动史料选编》，江西人民出版社1986年版，第359页。
③ 《为加强苏维埃经济展现而斗争》，《苏区工人》第八期，1932年9月10日。

工人生活改良，得到实际利益，只有工人自己集股开办生产与消费合作社，发展苏区经济，保障日常必需品的供应"①。在各级工会的领导下，苏区的合作社事业取得了巨大的进展。湘赣苏区1931年冬报告说，由于自由贸易政策的执行和合作社的建立，"苏区内部经济有相当的恢复，各市场商人能经常自由营业，莲花一带群众合作社农村都已普遍，金银颇为流通，各种普通日用品都能买到"②。1933年5月，在胜利县古龙冈成立了中央农具生产合作社，开办一个多月，已有30多个工人，生产了禾刀5000多把，镰刀800把并其他农具。生产品的质量都比一般私人生产的要好，而售价则特别便宜，农民纷纷到工厂订货。③为了加强对合作社的管理，苏维埃政府不断完善合作社管理的制度。1932年8月21日，苏维埃中央人民委员会发布第七号训令，颁布《粮食合作社简章》，对苏区粮食合作社的组织和管理进行了明确具体的规范。1933年9月10日，苏维埃中央政府又同时颁布了《生产合作社标准章程》《消费合作社标准章程》和《信用合作社标准章程》。此外，对互助合作社性质的犁牛合作社和劳动互助社的组织与管理，也先后发布训令或组织纲要，这就使苏区的各类合作经济组织，都有统一规范的管理要求。

1933年8月至1934年2月，苏区各级工会开展了经济建设竞赛，合作社运动蓬勃发展。1933年8月12日和20日，中央苏区分别召开了南北部经济建设大会，讨论和确立了经济建设竞赛条约，

---

① 《工人群众动员起来集股开办合作社》（1932年9月30日），《江西工人运动史料选编》，江西人民出版社1986年版，第424页。
② 《中共湘赣省委工作报告》（1931年10月26日），《湘赣革命根据地史料选编》上册，江西人民出版社1982年版，第190页。
③ 《中央农具生产合作社的第一个工厂》，《苏区工人》第2期，1933年6月30日。

合作社运动进入了大发展的高潮。8月20日在博生县召开的北部11县经济建设大会，对合作社的建设提出了竞赛目标：要发展粮食合作社社员15.2万名、消费合作社社员13.7万名，筹款12.4万元。两次大会的胜利召开，造成了中央苏区经济建设的热烈气氛，推动合作社运动迅猛发展。据1933年9月江西、福建两省里面17个县的统计，各种合作社共有1423个，股金305551元。[①]

同年8月，全总执行局根据两次经济建设大会的精神，动员苏区工人立即行动起来，大办各种类型的合作社，为发展苏区经济多做贡献。各级工会切实加强了合作社运动的领导，因地制宜作出了发展合作社的规划，大力发展手工业生产和促进农业生产。这样，各级工会领导下的合作社运动，很快出现了崭新的局面。于都县工联闻风而动，在8月份发动手工业工人建立了刨烟、铁器、煤炭、硝酸、石灰、农具等生产和消费合作社100多个，参加合作社的工人达千余名。该县各乡普遍成立了石灰生产合作社和硝酸制造厂，石灰和硝酸产量大幅度增长。全苏区合作社发展的状况有明显的变化，如果在南北部经济建设大会以前，合作社的发展是很缓慢的，那么在大会以后，发展的速度是快得多了。在大会以前，全苏区消费合作社只有406个，社员8.3万人，股金有9万元。粮食合作社，只有513个，社员11.2万人，股金9万元。在大会以后，已经可以看到合作社发展速度加快。例如，瑞金在8月份以前，只有9000名消费合作社社员，1.1万元的股金，那么在8月以后的1个月中，社员就增加5300人，股金增加了5500元。粮食合作社在8

---

① 《中华苏维埃共和国中央执行委员会与人民委员会对第二次全国苏维埃代表大会的报告》(1934年1月24—25日)，中共江西省委党史研究室等编：《中央革命根据地历史资料文库·政权系统》(第8册)，中央文献出版社、江西人民出版社2013年版，第1336页。

月以前是很少的,在 8 月以后,社员增加到了 6800 人,股金增加到了八九百元。兴国在大会以后的 1 个月中,消费合作社社员增加 1.46 万人,粮食合作社社员增加 1.5 万人。1933 年 8 月至 1934 年 2 月,中央苏区办起各种类型的合作社 12 万余个,社员 57 万余人,拥有资金 62 万余元。其中,生产合作社 176 个,社员 3.2761 万人,股金 5.8552 万元。广大农村以农业工人为核心成立了数以千计的犁牛合作社。①

在中央苏区的经济结构中,存在国营经济、合作社经济、私人经济三种成分。其中,国营经济虽是占领导地位的,却是少量的、适度发展的;私人经济虽是孤立和提倡发展的,却是很脆弱的、小规模的。而合作社经济,则是中央苏区的主体经济,是党和苏维埃政府予以大规模发展并且最受苏区群众欢迎的,它在根据地经济中

漫画《工人反对资本家的斗争》

---

① 江西省档案馆、中共江西省委党校党史教研室编:《中央革命根据地史料选编》下册,江西人民出版社 1982 年版,第 604—605 页。

的主体地位是国营经济和私人经济所不可替代的。中央苏区合作社运动的蓬勃发展，对苏维埃经济建设做出了重大贡献。中央国民经济人民委员部在1933年6月颁布的《发展合作社大纲》中，对合作社经济的作用概括为五个方面：(1)抵抗商人资本家剥削，改善社员生活；(2)调节苏区内工业品和农业品价格的剪刀差现象，破除国民党的经济封锁；(3)发展苏区国民经济；(4)吸收广大工农劳苦群众参加革命战争，提高社员政治水平，巩固工农革命联盟；(5)抵制私人资本，准备将来社会主义建设的经济条件。[1]

到第二次全国苏维埃代表大会之前，苏区的合作社运动已经取得了显著的成绩，"生产合作社、消费合作社、粮食合作社、信用合作社等即在中央苏区吸收的社员，已达五十万人以上。闽浙赣省加入合作社的人数达全省人口百分之五十。在有些乡则全体劳苦群

中华苏维埃共和国临时中央政府对外贸易总局旧址

---

[1] 《发展合作社大纲》(1933年6月)，《中华苏维埃共和国消费合作社史料选编》，2001年江西省供销合作社内部出版，第23—24页。

中华苏维埃共和国临时中央政府对外贸易总局纪念馆

众已经加入了合作社。为了加强对于各种合作社的领导，在中央苏区，在各省都已经有了总社的组织"。其中，消费合作社的组织在活跃苏区的贸易活动中发挥着特别重要的作用，"经过消费合作社工农群众可以更便宜的购买商品，更高价的出卖他们的生产品。经过消费合作社的网，国家对外贸易局，各种商业公司以及消费合作社总社可以最迅速的将他们的商品卖给农民，并从农民那里买得生产品"。①

二、参与国有企业管理

在苏区经济体系中，农民的小商品经济占绝对优势，几乎没有现代化的机器工业，只有少数小城镇出现了规模较小的资本主义工业。这种工业状况显然是难以适应大规模的革命战争和人民群众日常生活的需要。因此，苏区党、工会组织和苏维埃政府在发展苏区经济建设中，积极发动工人群策群力，建立与发展苏区的公营

---

① 《关于苏维埃经济建设的决议》，《红色中华》1934年2月16日，第50期。

工业。到 1934 年春，中央苏区的苏维埃工厂已有 33 个，包括工人 2000 多人，还包括有几千人的钨矿。这些工业的发展、巩固与生产的提高，对于革命战争是有极重要的直接关系。

1931 年 11 月，中华苏维埃第一次工农兵代表大会通过了《关于经济策略决议案》，明确了苏区工人参加工厂的管理责任。从此，苏区工人以主人翁的地位管理苏维埃企业。随着《劳动法》的贯彻实施，苏区工人的生活待遇得到了改善，这进一步激发了工人的工作热情。在赣东北苏区"被服厂的工人在未实行八小时工作时候，每班八人，每天只能做四件单军衣，八条单军裤，实行了八小时工作制度，现在每班八人每天能做六件军衣，十二条军裤。兵工厂的工人有些自动愿多做半小时或一小时，虽到停工时间，他仍不肯停手。同时，各工厂工人都能积极帮助厂内管理生产，计划节省材料，减少耗费，并能在工作上互相监督，互相批评"[①]。

各级苏维埃政府在发展公营企业中，遇到的新课题就是对新建的工矿企业，如何依靠企业职工，以主人翁地位参与企业管理。在当时，这个问题上的认识还很模糊，没能建立与完善企业管理方案、制度和法规，因而在 1933 年以前，许多工厂企业普遍忽视企业民主管理，出现了生产紊乱的状况，许多工厂没有规定与执行劳动纪律，没有科学地去组织生产与计划生产。企业管理不善，影响产品质量，原材料浪费也较严重。例如：兵工厂做的子弹，有 3 万多发打不响的。枪修好了，许多拿到前方不能打，或者一打就坏了。200 多把刺刀不能用……兵工厂的炸弹曾经发生爆炸。被服厂做好的军衣不合尺寸，不好穿，扣子一穿就掉，有的针线大约半寸

---

① 《赣东北（省委的）工人通讯》(1932 年 6 月 17 日)，《江西工人运动史料选编》，江西人民出版社 1986 年版，第 380 页。

长钉一针，颜色杂乱配置。某被服厂做的棉衣每件平均要少一两棉花。有的厂将做军衣的布拿去上厕所、送给老百姓、揩桌子等。各工厂的材料器具失窃的事件很多。①

苏维埃企业中的许多厂长，面对管理上的混乱状况熟视无睹，不明白怎样依靠和发挥工人当家做主的精神管好企业。有的厂长认为"工会要我怎么办我就怎么办"，这就是依靠了工人阶级；有的厂长将吸收工人群众参加企业管理误解为"由工会的小组长来管理各部门的生产"；还有的厂长总是埋怨工人不卖力气，因而采取强迫命令的办法，要求工人搞好生产，结果是问题成堆。1933 年，全总执行局党团书记陈云和国家企业部长马文到中央兵工厂视察，发现某分厂管理混乱，生产上不去，原因是某厂长用"工头"的办法对待工人，工人意见大，上班不干活。后来，陈云建议撤了这个厂长，工人的积极性很快就调动起来，生产面貌焕然一新。②

1934 年春，全总执行局委员长刘少奇对企业管理问题经过调查研究后，提出了工人参加民主企业管理、协调工人与厂长和工会与厂长的关系的意见：（1）组织与运用"三人团"（厂长、工会委员、党的书记）的领导方式来管理工厂，成立厂长领导下的管理委员会，具体管理厂内的生产和事务。（2）明确厂长在集体领导下如何处理各方关系，即厂长在决定各种问题时，必须事先与党的支部书记和工会主任商量，尽可能取得他们的同意后作出决定。如果党的书记和工会主任不同意时，厂长有最后决定执行的权力。（3）

---

① 中央苏区工运史征编协作小组编：《中央革命根据地工人运动史》，改革出版社 1989 年版，第 79 页。
② 中央苏区工运史征编协作小组编：《中央革命根据地工人运动史》，改革出版社 1989 年版，第 79 页。

广泛发动职工群众献计献策，改进企业管理，建立与健全管理制度，对职工考勤、产品检验、计划制定、组织竞赛等方面都有章可循。（4）改革工资制度，实行计件与包工计酬的办法刺激工人努力生产。（5）注意改善工人生活，解决好工人的切身利益问题，以利发挥工人的劳动热忱，为提高生产而斗争。[1]

苏区党和苏维埃政府十分重视刘少奇的意见，对改进企业民主管理制定了章程和措施。1934年4月10日，中央政府颁发了《苏维埃国家工厂管理条例》，指出："国有工厂的负责者为厂长，厂长由各该隶属的上级苏维埃机关委任，对于厂内一切事务，有最后决定之权，并向苏维埃政府负绝对的责任""在厂长之下，设工厂管理委员会，由厂长、党支部代表、工会代表、团支部代表、工厂其他负责人、工人代表等五人至七人组织之""管理委员会内组织'三人团'，由厂长、党支部代表及工会支部代表组织之""为发扬工人创造性发展生产起见，应设生产讨论会，以研究生产技术，推进生产发展。生产讨论会应尽量吸收广大的工人积极分子参加"。这样，对工人参加企业管理落到了实处，工人在企业中的主人翁作用得到发挥。[2] 同日，中央组织部颁布《苏维埃国家工厂支部工作条例》，提出国家工厂支部要组织生产计划，由生产会议（技术好的工人和生产模范队长必须参加）提出草案，将各部门生产计划草案，交各部门讨论，尽量吸收工人意见，正确定出精密的计划。要组织生产模范队，把能按厂规上工下工、完成每个生产数量、节省

---

[1] 刘少奇：《论国家工厂的管理》，《斗争》第53期，1934年4月14日。
[2] 《中华苏维埃共和国人民委员会命令（中字第十六号——苏维埃国有工厂管理条例）》（1934年4月10日），中共江西省委党史研究室等编：《中央革命根据地历史资料文库·政权系统》（第8册），中央文献出版社、江西人民出版社2013年版，第1574—1575页。

原料、质量最好、经常为工人模范的分子，组织在模范队里面。建立经济核算队，支部经过工会，在各部门组织善于想尽一切方法发明各种节省时间、人力与原料等办法的分子到经济核算队中。提高生产技术，支部可以建立技术研究组，提倡技术竞赛，组织生产品展览会，派最好的党员和团员在最好的技术工人或技术师中学习专门技术。同时由厂长、工会委员长、支部书记组成的三人团，共同解决问题。①

《条例》公布后，苏区各级工会在全总执行局领导下，在公营工厂普遍实施了"三人团"管理制，企业面貌发生了显著变化。工人们在"一切为了革命战争"这个目标下努力生产争做贡献。"三人团"管理制的推行，是中央苏区红色政权诞生后的一个伟大创举，是企业管理上行之有效的变革。这个管理制的优越性，是赋予厂长对企业全面负责的权力，工人能够在企业管理中当家做主，党、政、工关系得到协调处理。②

三、热烈开展生产竞赛

在战争环境中，生产与战争的胜利密切相关，因此生产不仅同群众的生活息息相关，也同反"围剿"战争的成败以及苏维埃政权的稳固相关。苏区工会在组织职工、发动职工参加革命竞赛、工作竞赛、生产竞赛中发挥着巨大作用，用这种竞赛的形式调动了广大职工群众的积极性，并通过及时表彰先进模范集体和先进模范个人

---

① 《苏维埃国家工厂支部工作条例》（1934年4月10日），中共江西省委党史研究室等编：《中央革命根据地历史资料文库·党的系统》（第5册），中央文献出版社、江西人民出版社2011年版，第3249—3250页。
② 中央苏区工运史征编协作小组编著：《中央革命根据地工人运动史》，改革出版社1989年版，第80页。

中华苏维埃共和国临时中央政府春耕生产运动赠旗大会旧址

推动了竞赛广泛深入地开展。

苏维埃企业中的工会加强了生产竞赛的领导，提出了增加生产、节约材料、改良技术、遵守劳动纪律等方面的要求，为了激发工人的劳动热忱，"召集党与工会的各种支部大会小组会，把'战争的紧张环境与工人应努力生产来适应战争的需要'并利用上课墙报及各种讨论会，都以'工人应该提高生产为争取苏维埃胜利而斗争'来教育工人，从各方面组织与发扬工人的最高度的积极性保证完成与超过生产计划，不但要生产数量多，并要质量好，因此经常由党和工会的干部组织突击队，每天都有进行检查生产，及建立生产的模范队"。[1] 因此，苏区劳动竞赛热火朝天，生产计划不断刷新，革命成果大量涌现。工人常在8小时工作之外自动延长工作时间到9小时。工人每日生产计划大多数是完成与超额完成

---

[1] 《一切为着战争为着前线上的胜利》，《苏区工人》第17期，1934年5月5日。

的。在各基层工会的组织和领导下，工人广泛参加生产竞赛活动，石城县缝衣社工人"白天不休息，晚上点油灯，动员家属开扣眼，上扣子""经过竞赛，日产量不断增长，进度加快……全社不到两个月，完成军装、被、帽3万余套（件）；子弹带20多天就完成3万多条"。①

通过生产竞赛，充分调动了工人的积极性，工业生产明显上升。中央兵工厂开启多期革命竞赛，在第三期革命竞赛中，"生产速度亦大大的增加，尤其发明创造新的技术，如'三八'式的枪械全副，畲排枪阶全副，及炸弹上的药亚力木力""经济动员购买了二千一百五十元经济建设公债，以至十元工资以上者，每月节省六角，十元工资以下者每月节省三角，帮助战费"。②中央兵工厂1933年第四期为时两个月的竞赛，全厂工人两年左右时间一共配制了4万多支步枪、40多万发子弹，修理了2000多挺机枪、10多门迫击炮，造了600个手雷、5000多个地雷。这些武器弹药，武装了红军，狠狠打击了敌人。中央第二被服厂为保证五六万新战士能穿上军装，全厂工人放弃星期日以及晚上休息，主动参加义务劳动。中央卫生材料厂在1934年的劳动竞赛中，工人与技术人员合作"自制硫酸钠、安福消膏、煮棉花、丸丹、八桂丹"等药品，"尤其是煮纱布，过去每次要用洋皂一次四十块，发现石灰可以代洋皂，现在就可以不用洋皂了，在新的创造中，每月计算起来可以节省200元"。③

---

① 陈远兴：《回忆石城县缝衣社工人开展竞赛活动》，中央苏区工运史征编协作小组编：《中央革命根据地工人运动史》，改革出版社1989年版，第182页。
② 《中央兵工厂工人革命竞赛总结》，《红色中华》第137期，1933年12月23日。
③ 《一切为着战争为着前线上的胜利》，《苏区工人》第17期，1934年5月5日。

1934年1月，第二次全国苏维埃代表大会通过《关于苏维埃经济建设决议》，提出："必须更进一步来发扬与提高苏区工农群众的劳动热忱。乡村中由农民自己所组织的生产突击队、冲锋劳动以及国家企业中的革命竞赛等，应该广泛的散布出去，以提高生产。苏维埃政府应该特别奖励模范的乡村的农户、模范的工厂、生产队以及个别的劳动战线上的英雄，鼓励广大妇女群众参加农业上与工业上的生产，对于发展苏区生产是非常必要的，私人资本企业中，在工人自愿、改善工人生活，在苏维埃政府与工会监督的条件之下，亦得增加劳动生产率。必须让每个工人群众了解，苏维埃政权下生产的发展，是和全体民众生活的改善不能分别的。共产主义礼拜六必须真正开始。对于劳动的共产主义态度，首先应该在国家企业内极大地发扬起来，教育工人群众为苏维埃政府的劳动，即是为了无产阶级自身的最后解放，与社会主义的胜利而劳动。在苏维埃企业内的劳动纪律，应该是无产阶级纪律的模范。一切提高生产力的发明都应该得到苏维埃政府的奖励。"[①] 按照《决议》的要求，在中央政府领导下，各苏区工会紧紧依靠群众，放手发动群众，集中精力抓苏区的经济建设，在工厂、农村等各行各业广泛开展革命竞赛，有力地调动了中央苏区群众的生产积极性。1934年3月1日，中华全国总工会给赤色职工国际的报告中提到："在发展农业生产与恢复工业生产方面，工会也进行了许多工作""在苏维埃国家企业中工会提出了为巩固和发展苏维埃企业而斗争的任务，提出

[①] 《关于苏维埃经济建设的决议——1934年1月第二次全国苏维埃代表大会通过》（1934年1月），中共江西省委党史研究室等编：《中央革命根据地历史资料文库·政权系统》（第8册），中央文献出版社、江西人民出版社2013年版，第1366页。

了'增加生产''节省材料''改良技术''提高劳动纪律'等口号，并且组织生产突击队及生产竞赛等。工人常在八小时工作之外自动延长工作时间到九小时、十小时，一般的工人生产劳动热忱是很高的，如果不是材料工具缺少、机器损坏，工人每日生产计划大多数是完成与超过的。"[①]在苏区工农群众的努力下，苏区经济建设取得了很大成绩，有力地保障了前线的供给，苏区的群众生活也得到了改善。

苏区公营企业的职工，在生产竞赛中得到了刘少奇的指导和帮助。1934年3、4月间，《苏区工人》刊登了刘少奇写的文章《用新的态度对待新的劳动》和《庆祝伟大的五一劳动节》，号召苏区工人要"为着战争，为着苏维埃的胜利，为着工人阶级全体长远的利益，而自觉的努力的工作""要用新的态度来对待新的劳动，为最大限度的提高生产提高工作速度而斗争！一切给予革命战争！"他要求通过劳动竞赛，国有企业应完成与超额完成生产计划。

四、开展反经济封锁斗争

随着中央革命根据地的扩大和发展，国民党对根据地的封锁越来越严，手段也越来越残酷。"在今年夏收以后，米价特别的低落（万泰等处每石米只值一元），制造品（盐、布匹等）价格腾贵了，敌人在许多方面断绝河道交通，……使苏区广大劳苦群众特别是我们工人受很多的痛苦，虽然工资增加但生活价格提高

---

① 《中华全国总工会给赤色职工国际报告——中华苏维埃区域工会工作概况》（1934年3月1日），中华全国总工会中国职工运动史研究室编：《中国工会历史文献》（3），工人出版社1958年版，第289—292页。

了,……农民一年辛劳的收获,还不够充裕的购买制造品"。因此,发展苏区经济的一项重要任务,就是要千方百计粉碎敌人的经济封锁,把革命根据地的物资输送到白区去,从白区换回根据地急需的用品。苏区和白区的广大工人,勇敢地承担了这一艰巨的历史重任。

中央苏区的兴国、宁都、于都、会昌、信丰、瑞金等县,都是粮食、食油、生猪、柴火、钨砂等物资的产区,这些物资都要通过冲破敌人的封锁,运输到白区去,以换取银钱。为了加强白区工作,打通赤白交通,大力开展苏区与白区的进出口贸易,全总苏区执行局积极领导水上工人,秘密建立从苏区通向白区的水路运输线。在通向赣州的水路运输线上,1932年6月在赣县江口建立了办事处,在江口办事处下设6个沿河船工支部,在赣州城内设了3个船工支部,负责接待来往运输船排和人员,秘密商洽物资运输业务。[①] 中央贸易局于1932年冬在江口成立了贸易分局,江口办事处配合江口贸易分局工作,在白区采购苏区奇缺的物资,如食盐、布匹、西药、炮硝等,秘密运往苏区;又将苏区出产的粮、油、生猪和钨砂运往白区销售。[②] 苏区的运输人员表现出了极大的革命积极性。于都县的木船工人为使粮价不因运费太多而涨价,主动向粮食调剂局提出降低工资30%~40%;苦力运输工会中央委员会号召江西、粤赣两个苏区省的船筏工人以10天的义务劳动帮助红军运输7万担谷子,10天以外的工资也只以平常工资的6折计算。[③] 木船工

[①] 王贤选、何三苟:《中央苏区反经济封锁的片段回忆》,《回忆中央苏区》,江西人民出版社1981年版,第389页。
[②] 王中仁:《中央苏区时期的水上运输工会工作》,中央苏区工运史征编协作小组编:《中央革命根据地工人运动史》,改革出版社1989年版,第139页。
[③] 《江西苏区交通运输史》,人民交通出版社1991年版,第148页。

会积极开展水上贸易运输，船排工人承担的运输量约占苏区物资进出口量的 70%。从苏区的宁都、兴国、瑞金、会昌、于都等地和从赣州方向来的小船、竹排云集江口，尤其是逢圩日，江口江面挤满了船，苏区的物资供应紧张程度得到了缓和。[①]

1932 年春至 1933 年初，苏区各级工会协助党、政部门建立了 5 条从苏区通向外地的秘密交通运输线：一是汀州至瑞金，即闽西南通向苏区的线路；二是广昌经宁都至瑞金，即从赣东北通向苏区的线路；三是从高兴圩经兴国至瑞金，即从赣中各地通向苏区的路线；四是门岭会昌至瑞金，即从广东通向苏区的线路；五是赣州经于都至瑞金，即从河道通向苏区的主要运输线。[②] 这些运输线，多数是崎岖小道，要越过崇山峻岭，全靠肩挑手提，运输十分困难。只有瑞金通向赣州的运输线比较方便，进出口物资可在江口中转。但敌人对这条运输线控制很严，危险较多。中央苏区建立的各条运输线，对搞活经济起到了重要的作用。比如长汀至瑞金的秘密运输线，是沟通粤赣之间的水陆衔接路线，沿河建立了"河流游击队"，武装护送军用物资。仅 1933 年 6 月，通过这条线路就出口土纸 300 多担。此外，粤赣边境的南雄县，从 1930 年底开始，也秘密建立了一条经信丰通向于都的食盐运输线，沿途都有工人纠察队暗中护送，保卫南雄盐商运盐至中央苏区。这条运输线在 1932 年以来进口了大量食盐，在反封锁斗争中发挥了巨大作用。

各条秘密运输线上的工人，勇敢机智躲过敌人设在运输线上的岗哨和驻军，确保苏区来往人员和进出口物资安全送到目的地。通

---

① 《江西苏区交通运输史》，人民交通出版社 1991 年版，第 156 页。
② 王中仁：《中央苏区时期的水上运输工会工作》，中央苏区工运史征编协作小组编：《中央革命根据地工人运动史》，改革出版社 1989 年版，第 140 页。

向赣州的水路，敌人在沙河口驻有部队，专门盘查来往船排。苏区进出口物资在黑夜偷渡哨口，然后由工会组织的游击连护送进苏区，不少船工在通过敌人的哨口和暗堡时献出了生命。1933年，江口办事处100多条船遭到敌人袭击，船工奋起同敌人搏斗，保卫船上的物资，有些人在斗争中流血牺牲。船工肖厚红等3人驾船行驶到赣州浮桥边时被敌人发现，当即同敌军进行拼搏，勇敢地保住了运往苏区的物资。

1933年3月，中央苏区第四次反"围剿"的胜利，迫使国民党反动派更疯狂地封锁苏区，秘密建立的交通运输线一条条被破坏，中央苏区进出口物资严重堵塞。1933年7月14日，中央内务人民委员部发出修理河道的训令，指出："当此革命战争紧急与正值秋收的时期，修理河道，以利运输，是同等重要的工作之一。因此特令各级内务部对于修理河道须切实负起责任。现在苏区苦力运输工会筹备会已计划修理河道及治河两岸拉船行走的道路。各级内务部须与当地运输工会组织河道委员会共同来进行这个工作，并须动员当地群众力量来帮助，使这个工作迅速完成。"[①]全总执行局委员长刘少奇深入基层进行调查，同船工一起研究、调查赣江通向苏区的水路状况，了解沿河有多少船筏和船工、江河两岸有多少造船工人，组织工人召开会议，决定疏浚河道，通过发动群众，采取各自包干的办法，只用了一个月便完成了任务。[②]

---

① 《中华苏维埃共和国中央内务人民委员部训令第四号——关于修理河道及沿河两岸的道路问题》（1933年7月14日），中共江西省委党史研究室等编：《中央革命根据地历史资料文库·政权系统》（第7册），中央文献出版社、江西人民出版社2013年版，第842页。
② 王中仁：《中央苏区时期的水上运输工会工作》，《中央革命根据地工人运动史》，改革出版社1989年版，第143页。

1933年9月，中国苦力运输工会成立，开展造修船大会战，造新船300条，修理旧船100条，统交由工会成员使用，专门从事苏区的物资运输。工会开始有了自己的船队，其中除100条新船交给福建苏区使用外，其余200条新船和100条旧船均留在赣南。这样，中央苏区拥有近千条木船从事物资的运输，形成了3条相对稳定的水运线路：一是从瑞金经会昌到闽赣交界的筠门岭，靠小船和竹排，运出钨砂和运进食盐等物品；一是宁都、于都到江口再转运赣州、南昌，又从南昌返回经吉安、赣州进苏区；一是高兴圩、兴国到江口再转运赣州或苏区的于都、会昌、瑞金。[①]

1933年初，国民党更抓紧对苏区的经济封锁。1933年5月，国民党南昌行营又颁发《民廿二（22）年封锁匪区办法》，在中央苏区周围圈划封锁区域，水陆交通要隘设置检查卡，给苏区经济带来巨大的破坏。为了有力打破敌人的封锁，苦力运输工会以江口办事处为据点，派出人员，率领船队，深入白区，开展贸易活动。在赣州，同许多私商签订了贸易合同，组织物资交流。通过"广益昌"商家与国民党广东军阀李振球部队发展了做钨砂生意的关系，签订协约，"广益昌"和李振球部各派代表常驻江口办事处联系业务，苏区供给钨砂、木材和农产品，对方提供食盐、布匹、西药等用品，来往物资都是按照协约组织运输。还同陈济棠部队发展了贸易关系，他们用食盐来交换钨砂，双方用船排运至门岭交换货物。福建的国民党十九路军也与苏区工会船队挂上了钩，双方物资在龙岩交换。为了扩大反封锁的活动范围，中国苦力运输工会在赣江流域成立了类似客栈的南昌潮玉洲办事处，在赣县新庙前和宁都县黄

[①] 《江西苏区交通运输史》编写组编：《江西苏区交通运输史》，人民交通出版社1991年版，第156页。

石贯设立了办事处，扩大了船队活动的区域，生意越做越大，贸易越搞越活。另一方面，苏区工会领导的船排在反封锁斗争中，积极协助外贸运输进出口物资。每年大约运出谷子300万担，运进价值1500万元的盐和布。仅1933年下半年，运输工人协助外贸完成了近33万元的商品流通额。[①]

苏区工人积极投身于反封锁斗争，奋战在各条经济战线上，特别是苏区的运输工人以及苏区贸易机构的工人更是站在反经济封锁的一线，他们充分发挥聪明才智，做出巨大牺牲，保障了苏区与外界交流通道的畅通，确保了赤白贸易的持续开展，保证了苏区人民的日常生活需要，捍卫了苏维埃政权的经济命脉，确保了苏区的反"围剿"斗争的物资供应，为苏维埃政权的巩固和发展做出了重大贡献。

[①] 中共江西省委党史研究室等编：《刘少奇在江西》，中共党史出版社1998年版，第112页。

结　语

20世纪20年代，党领导的安源路矿工人斗争取得重大胜利，激励了全国工人斗争的发展。北伐战争促进了江西工运的发展，工会组织陆续成立，会员不断增加，江西工人斗争风起云涌。大革命失败后，广大工人阶级积极响应党的号召，参军参战，江西工人运动逐渐从罢工斗争向工农联合武装暴动转变，并在斗争中建立了牢固的工农联盟，奠定了红色政权的基石。广大苏区工人不畏牺牲、艰苦奋斗，为争取革命战争的胜利、保卫和发展革命根据地作出重要贡献，展现了工人阶级特有的组织力、战斗力和凝聚力。在中国共产党领导下，江西工人运动为革命作出了巨大贡献，写下了光辉篇章，积累了丰富经验，树立了不朽丰碑。

一、安源路矿工人大罢工是"幼稚的中国劳工解放运动中最有成绩的一件"，树立了中国工人运动的一面旗帜

中国共产党是马克思主义与中国工人运动相结合的产物。党成立后很快领导掀起了第一次工人运动的高潮。其中，安源路矿工人

大罢工、开滦煤矿工人大罢工最具代表性。安源路矿工人大罢工扩大了党的影响，树立了中国工人运动的一面旗帜，是党以马克思主义理论指导工人运动的光辉典范。

1921年秋，毛泽东到安源实地考察工人情况，决定把安源作为发展工人运动的重点区域。随后，毛泽东与湖南劳工领袖黄爱商定，向安源工人寄送《工人周刊》等出版物，在工人中传播马克思主义，宣传革命道理，"于是要求解放之念，在此少数工友之心中，乃如雨后春笋，勃然怒放"。毛泽东派李立三常驻安源，通过创办工人夜校、工人图书馆、读书处、阅报处等方式，传播马列主义和社会主义思想，启发工人斗争意识，提高工人阶级觉悟。在此基础上，李立三从产业工人中发展培养先进分子，成立了中共安源路矿支部，安源工人运动自此有了党组织的坚强领导。罢工前夕，毛泽东运用马克思主义的科学理论，实事求是地分析了安源的局势，为安源路矿工人制定了"哀兵必胜"的斗争策略，争取社会各界的同情。安源路矿工人罢工的胜利，既扩大了党的政治影响，巩固了党的阶级基础，也锻炼了工人的斗争能力，激励了全国的工人斗争。二七惨案后，全国工运陷入低潮，毛泽东又根据实际情况，为安源工人制定了"弯弓待发"的策略，指导安源工人"暂避锋芒"，暗地积蓄力量，随时准备决死的斗争。为贯彻落实中共中央关于"设立党校养成指导人才"的指示，刘少奇等人还创办了党的第一所党校——中共安源地委党校，对广大党团员和工运干部进行系统的马克思主义理论教育。在马克思主义的指引下，在党的领导下，安源工会成为二七惨案以后全国除广东以外唯一公开存在的革命堡垒，安源也因此被称为"中国的小莫斯科"。

安源路矿工人大罢工充分显示出组织起来的工人阶级的力量，砥砺锻造了一支坚强的革命队伍。在毛泽东的领导下，刘少奇、李立三等人积极参与指挥安源路矿工人的罢工斗争，在罢工斗争中经受历练，成为著名的工运领袖。党中央还派出多位中央委员和重要领导人到安源工作，接受锻炼。1923年9月，安源路矿工人大罢工胜利一周年之际，到安源指导工作的就有中共湘区执行委员会书记李维汉和中共中央委员高君宇。二七惨案后，党组织将中共武汉区委领导成员陈潭秋、李求实等调到安源工作。稍后，湖南、湖北、安徽、北京、天津等地的一些干部也奉调到安源工作，如黄静源、唐绍予、吴化之、徐全直、易足三、盛得亲、柳季刚、向五九、黄五一、何葆贞、李一纯等。从苏联留学回国的任岳、萧劲光、胡士廉、汪泽楷等于1924年秋奉派到安源工作。他们在推动安源工运发展的同时，自身也得到了锻炼，很多人后来成长为党的重要领导人。从安源工人中走出的朱少连，曾任第三届中央执行委员，朱锦棠曾任第四届候补中央执行委员，袁德生曾任湘赣省苏维埃政府主席。此外，从安源工人中走出了数十位我党高级干部和我军高级将领，其中，高级干部有许建国、蔡树藩、吴运铎、肖华湘、袁学之、宋新怀等人，解放军少将及以上军衔的高级将领有萧劲光、杨得志、丁秋生、王耀南等人。

安源工人运动在立足实际中开拓创新，为全国工人运动的发展积累了重要经验。中共安源路矿支部是中国共产党在产业工人中成立的第一个党支部，开创了党对工人运动的正确领导。此后，安源党团组织不断发展壮大，到党的四大时，安源党员人数增至230人，占全国党员总数的近四分之一，是当时全国党员人数最多、产业工人成分最集中的地方党组织。中共安源路矿支部成立后3个月，就成立了安源路矿工人俱乐部，作为党团结和领导工人斗争的公开机关。经过不断努力，在安源逐渐形成了以党为核心，以青年团为党的助手和后备军，以工人俱乐部为公开组织形式的一整套工运体系，大大提高了工人的斗争能力。在中共安源路矿支部的领导下，创办了党领导下的第一个工人阶级经济事业组织——安源路矿工人消费合作社，发行了铜元票和股票，开展了兑换银钱和储蓄等业务，是中国共产党领导开展金融事业的最初尝试。安源路矿工人俱乐部引入"苏维埃制度"，以十代表大会为俱乐部的最高权力机关，由十代表大会选出总代表和百代表。总代表和百代表所组织的总代表会议与百代表会议，是俱乐部立法、行政及管理的最高机关。由于这一组织形式"采用民主的集权制"，极大地增强了工人的团结，工人俱乐部也被称为"半政权机关""苏维埃的雏形"。1922年建立的安源儿童团，是中国共产党领导下的第一个少年儿童革命组织，党由此开始了对少年儿童工作的领导。党领导安源工人勇于开拓、大胆创新，为建党初期的工人运动积累了宝贵经验，有力推动了中国工人运动的发展。

二、江西工运从罢工斗争转入工农联合的武装暴动，探索了工人运动的新模式

北伐战争极大地促进了江西工人运动的发展，为革命准备了积极力量。大革命失败后，江西工人运动与农民暴动相结合，汇入土地革命战争的洪流。在创建井冈山革命根据地的过程中，以毛泽东为主要代表的中国共产党人，积极推动工人运动与农民运动的结合，探索了根据地工人运动的新模式，开拓了党领导下的工人运动新局面。

五卅运动中，江西工人阶级在党的领导下，积极宣传演讲、捐款捐物、游行示威，支援上海同胞，开展了声势浩大的反帝反封建斗争。北伐战争中，江西工人阶级积极传递情报，阻断敌人交通通讯，协助运输物资、慰劳军队，甚至直接参军参战，加速了北伐战

争在江西战场的推进。江西工人运动也迎来了大发展。在江西党组织的领导下，相继在南昌、景德镇、吉安、九江等地成立了工会，领导并取得了南昌印刷业全行业大罢工、九江日清码头工人罢工等的胜利。到1927年7月，全省县总工会发展到63个，占全省80个县的80%，会员发展到20多万人。特别是赣州的工人运动在陈赞贤等的领导下，开展得如火如荼，获得了"一广州、二赣州"的赞誉。江西工人运动的蓬勃发展，促进了工人阶级的团结奋斗。1927年2月，江西省第一次工人代表大会在南昌召开，正式成立了江西省总工会，标志着江西工人运动有了统一的领导和指挥机构，进入了一个新的阶段。

正当北伐战争胜利进军之时，蒋介石、汪精卫相继叛变革命，大肆逮捕、屠杀共产党人和革命群众，党领导下的工会会员由大革命高潮时的280余万人锐减到几万人，工人运动陷入低潮。面对严重的白色恐怖，中国共产党领导发动了一系列武装起义。经受了大革命洗礼的江西工人积极投身到武装起义之中。在南昌起义中，广大工人组织纠察队、担架队、运输队，帮助起义部队搬运各种军用物资、救护伤员、维护秩序、打扫战场等。在秋收起义中，以1300多名安源工人为主体组成的工农革命军第一军第一师第二团，英勇斗争，战果显赫。正如中共中央1927年12月15日给湖南省委的信中所指出的，"秋暴的事实已告诉我们，攻打萍乡、醴陵、浏阳，血战几百里的领导者和先锋，就是素有训练的安源工人""秋暴颇具声色，还是安源工人的作用"。江西工人运动自此开始同农民运动相结合，开启了工农联合武装暴动的新模式。

井冈山斗争建立工农联合红色政权，开创了工人运动的新局面。1927年底，中共中央明确指出，在现时工农暴动夺取政权的阶段中，要站在工人阶级为暴动中心力量的观点上去，更加发动工人的经济斗争，和加紧政治宣传，改进组织工人武装训练工作，一直到工农联合暴动，夺取政权。毛泽东在创建井冈山革命根据地的过程中，积极推动工人运动与农民斗争相结合，注重发挥工人阶级的领导作用，建立工农联合的红色政权，对根据地工运的发展进行了宝贵探索。毛泽东首先将工人运动的突破口放在恢复工会组织上。工农革命军攻克茶陵、宁冈、酃县、永新、莲花、遂川等县以后，各县相继成立了总工会。不断加强工人阶级在红色政权中的领导力。1927年11月，湘赣边界第一个工农联盟的红色政权——茶陵县工农兵政府成立，工人出身的谭震林当选为县苏维埃政府主席。1928年5月，湘赣边界工农兵苏维埃政府在宁冈成立，专设工农运动委员会，领导边界工农运动。1928年11月，重新成立的中共中央红四军前敌委员会，由毛泽东、朱德、谭震林、宋乔生、毛科文5人组成，其中，谭震林、宋乔生都是工人出身。前委下设职工运动委员会，负责领导工人斗争。湘赣边界各级工会在边界特委和工农兵政府领导下，对工人进行马列主义理论和革命思想的宣传、教育，提高工人的阶级觉悟和斗争能力；建立健全工会组织，增加工人工资，保障工人权益；动员工人积极发展生产、参军参战，在斗争中锻炼出一批工人出身的革命骨干。广大工人阶级与农民阶级在斗争中结成广泛的联盟，为保卫和发展革命根据地作出了重要贡献。

三、江西揭开了我党局部执政下工人运动的新篇章，为新中国工运进行了伟大预演

中华苏维埃共和国成立后，广大工人阶级在党的领导下积极发展生产、参军参战，切实担负起革命战争和根据地建设的双重任务，为保卫、巩固和发展革命根据地作出了巨大贡献和牺牲，极大地推动了中国苏维埃革命的发展。苏区工运在制度、法律、政策、

机制等方面的建设均取得了重要成就，揭开了局部执政下工人运动的新篇章，为新中国工人运动奠定了重要基础，进行了伟大预演。

苏区工运是苏维埃革命的重要组成部分。苏区工人广泛参与苏维埃政权建设。1933年，仅中央苏区各级工会就为各级党政机关和群众团体输送了近万名干部。在各苏区政权机关的领导干部中，工人占三分之一到三分之二；各级苏维埃政府主席多是工人、雇农和苦力出身；红军军官中，工人占一半以上。苏区工人积极参与生产建设。苏区各地相继建立了一批以军需为主、兼顾民用的国家工厂，广大工人阶级积极响应号召，组织生产竞赛和突击队，积极改进生产技术，提高生产效率，为打破敌人的经济封锁、改善群众生活作出了重要贡献。苏区工人积极支援反"围剿"战争。苏区各级工会动员工人及家属积极购买公债，募集军鞋、食品和日用品等，慰劳红军；组织运输队、纠察队、赤卫队等，维护地方治安，或协助红军担任侦查、运输、警戒等任务；在"创造一百万铁的红军""加强红军中无产阶级的骨干"的号召下，广大工人踊跃加入红军。1933年8月1日，中国工农红军工人师在瑞金成立，全师共1.2万余人。到1933年底，中央苏区12个县共有19960名工会会员参加了红军或游击队，占会员总数的28%。第五次反"围剿"期间，中央苏区大约有半数以上工会会员参加了红军或游击队，为革命战争提供了源源不断的兵员补充。

苏维埃运动塑造了党、政府与工会的正确关系，确立了党对工人运动的坚强领导。苏区时期，工会是党团结、组织和领导广大工人阶级的群众团体，是党与工人联系的纽带。党对工人阶级的组织领导，主要是通过工会来实现的。党在工会中设立党团组织，通过党团组织参与工会领导工作，密切联系广大工人，并将党的方针政策传达到工人群众中去。全总苏区执行局成立后，特别是中共中央和全总迁入苏区后，工运的领导与指挥中心也转到了江西。全总苏区中央执行局陆续派出得力干部奔赴各地，贯彻《中华苏维埃共和国劳动法》，整顿健全各级工会组织，有力促进了苏区各级工会组织快速发展。在政府与工会的关系上，"各级工会应受各级苏维埃指挥，但工会仍有组织性，上下级发生直接关系"，"工会对政治上的主张，一面向苏维埃提出意见，一面由自己会员在苏维埃各种会议中起领导作用"。苏区各级工会组织不断发展壮大，职能日益加强和完善，团结带领苏区工人听党话、跟党走，被毛泽东称赞为"苏维埃政权的柱石"，"保护工人利益的堡垒"，"工人群众学习共产主义的学校"。苏区工会组织在发展过程中，形成了一套决策、执行和检查的制度，制订各种章程规范工会的活动，较为正确地处理了政府与工会、群众与工会的关系，较好地维护了工人阶级的权利，也为新中国工会工作构建了基本框架。新中国成立前后，苏区时期形成的党、政府与工会的关系得到继承和发扬，其中许多内容都源自苏区工会的探索实践。

苏区工运巩固发展了以工人阶级为领导、以工农联盟为基础的红色政权，是新中国政权建设的伟大预演。土地革命战争时期，党积极探索并正确处理工人运动与农民运动的关系，逐渐形成并完善了工农联盟思想，为夺取中国革命胜利打下坚实基础。1930年9月，党的六届三中全会通过的《职工运动议决案》提出，"要加紧对于苏维埃区域赤色工会运动的领导和发展，要使工人斗争和农民战争更迅速的汇合起来，要加强无产阶级的领导，而巩固发展为着苏维埃政权胜利的总斗争"。毛泽东明确指出，"工人是革命战争的积极领导者"，"农民是工人阶级的坚固的同盟军"。《中华苏维埃共和国宪法大纲》明确规定了国家的性质，即"中华苏维埃政权所建设的是工人和农民的民主专政的国家"，标志着工农民主专政的红色政权正式建立，工农联盟自此成为中国革命和政权建设的坚实基础。抗日战争时期，党继承和发展了工农民主专政的本质，创建了抗日民主专政政权。解放战争时期，党在解放区建立了人民民主专政政权，最终团结带领广大人民群众推翻了国民党的反动统治，建立了中华人民共和国。1949年，中国人民政治协商会议第一届全体会议通过《中国人民政治协商会议共同纲领》指出，中华人民共和国的国体是以工人阶级为领导的、以工农联盟为基础的、团结各民主阶级和国内各民族的人民民主专政。从工农民主专政政权，到抗日民主专政政权，再到人民民主专政政权，虽然形式有所不同，但不变的核心仍是工农联盟和民主专政，苏区工运为此作出了巨大贡献。

历史记录过去、彰显真理、启迪未来。习近平总书记指出："我国工人阶级是我们党最坚实最可靠的阶级基础。我国工人阶级从来都具有走在前列、勇挑重担的光荣传统，我国工人运动从来都同党的中心任务紧密联系在一起。"在中国共产党领导的中国工人运动史上，自安源路矿工人大罢工取得首次胜利开始，历经大革命的洗礼、土地革命战争的锻炼，江西工人运动由罢工斗争，逐渐转入武装暴动，最终汇入土地革命战争的洪流。江西工人阶级在党的领导下始终牢记本色、勇担重任，有力推动了苏维埃革命的发展，在奋斗中锤炼了阶级本色、积淀了优良传统、建立了不朽功勋。传承红色基因、赓续红色血脉，就是要从历史中汲取智慧和力量，在新征程上继续发挥工人阶级的主力军作用，巩固工人阶级的领导地位，坚定不移听党话、矢志不渝跟党走，当好主人翁，建功新时代。

后　记

　　工人阶级是我国的领导阶级，是先进生产力和生产关系的代表，是党领导下推动革命、建设、改革、复兴伟业的主力军。中国工人运动是在中国共产党的直接领导下发展壮大起来的。江西在党领导的红色工运中作出了积极探索，为红色工运的发展奠定了扎实的基础。从参加安源路矿工人大罢工到投身中国革命道路的探索与开辟，从收回九江英租界到投身苏区治国理政的伟大预演，江西工人在早期中国工人运动史上留下了浓墨重彩的一笔，为探索出一条符合国情的工运道路作出了积极贡献，为新中国工人运动的开展积累了宝贵的经验，矗立起一座中国工人运动史上的红色丰碑。

　　中央党史和文献研究院、全国总工会对江西红色工运课题研究给予了大力关心与支持。江西省委党史研究室申报的课题"江西——中国工人运动的摇篮"被中央党史和文献研究院列为宣传专项引导资金重点项目，初期成果入选"中国工人历史与现状研究会2020年年会暨纪念中华全国总工会成立95周年学术研讨会"，获二等奖。2022年是安源路矿工人大罢工胜利100周年，为铭记这段光辉历史，江西省总工会、中共江西省委党史研究室、中共萍乡市委在前期课题研究的基础上，共同启动了本书的撰写工作。省总工会党组书记、常务副主席邹绍辉和省委党史研究室主任梅仕灿共同主持编写工作并审定了全部书稿；省委党史研究室原主任俞银先审定了写作大纲；省总工会副主席任春山、省委党史研究室副主任刘津具体负责本书的写作和统稿工作。中共萍乡市委安排市委史志研究室主任李昌清全程参加本书的编写工作。参加本书编写的人员有：黄洋（第一章），文中友、张丹（第二章），卫平光（第三章、结语），万义兵（前言、第四章）。

  本书的出版得到了省委宣传部、江西人民出版社、安源路矿工人运动纪念馆的大力支持和帮助。何友良、凌步机、阮启祥、吴晓荣审读了书稿，并提出了宝贵的修改意见。在本书的编写过程中，我们参考吸收了史学界众多的研究成果，在此致以诚挚的谢意！

  革命战争年代，中国共产党在江西这块红土地上领导开展了波澜壮阔的工人运动，留下了珍贵的历史和丰富的经验。我们虽尽力搜集各种史料，数易其稿，竭尽全力记录好这段伟大的历史，但囿于水平，不当之处在所难免，敬请广大读者批评指正。

编者

2024 年 3 月